POLOGNE

My chcemy Boga

NOUS VOULONS DIEU

« Bibliothèque A.E.D. »

— Chrétiens d'Ukraine, un peuple écartelé mais invincible (1983), *épuisé*.
— F. Francou, s.j., Le Salvador, une Église dans la guerre civile - l'Église du Nicaragua à l'épreuve (1983), *épuisé*.
— F. Francou, s.j., Petite chronique d'une Église des pauvres en Amérique latine (1984), *épuisé*.
— N. Sadūnaité, Un sourire au goulag (8ème édition, 1990), *épuisé*.
— W. van Straaten, Où Dieu pleure (réédition 1990).
— Familles chrétiennes en U.R.S.S. (réédition 1989).
— Mgr Sloskans, Témoin de Dieu chez les sans-Dieu (1986), *épuisé*.
— Catholiques de Lituanie, une église militante (1987), *épuisé*.
— F. Francou, s.j., L'Église au Nicaragua, l'escalade de la violence (1988).
— N. Sadūnaité, L'Amour ne meurt pas (1988), *épuisé*.
— S. Laubarède, s.j., Le Notre-Père, manifeste de la foi chrétienne (2ème édition, 1991), *épuisé*.
— D. Rance, Chrétiens du Moyen-Orient, témoins de la Croix (2ème édition, 1991), *épuisé*.
— P. Bigo, s.j., Débat dans l'Église - Théologie de la libération (2ème édition, 1991).
— D. Rance, Catholiques d'Ukraine, des catacombes... à la lumière (3ème édition, 1995).
— W. Van Straaten, o.praem, Un mendiant pour Dieu : notes autobiographiques et méditations pour l'année liturgique. Adaptation française : Y. Girard (1992).
— D. Rance, Tchèques et Slovaques, témoins de la foi (1993).
— D. Rance, Roumanie, courage et fidélité (3ème édition, 1995).
— D. Rance, Albanie, Ils ont voulu tuer Dieu (2ème édition, 1998).

Photo de couverture : Polec - page 4 : Keston College
Crédit-photos : AED
Polec : page 253
Vogler : page 158

Didier Rance

POLOGNE

My chcemy Boga

NOUS VOULONS DIEU

Témoignages sur la résistance victorieuse des croyants de Pologne à l'époque communiste

TÉMOIGNAGES

Aide à l'Église en Détresse
Bibliothèque AED - Collection « Témoins »

SOMMAIRE

Introduction
    En ce temps-là 7

Chapitre 1
    Pèlerinage aux sources de la résistance chrétienne 23

Chapitre 2
    L'intelligence au service de la foi 81

Chapitre 3
    «Le courage est leur rendez-vous» - Religieux et religieuses de Pologne 147

Chapitre 4
    Au coeur du combat pour la foi, la famille 181

Chapitre 5
    Journal de voyage 1998 257

Documents
    Mgr Riczard Wasik : Témoignage sur le père Jerzy Popieluszko 311
    Bohdan Cywinski : La Pologne en tant que pont vers l'Est 327

Bibliographie 343

INTRODUCTION

EN CE TEMPS-LÀ...

> Il est une Nuit où, veillant près de ton sépulcre,
> plus que jamais nous sommes l'Église,
> c'est la nuit où se battent en nous
> le désespoir et l'espérance :
> cette lutte se superpose à toutes celles de l'histoire,
> les sature jusqu'au tréfonds.
>
> *Karol Wojtyla*

En ce temps-là, de 1945 à 1989, la Pologne était une «république populaire», avec un régime communiste...

En ce temps-là, partout en Europe de l'Est, il y eut des témoins de la foi, et des martyrs.

Mais, en Pologne, ce fut sinon un peuple entier du moins sa majorité qui confessa sa foi, et qui ne manqua pas non plus de martyrs.

L'arbre peut, dit-on, cacher la forêt, mais il arrive que ce soit celle-ci qui cache l'arbre : la résistance de la Pologne chrétienne à son athéisation programmée fut si compacte et massive qu'on peut en venir à oublier qu'elle fut le fait d'hommes et de femmes qui eurent tous un choix personnel à assumer.

Cette résistance massive des chrétiens de Pologne à l'époque communiste a pour résultat paradoxal que s'il y est plus aisé qu'ailleurs d'en écrire l'histoire, il est plus difficile d'en présenter les témoins. Ils sont des milliers, prêtres et religieuses, et des millions, fidèles laïcs. Dans un précédent livre (*Albanie. Ils ont voulu tuer Dieu,* Bibliothèque AED, 1996) j'ai pu présenter le témoignage de la quasi-totalité des évêques et de près des deux tiers des prêtres catholiques. Auparavant, dans *Catholiques d'Ukraine. Des catacombes à la lumière, Tchèques et Slovaques. Témoins de la Foi, Roumanie. Courage et fidélité,* la dizaine de témoins présentés était représentative de chacune de ces Églises martyres. Mais la Pologne ! Ce sont des milliers de témoignages qu'il faudrait donner pour atteindre une fidélité semblable, toute une bibliothèque ! Ayant travaillé depuis près de vingt ans à recueillir les témoignages présentés ici, je reste bien conscient du choix très limité qu'il présente. Des dimensions fondamentales de l'Église de Pologne à l'époque communiste sont absentes ou ont pu seulement être effleurées dans ce livre[1].

Un autre motif, très différent, poussait aussi à ne pas publier ce livre. Pour le dire brièvement : l'Église de Pologne telle qu'elle apparaît dans ce livre, n'existe plus, et les témoignages recueillis dans ce livre en donnent donc une image qui n'est plus d'actualité. Un prêtre polonais, ayant lu le manuscrit de ce livre, exprime bien cette objection, et y apporte la réponse : «*Depuis que vous avez commencé à récolter les témoignages sur la fidélité au Christ lors du totalitarisme athée, au sein de l'Église polonaise, des changements ont eu lieu en Pologne à plusieurs reprises déjà, des changements divers, tant vers les choix corrects que vers ceux qui sont apparus comme moins bons, par exemple pour l'usage de la liberté retrou-*

vée, ou bien pour les relations entre le clergé et une partie de la population, etc.

«L'Église de Pologne décrite dans votre recueil a beaucoup changé depuis que ces témoignages ont été donnés ; d'ailleurs toute la Pologne a beaucoup changé, tant matériellement et économiquement que politiquement et spirituellement. Après quelques orages et même quelques petites révoltes, le comportement de ce peuple apparaît comme le retour à une stabilité dans la santé morale, à la fidélité témoignée au Christ et à la ferveur religieuse, même chez les «timides et sans colonne vertébrale». Cela se visualise surtout après la dernière visite du Pape, qui a été comme une nouvelle «vaccination» spirituelle. Aussi la pastorale effectuée par le clergé a changé et s'est développée –vers le positif– de façon impression-nante ! De nouvelles formes d'évangélisation sont apparues, des changements dans les méthodes pastorales appliquées jusqu'à maintenant, etc.

«Il serait donc bien de le dire quelque part, au moins en quelques mots, pour rester fidèle à la finalité de votre livre et pour éviter le moindre soupçon d'inexactitude dans la description».

Je comprends et partage en partie la crainte de ce prêtre polonais : l'image actuelle de l'Église de Pologne dans la plupart des médias occidentaux est plus ou moins négative (bien à tort, d'ailleurs) et «*l'Église de Pologne*» que présente ce livre pourrait apparaître comme une provocation ou une fiction : «*En ce temps-là, dira-t-on, l'Église était belle et sans tâche, peut-être ; elle défendait les droits de l'Homme et non son propre pouvoir, mais aujourd'hui... Alors, à quoi bon parler de ce qui n'existe plus ?»* Et pourtant elle a existé, cette Église que font revivre les témoignages présentés dans ce livre, et on verra dans le dernier chapitre, que j'ai ajouté pour répondre à cette objection, qu'elle est loin d'avoir disparu aujourd'hui !

Fallait-il ne rien publier sur l'Église de Pologne dans cette collection ? Non, et il m'a semblé au contraire que l'absence d'ouvrage sur elle dans cette collection consacrée au témoignage des Églises de l'Est à l'époque du communisme aurait constitué une impardonnable injustice. Les témoignages recueillis dans ce livre concernent donc (à l'exception du dernier chapitre) l'Église de Pologne à l'époque communiste et lors de la sortie du communisme. Ils participent du devoir de mémoire et non du reportage d'actualité, comme tous ceux qui ont été publiés dans la collection «*Martyrs et témoins de l'Est*».

Il ne faudrait pas toutefois chercher dans ce livre une *Histoire de l'Église de Pologne à l'époque communiste*, ni même une étude sur certains aspects de cette Histoire, mais un modeste recueil de témoignages de quelques uns de ses acteurs, connus ou inconnus [2]. Pour rédiger le dernier chapitre, consacré à l'Église de Pologne aujourd'hui, près de dix ans après la chute du régime communiste, j'ai séjourné dans ce pays au printemps 1998. Enfin, on trouvera à la fin de ce livre deux documents, un témoignage inédit de Mgr Riczard Wasik, qui fut son ami, sur la grande figure du père Jerzy Popieluszko, et de larges extraits d'une conférence de Bohdan Cywinski sur le sens de l'expérience polonaise, donnée lors du Congrès de Schönstatt, organisé en 1990 par l'AED.

Que ces portraits aident à mieux connaître le véritable visage de cette Église persécutée et victorieuse ![3]

Notes

1. Par exemple la résistance dans les paroisses rurales, la vie dans les séminaires, le milieu intellectuel catholique de Varsovie ou de Lublin, etc.

Il aurait fallu aussi développer le rôle de la fidélité à Rome dans la résistance victorieuse de l'Église de Pologne, avant et après l'élection d'un pape polonais. Le gouvernement communiste essaya de susciter une Église catholique nationale coupée de Rome, mais cela ne dépassa pas le stade du projet, faute d'acteurs. L'importance de ce rôle du lien avec Rome pour la liberté intérieure vis-à-vis du communisme a bien été mis en lumière par le professeur Grygiel dans *Christianisme et Culture en Europe*, p. 116-117. Les relations concrètes avec le Saint Siège à l'époque communiste sont certes un chapitre complexe de l'histoire de l'Église de Pologne, pour lequel il serait aussi injuste que simpliste d'opposer une période de «compromis» lors de l'*Ostpolitik* de Paul VI à celle du pape polonais. Il y eut toutefois des incompréhensions et parfois de réelles oppositions, souvent majorées en Occident (sur l'*Ostpolitik* vis à vis de la Pologne, on peut lire un survol très rapide dans E. Milcent, *A l'Est du Vatican*, p. 131-151).

On trouvera dans le recueil *Nous, Chrétiens de Pologne*, publié en 1979, des témoignages de collaborateurs de *Znak*, qui éclairent la période antérieure à Solidarité, en particulier ceux de Jerzy Turowicz, Stefan Wilkanowicz et Tadeusz Mazowiecki. Les chemins parfois divergents pris par les uns et les autres après 1989 n'ôtent rien à la valeur de ces témoignages.

2. Pour situer ces témoignages dans l'histoire de l'Église de Pologne sous le régime communiste, la meilleure synthèse disponible en langue française demeure celle de Jerzy Kloczowki et Lidia Müllerova, Le Christianisme polonais après 1945, in *Histoire religieuse de la Pologne*, sous la direction de Jerzy Kloczowki, Paris, 1987, p. 497-553 et bibliographie, p. 587-589. On pourra aussi se reporter aux ouvrages suivants :
– D. Lensel, *Le passage de la Mer rouge* ;
– B. Lecomte, *La Vérité l'emportera toujours sur le mensonge* ;
– G. Castellan *«Dieu garde la Pologne»*.

On pourra aussi trouver une riche documentation dans la revue de l'AED *Chrétiens de l'Est*, devenue en 1993 *L'Église en Détresse dans le Monde*.

Comme dans les autres livres de cette collection, on trouvera dans les notes et dans la bibliographie des références permettant de situer ces témoignages dans le contexte ou d'en trouver de similaires.

3. Les citations de Karol Wojtyla en exergue de chaque chapitre de ce livre sont extraites de ses *Poèmes* traduits par Pierre Emmanuel et Constantin Jelenski (Paris, 1979), sauf celui en exergue du chapitre I, qui a été traduit par Teresa et Stefan Wilkanowicz (in *Les quatre Fleuves,* 13, 1981, p. 11).

La Pologne
en quelques faits et chiffres

Superficie : 312 683 kms^2 (388 634 en 1938).

Population : 39 000 000 d'habitants (34 800 000 en 1938, 23 900 000 en 1946).

Capitale : Varsovie (1 642 700 habitants).

Grandes villes : Cracovie (745 100 h.), Poznan (582 000 h.), Lodz (833 700 h), Wroclaw (642 000 h.), Gdansk (463 000 h.).

Religions : Catholiques (94 %), Orthodoxes (1,5 %), Protestants (0, 3 %), Juifs (0,05 %, contre 11 % en 1938).

Histoire (jusqu'en 1945) : Les slaves s'installent dans le bassin de la Vistule au 1er millénaire. En 966, Mieszko unifie la région et se convertit à la foi chrétienne. Sa dynastie règne jusqu'en 1370, suivie de 1386 à 1587 par celle des Jagellon. La Pologne, unie à la Lituanie, est alors une des principales puissances européennes et s'étend de la Baltique à la mer Noire. La décadence commence à la fin du 17ème siècle. La Russie, l'Autriche et la Prusse dépècent son territoire au siècle suivant et, à partir de 1795, la Pologne disparaît de la carte de l'Europe. Malgré plusieurs révoltes au siècle suivant, ce n'est qu'en 1918 que le pays retrouve son indépendance. En 1939, l'Allemagne nazie et la Russie soviétique s'entendent pour la supprimer à nouveau de la carte. Hitler fait exterminer les Juifs et toute l'élite de Pologne, tandis que Staline déporte 1.600.000 polonais en Sibérie. La résistance contre les occupants est intense. Varsovie s'insurge en 1944, mais l'Armée rouge laisse écraser sa révolte puis impose au pays un gouvernement pro-soviétique : le régime communiste s'installe dans une Pologne anéantie (six millions de morts et 80 % du potentiel du pays détruit).

L'Église a toujours joué un rôle essentiel dans l'histoire de la Pologne. Elle fut le vecteur principal de sa résistance pour garder son identité lors des occupations étrangères et durant la seconde guerre mondiale. Fortement ancrée dans son identité catholique, la Pologne fut au cours des siècles une terre de tolérance et d'accueil.

L'Église de Pologne 1945-1989

1945

Janvier : l'Armée rouge à Varsovie. Installation du pouvoir communiste. L'Église catholique a perdu 6 évêques, 2030 prêtres et 243 religieuses durant l'occupation allemande et la guerre sur le sol polonais.

24 mars : Jerzy Turowicz publie le premier numéro de *Tygodnik Powszechny*.

Septembre : premières mesures contre l'Église catholique.

25 décembre : Pax publie le premier numéro de *Dzis i Jutro* (Aujourd'hui et demain).

1947

Début de la terreur stalinienne.

14 mars : protestation des évêques.

Novembre : le régime liquide les partis d'opposition.

1948

Arrestations d'évêques et de prêtres ; liquidation de l'Action catholique.

15 juin : Lettre pastorale des évêques sur l'athéisation de la jeunesse polonaise.

12 novembre : Mgr Wyszynski devient primat de Pologne.

1949

Septembre : le régime suscite une association de «prêtres patriotes».

Décembre : liquidation des imprimeries catholiques et création de l'imprimerie de *Pax*.

1950

20 mars : nationalisation des biens religieux.

14 avril : compromis entre l'Église et le gouvernement.

1951

Arrestation de Mgr Kaczmarek, évêque de Kielce, accusé faussement de collaboration avec les nazis et d'espionnage.

1952

La persécution s'intensifie.

Décembre : arrestation de Mgr Baziak, archevêque de Cracovie.

1953

Janvier : procès contre des catholiques.

8 Mai : Mémorandum de l'épiscopat adressé à Bierut *: «On doit obéir à Dieu plutôt qu'aux hommes... Non possumus»*. La persécution s'intensifie.

24 septembre : lettre du cardinal Wyszynski au sujet du procès de Mgr Kaczmarek.

25 septembre : arrestation du primat.

17 décembre : les évêques encore libres doivent prêter serment de loyauté devant le gouvernement.

1954

On compte plus de 2 000 catholiques, clercs et laïcs, emprisonnés.

1956

16 mai : le cardinal Wyszynski, toujours emprisonné, rédige ses Voeux de Jasna Gora, véritable programme de réévangélisation de la Pologne.

28 juin : émeutes de Poznan.

22 octobre : «Octobre polonais». Gomulka au pouvoir. Début de libéralisation sociale et religieuse.

28 octobre : libéré, le cardinal Wyszynski revient à Varsovie.

Novembre : libération des autres évêques.

Décembre : accord entre l'épiscopat et le gouvernement sur la catéchèse.

1957

3 mai : début de la grande neuvaine à Notre Dame de Czestochowa.

1959

Avril : de lourds impôts frappent l'Église.

Mai : les séminaristes sont à nouveau soumis au service militaire.

1960

27 avril : des morts à Nowa Huta lors d'une prière pour obtenir une église.

Septembre : suppression de la catéchèse scolaire, déclarée illégale l'année suivante.

1963

Échec d'une tentative gouvernementale pour prendre le contrôle de la catéchèse paroissiale.

1965

Échec d'une tentative gouvernementale pour prendre le contrôle des séminaires.

13 novembre : Lettre des évêques polonais aux évêques allemands. Campagne de presse contre eux.

1966

12 mars : le gouvernement interdit la venue de Paul VI pour les célébrations du Millénaire.

3-4 mai : Célébrations du Millénaire à Czestochowa.

1967

Janvier : Lettre des évêques contre la fermeture de six séminaires.

1968

Mars : Manifestations étudiantes. Lettre de soutien de l'épiscopat.

1970

Décembre : émeutes à Gdansk et Gdynia. Gomulka écarté du pouvoir au profit de Gierek.

1971

Mars : rencontre du primat et du premier ministre pour normaliser les relations Église-Etat.

17 octobre : béatification du père Maximilien Kolbe.

1972

Juin : réorganisation ecclésiastique des «Territoires recouvrés» à l'Ouest de la Pologne.

1974
Février : visite officielle de Mgr Casaroli, promoteur de l'*Ostpolitik* de Paul VI.

1975
Septembre : l'épiscopat proteste contre la poursuite de l'athéisation programmée.

1976
Juin : manifestations et grèves.

1977
Octobre : le primat met en garde Gierek contre la catastrophe économique qui menace la Pologne.

1978
16 octobre : élection de Jean Paul II.

1979
Juin : premier voyage pastoral du Pape dans sa patrie.

1980
Février : lettre de l'épiscopat sur les libertés publiques.
Juillet : début des grèves et fondation de Solidarité.
31 août : accords de Gdansk.
21 septembre : première messe radiodiffusée.

1981
15 janvier : Lech Walesa au Vatican.
9 février : Wojciech Jaruzelski premier ministre.

13 mai : attentat contre Jean Paul II.

28 mai : mort du cardinal Wyszynski.

18 octobre : Wojciech Jaruzelski premier secrétaire du Parti.

13 décembre : état de guerre. Appel de Mgr Glemp pour éviter une guerre civile.

1982

Nombreux internements de militants de Solidarité.

25 avril : le primat rencontre le général Jaruzelski.

10 octobre : canonisation du père Kolbe.

21 novembre : Mgr Glemp réclame le droit pour les catholiques d'être présents dans la vie publique.

31 décembre : suspension de l'état de guerre.

1983

16-23 juin : deuxième voyage pastoral de Jean Paul II en Pologne. Il rencontre Lech Walesa.

22 août : le parti communiste déclare que l'Église catholique est son «ennemi n° 1».

5 octobre : Lech Walesa, prix Nobel de la paix.

1984

Mars : début de la «guerre des crucifix» dans les écoles.

19 octobre : enlèvement puis assassinat du père Popieluszko.

1986

Septembre : amnistie politique.

1987
  Janvier : le général Jaruzelski reçu au Vatican.
  7 mai : nomination d'un militant athée au poste de ministre des cultes.
  8-14 juin : troisième voyage pastoral de Jean Paul II. Succès mitigé.

1988
  Mai : grèves et manifestations.
  25 décembre : message de Noël du cardinal Glemp retransmis par les médias d'état.

1989
  21 janvier : assassinat du père Niedzielak.
  5 avril : accords obtenus à la table ronde entre le gouvernement, Solidarité et l'Église.
  Juin : élections. Triomphe de Solidarité.
  18 août : Tadeusz Mazowiecki premier ministre.

Chapitre 1

Pèlerinage aux sources de la résistance chrétienne

CZESTOCHOWA

> Faible est le peuple qui accepte sa défaite,
> s'il oublie qu'il reçut mandat de veiller
> jusqu'à ce que vienne son heure...
> Plus la colère est grande.
> Plus haute l'explosion de l'amour.
>
> *Karol Wojtyla*

Jasna Gora, la *claire colline* de Czestochowa, où se trouvent le sanctuaire de la Vierge Marie et sa fameuse icône, est à la fois le Lourdes et le Gergovie, le Chartres et le Verdun, le Mont Saint Michel et la Bastille de la Pologne. La cité de Czestochowa qui, jadis, a grandi au pied et dans le rayonnement du sanctuaire, semble l'entourer pour mieux l'étouffer. La piété séculaire des Polonais a couronné l'icône sainte d'or et de pierres précieuses, mais le projet antireligieux du régime communiste a «offert» à la sainte colline une couronne de hauts fourneaux et d'usines à gaz, d'industries polluantes et d'immeubles sans âme. Nul hasard dans cette juxtaposition du coeur sacré de la Pologne croyante et d'une ville symbole de *l'homo sovieticus*. «*La force de la Pologne*, avait déclaré le cardinal Wyszynski, *réside dans sa mère et dans sa Reine, Notre-Dame de Czestochowa, sur la montagne de lumière de Jasna Gora*». C'est cette force que le régime communiste avait voulu détruire. Il n'était pas envisageable d'attaquer de front le sanctuaire, qui fut jadis le dernier bastion de résistance de la Pologne au temps de l'invasion suédoise. Le pays eût été aussitôt à feu et à sang. Le régime préféra des voies plus insidieuses : la pollution, des travaux au pied de la citadelle pour en saper peu à peu les fondations. Plus encore, une autoroute fut projetée, qui serait passée au pied même du sanctuaire, le séparant de la pelouse où se réunissent à chaque pèlerinage les pèlerins par centaines de milliers, et qui accélérerait la dégradation des murs. Pour Mgr Barela, alors évêque de Czestochowa, ce projet était «*un coup porté aux droits constitutionnels des catholiques polonais*» et une «*expression de la mauvaise volonté et du manque de respect envers les citoyens*» des autorités administratives [1].

«*O petite ville de Czestochowa, vous surpassez toutes les villes du monde en importance*», écrivait non sans emphase le poète Grégoire de Sambor au 16ème siècle. Il y avait pourtant de la prophétie dans cette déclaration. Pendant quarante années, Czestochowa a été le symbole de la lutte entre la foi et l'athéisme militant ; plus encore, un des théâtres les plus visibles de ce combat. La foi a triomphé : l'allée Lénine est aujourd'hui l'allée Jean Paul II ! Et le sanctuaire de Jasna Gora résonne encore des chants du million de jeunes, venus du monde entier à l'appel de Jean Paul II, célébrer la jeunesse de la foi chrétienne, en 1991. Mais le sanctuaire et la ville garderont longtemps encore les cicatrices du combat, comme le beau visage de la Vierge Noire transpercé depuis le sac de 1430. Participer, avant 1989, aux pèlerinages de Czestochowa, c'était s'associer au combat pour la foi de tout un peuple ; y revenir pour recueillir les témoignages des acteurs de ce combat au coeur même de la cité mariale, c'est entrer dans l'intelligence des ressorts de leur victoire, mais aussi du prix élevé qu'il a fallu payer.

La pérégrination et les tribulations de la Vierge du millénaire

De 1957 à 1980, une icône de la Vierge Noire a circulé en Pologne. Elle avait été bénie par le Pape Pie XII, et bien qu'il ne se soit agi que d'une copie de l'icône fameuse du sanctuaire de Jasna Gora, elle était particulièrement vénérée. Elle circula dans tous les diocèses, paroisse par paroisse. Pour chacune, les quelques jours de la présence de l'icône étaient l'occasion d'un temps fort de la vie religieuse et d'un renouveau de la dévotion mariale. Le passage d'un diocèse à l'autre, à peu près tous les six mois, fut l'occasion de cérémonies importantes, où se retrouvaient souvent tous les évêques de Pologne.

Entre 1966 et 1971, cette icône fut au centre d'un épisode particulièrement savoureux dans la lutte antireligieuse et la résistance des croyants. En 1966, année du millénaire de la Pologne chrétienne [2], alors que la camionnette qui la transportait se trouvait dans le diocèse d'Olsztyn, elle fut interceptée par la police et l'icône conduite en *«détention»* par deux policiers, dans une petite chapelle de Czestochowa où elle fut mise derrière des barreaux, avec deux miliciens pour monter la garde nuit et jour et des voitures de police devant les portes du sanctuaire, pour vérifier tous les véhicules qui entraient et sortaient [3].

Le cadre de l'icône ayant échappé à l'arrestation, c'est lui qui poursuivit la pérégrination et la vénération des fidèles était encore plus grande. Il alla en particulier dans le diocèse de Cracovie où le cardinal Wojtyla présida les solennités de son arrivée et de son départ. En 1970, à l'arrivée d'Edward Gierek au pouvoir, les conditions de détention de l'icône prisonnière furent assouplies et les soeurs servantes de Marie Immaculée qui s'occupaient de la chapelle où elle était aux arrêts reçurent l'autorisation de mettre des fleurs derrière les grilles. Mais le Gouvernement refusait toujours de «*remettre en liberté*» l'icône! Les soeurs décidèrent alors d'organiser son évasion. Seul le cardinal primat fut mis au courant. Elles fabriquèrent un double de la clé du cadenas et, un matin à six heures, au moment où, dans le sanctuaire de Czestochowa, l'icône miraculeuse est découverte, une soeur ouvrit la grille et vola la copie prisonnière pour la mettre en lieu sûr. Grâce aux caméras à l'entrée du sanctuaire, la police put repérer rapidement le numéro de la voiture qui avait emporté l'icône mais quand ils l'eurent retrouvée, quelques heures après, celle-ci était vide.

Cela se passait un mercredi. Le dimanche suivant, le cadre vide de l'icône passait justement du diocèse de Lublin à celui de Sandomierz. Dans le village frontière entre les deux diocèses, une grande célébration devait avoir lieu avec tous les évêques et plusieurs cardinaux, polonais et étrangers. Personne ne savait alors où était l'icône, bien que la police ait fouillé toutes les maisons religieuses et établi des barrages sur toutes les routes, comme s'il s'agissait de retrouver l'*Ennemi public n°1*. Il y avait ce jour-là plus de 30.000 pèlerins, et la procession, conduite par le cardinal Wojtyla, s'approchait de l'autel préparé devant la petite église du village. Soudain, on vit le cardinal Wojtyla tomber à genoux et se mettre à pleurer. Il avait reconnu, dans l'icône placée au-dessus de l'autel, celle que toutes les polices de Pologne recherchaient !

Pendant le sermon et alors que les forces de police entouraient les fidèles, le cardinal Wyszynski, lui aussi présent, dit en substance : «*Peuple chrétien, ton icône révérée est revenue. Tu dois la garder et la protéger. L'icône n'appartient ni à l'Église de Pologne, ni au Gouvernement, mais au Saint-Siège, parce qu'elle a été offerte au Pape Pie XII qui l'a bénie, et renvoyée en Pologne afin qu'elle circule dans tout le pays*». Pendant les trois semaines qui suivirent, les croyants organisèrent nuit et jour une garde autour de l'icône, et de guerre lasse, le Gouvernement finit par céder... [4]

Mgr MUSIEL

A ville symbole, pasteurs symboles. Je cherchais en Pologne le témoignage d'évêques sur leur action pendant le régime communiste. J'en ai rencontré plusieurs, mais lequel choisir pour figurer dans ce livre ? «*Il faudrait les interroger tous*, m'a-t-on répondu. *Mais allez voir Mgr Tokarczuk à Przemysl ou Mgr Musiel à Czestochowa. Leurs noms sont moins connus en France que ceux du défunt primat Wyszynski ou du cardinal Wojtyla, mais vous ne le regretterez pas !*».

C'est dans sa petite chambre du presbytère de l'église de Sainte Barbe où il terminait ses jours que je suis allé rencontrer Mgr Musiel, ancien évêque auxiliaire de Czestochowa. Malade, visiblement épuisé, mais le regard très clair, Mgr Musiel a bien voulu donner son témoignage pour ce livre [5]. Né à Laniki, un village situé à une trentaine de kilomètres de Czestochowa, en 1915, Franciszek Musiel est originaire d'une famille rurale (*«J'étais moi aussi un paysan»* précise-t-il). Il y a cinq enfants au foyer, et la vocation sacerdotale du futur évêque le conduit à de longues études. Ordonné durant la guerre en 1941, il sera nommé chargé des cours de religion dans un lycée commercial (*«la période la plus heureuse de ma vie au contact de tous ces jeunes»*). Le jeune prêtre se fait rapidement apprécier de ses élèves qui se confient à lui en ces années difficiles de l'après-guerre, où la Pologne rendue exsangue par l'occupation nazie est soumise à un nouveau totalitarisme.

Ce dernier, pour être moins sanglant, ne vise pas moins à la destruction de toutes les valeurs qui ont jusqu'à présent fait vivre ce peuple. Au début, le régime essaie de se concilier les bonnes grâces de l'Église. C'est ainsi que Bierut, athée notoire, conduit bras à bras avec le cardinal Sapieha la procession de la Fête-Dieu dans les rues de la capitale polonaise [6] et prête le serment religieux prévu par la constitution de 1921 lors de son accession à la présidence de la République. Mais, dès septembre 1945, les premières mesures contre l'Église sont prises par le nouveau régime sous la pression de son protecteur soviétique. Une première période de persécution sévère commence. Comment alors se situer par rapport à lui, comment résister mais aussi comment vivre ? L'action pastorale du père Musiel auprès de ces jeunes est à l'origine de ses premiers ennuis : «*Un représentant du Ministère de l'Éducation est venu inspecter notre lycée. Il a demandé au directeur : 'Qu'est-ce que les jeunes pensent du père Musiel ?' Et le directeur sans réfléchir, a répondu : 'Ils l'aiment beaucoup'. Alors l'inspecteur s'est mis en colère et il a hurlé dans le bureau : 'Mais vous ne comprenez rien ! Il est d'autant plus dangereux qu'il est aimé'*». Une personne qui a assisté à l'entretien le rapporte au jeune prêtre. Pour le vieil évêque, ce premier incident reste paradoxalement le moment le plus heureux de son existence de prêtre : «*Cela montrait l'amour et la confiance des jeunes envers moi*». Mais, peu après, il est exclu du lycée : «*Ce fut pour moi une grande joie, au travers de toute la souffrance d'avoir à quitter ces jeunes. Mon exclusion signifiait que j'avais fait du bon travail avec eux. J'étais triste de partir et heureux d'être un homme 'dangereux'*». L'épisode révèle les vrais mobiles de la persécution. Comme l'écrit Bohdan Cywinski : «*Le caractère antireligieux du marxisme était une prémisse historique. La pratique était cependant plus importante. Il s'agissait de retirer à la société son indépendance spirituelle. Il convenait donc de détruire la religion qui représentait la source d'espoir la plus profonde ; il fallait éliminer ce centre idéologique indépendant qu'était l'Église... Ils allèrent jusqu'à des actions policières en éliminant les éléments les plus valables du clergé, des représentants de la hiérarchie et des laïcs catholiques*»[7].

L'expérience personnelle du père Musiel n'est que l'illustration d'une action qui se déroule à l'échelle du pays. Le Parti est engagé alors dans la liquidation de toutes les organisations ecclésiastiques et de tous les mouvements catholiques de jeunes, pour éradiquer l'influence de l'enseignement de l'Église sur la jeunesse polonaise qu'il veut remodeler à sa guise [8]. Tout comme il achève l'élimination de toutes les formes organisées indépendantes de vie politique, sociale ou culturelle. Mais seule l'Église résiste avec efficacité, grâce au soutien de tout le peuple polonais, et devient ainsi dès la fin des années 40 le symbole de la résistance à un pouvoir totalitaire cherchant à asservir toute la nation polonaise, et la seule autorité morale reconnue par l'immense majorité de la population.

C'est pourquoi, constatant l'échec de cette première vague de persécution, le régime communiste recherche un semblant d'accord de compromis avec l'épiscopat en 1950 [9]. Mais cet armistice ne dure que quelques mois, le régime ne respecte pas la parole donnée et, dès 1951, la persécution recommence, avec l'arrestation de Mgr Kaczmarek. En mai 1953, les évêques élèvent une vigoureuse protestation contre toutes les persécutions et entraves qui frappent l'Église auprès de Bierut sous la forme d'un mémorandum comprenant le fameux «*Non possumus*» [10]. En septembre, Mgr Kaczmarek est condamné à 12 ans de prison après un procès-spectacle aussi cynique que dévoyé. Le cardinal

Wyszynski envoie alors une protestation personnelle à Bierut[11], ce qui lui vaut d'être arrêté à son tour, le 25 septembre. Le régime semble triompher. Il impose aux évêques encore en liberté un nouveau chef de l'épiscopat en la personne de Mgr Klepacz, et, le 28 septembre, ces évêques signent une déclaration de loyauté envers le régime.

Le bilan de la persécution est lourd : neuf évêques sont en prison ou empêchés, près de 300 prêtres morts ou disparus, ainsi que 54 religieux, près de 2 700 prêtres et religieux en prison, exilés ou déportés, plus de 2 000 églises et chapelles, plus de 840 couvents et monastères et 85 écoles catholiques fermés, toutes les oeuvres de charité, les imprimeries et les librairies catholiques liquidées, 80 % des biens de l'Église confisqués, 319 des 329 journaux et revues catholiques interdits[12].

C'est pourtant au cours de ces années et à ce nadir de sa situation (le clergé semble fléchir, plusieurs milliers de prêtres participent entre 1953 et 1956 à des manifestations organisées par *Pax*) que l'Église de Pologne, en la personne de son primat, pose les bases du renouveau et de la libération à venir. Dans la solitude de sa prison, le cardinal Wyszynski élabore pour l'Église le «programme» à long terme qui aboutira à la chute du régime plus de trente ans plus tard. Or ce programme n'a rien de politique, il est entièrement pastoral et son axe central est le renouvellement des voeux à la Vierge Marie faits par le roi Jean-Casimir trois siècles plus tôt[13].

«La bataille, c'est la bataille»

C'est dans ce contexte que son évêque confie au jeune père Musiel une tâche délicate : créer une nouvelle paroisse, qui sera dédiée à Notre Dame des Victoires. C'est un acte de foi et d'espérance car les autorités n'autorisent pas la construction d'une nouvelle église. Mais, bien que nous soyons en pleine période stalinienne, le jeune curé et ses fidèles n'acceptent pas ce refus injustifié : *«Pour eux, notre paroisse n'existait pas. Mais nous nous sommes passés de leur permission. Et c'est pourquoi ils se sont ensuite vengés sur moi»*. Et le vieil évêque de se souvenir de quelques uns de ces actes de vengeance : son bureau mis à sac, des perquisitions chez lui qui n'en finissent pas, des fouilles dans les bureaux de la chancellerie paroissiale.

Après cette première résistance victorieuse, le père Musiel devient curé de la paroisse Sainte Barbe dans le centre de la ville et emménage dans le presbytère (où il s'est retiré trente ans plus tard, ayant ateint l'âge de 75 ans). Sa pugnacité le signale à l'attention des responsables de l'Église mais aussi à celle du Saint Siège : en 1965, il devient évêque auxiliaire de Czestochowa. Le nouvel évêque tire sa force de sa simplicité directe et de son franc-parler. Il est resté un polonais de la campagne, et c'est à cela qu'il attribue le fait que ses sermons sont vite célèbres et attirent beaucoup de fidèles. Pourquoi ? *«Parce que je vivais avec les gens, je vivais le même présent, et c'est à partir de là que je prêchais. Je disais tout simplement ce qui se passait, et cela suffisait.*

Comme je partageais leurs problèmes, ce n'était pas difficile pour moi». Il n'hésite pas non plus à recevoir les fidèles, à les soutenir personnellement : «*Je peux dire que j'ai consacré ma vie à aider les gens. Certains, peu il est vrai, m'ont déçu. Pour moi la plus grande souffrance, c'est l'ingratitude de quelques uns de ceux que j'ai aidés et qui n'ont pas compris mes efforts pour le faire. Mais je préfère parler des joies»*.

Il est vrai que fréquenter ou se montrer avec Mgr Musiel, ou simplement assister à ses sermons n'est pas sans conséquences. Des fidèles sont convoqués par la police politique et subissent des interrogatoires. On les menace dans leur vie professionnelle et, s'ils persistent, on passe aux actes. Ils continuent pourtant de rencontrer Mgr Musiel. L'évêque n'est pas épargné. Ils sait que les organes de sécurité font enregistrer tous ses sermons. Il en rit encore plus de vingt ans après : «*ils ont dû les garder. Il faudrait les leur demander !*» Il est souvent convoqué pour des entretiens : «*c'était des 'invitations' à venir discuter et faire ensemble un brin de conversation si vous voyez... et cela se terminait toujours de la même façon, par des menaces : 'Si vous continuez, il va vous arriver des ennuis !'*» Cela lui faisait-il peur ? Le vieil évêque répond, piqué : «*Peur ? Comment donc ! La bataille, c'est la bataille*».

Se souvenant soudain qu'il a en face de lui un étranger, Mgr Musiel éclate de rire et demande, faussement inquiet «*Vous travaillez pour un journal ?*». –«*Oui*, pour Chrétiens de l'Est/L'Église en Détresse dans le Monde, *qui informe sur la vie des Églises*». –«*Mais il *fallait me le dire, c'est dangereux pour moi»* (le large sourire dément le propos). *Une fois à cette époque, un journaliste étranger est venu m'interviewer et le résultat, c'est que j'ai disparu dans le Triangle des Bermudes».* –«*Le Triangle des Bermudes ? ...».* –«*Vous ne connaissez pas l'expression ? C'est ainsi qu'on désignait à Czestochowa le Quartier Général de la Police. On y entrait, on y disparaissait et on ne savait jamais quand on en ressortirait. Dans le cas que j'évoque, j'eus droit à un long interrogatoire !».* La Pologne n'était certes pas l'URSS ou l'Albanie. Mais il ne faut pas minimiser la violence de l'appareil répressif, surtout à l'époque stalinienne et même au-delà [14].

Sans peur, Mgr Musiel continuera à dire ce qui est, jusqu'à la fin de l'époque communiste, même si le relais est assuré aussi par d'autres voix. Son jugement sur ce que fut ce régime est catégorique. On a tout à lui reprocher, car il prenait tout au peuple polonais. A l'inverse, s'il reconnaît le rôle important joué par d'autres peuples, (il évoque la révolte hongroise de 1956), il pense que la Pologne a montré l'exemple dans la lutte contre le communisme : «*Parce que nous étions plus unis par notre foi et qu'il y avait chez nous cette communion dans la croyance qui existait moins chez les autres»* [15].

Et l'après-communisme ? Mgr Musiel pensait, lors de notre entretien, que tout n'est pas fini, «*car le communisme est en partie resté dans les têtes».* Et il estimait que les ex-communistes tablaient sur les difficultés économiques de la Pologne du début des années 90 pour revenir au pouvoir (ce sera chose faite deux ans plus tard). Mais plus encore que ce retour qu'il prévoyait, c'est dans la sécularisation de la société polonaise qu'il voyait le principal défi pour l'Église en cette fin de siècle, concluant ainsi : «*Notre génération d'évêques a gardé le bon flambeau, je pense, et j'espère qu'il en ira de même pour les nouveaux*».

Père MARIAN DUDA

L'Église Saint-Adalbert (Swiety Wojciech) de Czestochowa lance vers l'azur ses mâts et sa voilure de cap-hornais, et se voit de l'autoroute de Varsovie, avant même d'entrer dans l'agglomération de Czestochowa. Pour le père Duda, son ancien vicaire, l'effet était encore plus saisissant au cours des travaux avant que les murs et les toits ne soient posés : la structure métallique donnait complètement l'illusion d'un grand voilier échoué au milieu des terres. L'histoire de la paroisse et de l'Église Saint-Adalbert s'identifie complètement, jusqu'aux premières années de l'après-communisme, avec celle de ses pasteurs, le curé Slomian et le père Duda. Un long combat de vingt années, qui, lors de notre rencontre, a déjà visiblement usé le premier lorsqu'il me reçoit dans la sacristie de son église tout en participant à l'animation des messes, qui s'y succèdent d'heure en heure («*Ce sont les premières communions, excusez-moi je dois aller prêcher... où en étions-nous... excusez-moi, je dois retourner pour les annonces... continuons... excusez-moi, il y a une nouvelle messe qui commence...*»)[16].

Mgr Musiel

Père Duda

Saint-Adalbert de Czestochowa partage le même privilège que Saint-Zygmunt de Varsovie, ou Notre-Dame de la Paix de Nowa Huta : être l'une des premières paroisses érigées dans une ville neuve à l'époque du régime communiste. Le père Jozef Slomian est encore un prêtre jeune quand Mgr Barela, l'évêque de Czestochowa, le convoque en Janvier 1969, pour lui annoncer qu'il vient de créer une paroisse couvrant tous les nouveaux quartiers, au nord de la ville et qu'il le nomme comme son premier curé. L'évêque ajoute qu'il a demandé aux autorités l'autorisation d'ériger cette paroisse et neuf autres, et que celles-ci n'ont pas daigné répondre à sa demande. Dès que la nomination du père Slomian est connue à Czestochowa, ses confrères le surnomment «*Jozef* (son prénom) *sans terre*». La Municipalité lui refuse non seulement l'autorisation de construire une église, mais même celle de résider dans le quartier. Qu'à cela ne tienne ! Le père Slomian s'installe dans la paroisse Saint-Jacques, au centre de la ville, et sort dans la rue, en soutane, interpeller les gens : «*Où habitez-vous ?*» . Et si quelqu'un lui répond qu'il habite dans un des quartiers situés sur le territoire de Saint-Adalbert, le père «*Jozef sans-terre*» lui demande : «*Savez-vous qu'il existe une paroisse chez vous ? Non. Eh bien si, elle existe et j'en suis le curé. Qu'êtes-vous prêt à faire pour cette paroisse, pour votre paroisse ?*» Et il propose aussitôt une première action : prier à l'église Saint-Jacques, dans le centre ville. En quelques mois, les messes exilées des paroissiens de Saint-Adalbert réunissent un bon millier de personnes chaque dimanche à Saint-Jacques. Le vicaire, qui le seconde, fait le même travail auprès des jeunes qu'il interpelle dans la rue. Et après quelques mois, entre trois et quatre mille enfants des quartiers nord de Czestochowa sont catéchisés à Saint-Jacques !

> ### *Une lutte «scientifique» contre l'Église*
>
> Cette lutte contre l'Église catholique et particulièrement contre les paroisses a été vécue par ses auteurs sur un mode «scientifique» - ce qui n'est pas pour l'excuser, au contraire. Lénine qui se piquait de philosophie, avait une vision machiniste de la personne humaine et se considérait comme un savant technicien chargé de faire de l'humanité une machine qui marche, en éliminant tout ce qui peut parasiter cette bonne marche des rouages (les êtres humains), comme l'a bien montré le travail de Dominique Colas, fondé sur les textes même de Lénine. On retrouvera partout le même esprit de planification dans la lutte contre l'Église et le clergé. Et ceci non seulement en Pologne, mais aussi dans tous les pays communistes où les mesures d'application furent le plus souvent autrement plus drastiques.
>
> Ce qu'a été pendant des décennies cette lutte contre les paroisses et leurs pasteurs, nous pouvons en avoir une idée par le rapport du colonel Morawski (de son vrai nom Jozef Siemaszkiewicz), du 4ème département du Ministère de l'Intérieur polonais. Ce rapport du 12 août 1963 fut transmis secrètement à l'É-

glise catholique (le cardinal Wyzsinski protesta publiquement) et passa après en Occident [17]. Cette stratégie visant à neutraliser l'Église pour la détruire devait être «scientifique», soulignait le colonel Morawski. Pour ce responsable de la lutte antireligieuse les paroisses constituaient les «*cellules de base*» de l'Église (il appliquait la grille du Parti à l'Église). L'objectif était de les noyauter pour les détruire. Pour cela, le colonel Morawski développait une stratégie très fouillée (le rapport fait plus de 20 pages) dont voici les directives essentielles :

— Systématiser et renforcer le réseau des indicateurs de police dans toutes les paroisses de Pologne. Les autorités devaient tout savoir sur ce qui se passe tous les jours dans chaque paroisse.

— Sur la base de ces renseignements quotidiens, il fallait mettre en place une action systématique de renforcement prophylactique vis à vis du clergé hostile, avec pour objectifs principaux :

— «*empêcher le clergé d'exécuter les directives des évêques*»

— «*soumettre le clergé aux directives du gouvernement*»

— «*attiser et exploiter les conflits dans les paroisses dans le sens qui nous convient et affaiblir de ce fait l'action du clergé*». Le colonel Morawski précisait entre autres : «*en diffusant de fausses nouvelles à des personnes aux prédispositions et aux talents de commères*» - la précision allait jusque là !

Presbytère clandestin

Voici l'adversaire auquel les prêtres de Saint-Adalbert, et des milliers d'autres en Pologne, doivent faire face. Le blocage de la situation ne peut s'éterniser. Un jour l'évêque de Czestochawa félicite le père Slomian et son vicaire pour leur zèle apostolique, mais ajoute : «*Vous êtes responsables des quartiers nord. C'est là que vous devez résider !*» Les deux prêtres redoublent alors d'efforts pour toucher les gens du quartier et s'épuisent en visites incessantes. Le vicaire y laisse sa santé : il mourra bientôt d'épuisement, à trente neuf ans. «*Il y avait des dizaines de milliers de personnes à suivre son cercueil lors de son enterrement, plus que pour un évêque*», se souvient le père Marian Duda, qui va lui succéder [18].

Le grain tombé en terre porte du fruit. En 1974, le père Slomian et les trois vicaires qui désormais lui sont adjoints achètent secrètement une petite maison dans un des quartiers nord-est et s'y installent. Les autorités ne tardent pas à le découvrir. On leur coupe l'électricité et le gaz. Mais ils décident de rester sur place, et les messes commencent à avoir lieu le dimanche devant la maison. Alors la municipalité envoie une équipe d'ouvriers maçons avec pour mission de détruire purement et simplement la petite maison. Des fidèles s'attroupent autour. Ils sont bientôt des centaines. Les ouvriers démolisseurs battent alors en retraite.

Le père Slomian installe alors le Saint-Sacrement dans son ostensoir, sur le rebord de la fenêtre de la maison, et les paroissiens se relaient jour et nuit pour une prière d'adoration et de veille. Trois semaines plus tard, alors que le père Slomian vient de quitter pour la première fois la maison pour une réunion à l'évêché, une nouvelle équipe de démolisseurs arrive. Ils bousculent les fidèles en prière et commencent à abattre leurs masses sur la construction. Tandis qu'une foule grandissante de fidèles s'agenouille autour de la maison et prie, quelques-uns se précipitent à l'évêché. L'évêque et les prêtres présents sont mis au courant des faits. Aussitôt, l'évêque décide : «*nous y allons tous, en procession*». Et voici l'évêque et son clergé qui traversent les rues de Czestochowa jusqu'aux quartiers nord, tandis que des milliers et des milliers de passants rejoignent le cortège ou prient à son passage. Quand l'évêque arrive devant la maison, l'équipe de démolisseurs a déjà pris la fuite... La municipalité s'avoue vaincue !

Une pastorale des faits accomplis

Le père Slomian loue alors un appartement de trois pièces dans un immeuble et s'y installe avec ses vicaires. Le père Marian Duda les rejoint. «*L'appartement servait d'église paroissiale, de sacristie, de presbytère et de salle paroissiale*, se souvient-il, *pour 100 000 habitants. Vous vous rendez compte !*» Le jeune prêtre passe sa première nuit sur un matelas, sous le tabernacle, puis il aménage sa «*chambre*» et son «*bureau*» dans la cuisine, une pièce de seize mètres carrés servant aussi à l'accueil : «*parfois quand je rentrais tard d'une réunion ou d'un voyage, et que je dormais encore au petit jour, les dévotes devaient me passer dessus pour aller jusqu'aux pièces qui formaient la chapelle»*. Une autre fois, ce sont des évêques américains, en pèlerinage à Czestochowa, qui sont venus visiter l'appartement et n'en croient pas leurs yeux. Pour le père Duda, l'installation dans la paroisse Saint-Adalbert est difficile : cet intellectuel ne peut trouver le calme dont il a besoin et cet homme de prière, la solitude nécessaire : *«Les premiers mois ont vraiment été durs pour moi, reconnaît-il, et ma révolte intérieure contre l'État a duré trois ans : pourquoi, me disais-je, cet État qui a de la place pour tout, refuse à l'Église celle qui nous est nécessaire ? C'était un choc pour moi»*. Bien sûr, le jeune prêtre sait parfaitement pourquoi l'État leur refuse cette place, si minime soit-elle. Les nouveaux quartiers de Czestochowa, comme ceux de Cracovie (Nowa Huta) ou de Silésie doivent être des quartiers sans église afin de devenir un jour des quartiers sans Dieu. Mais autre est l'analyse intellectuelle, autre la réalité vécue. Cependant, avec le temps, le ressentiment fait la place à la bonne humeur : *«C'était si beau ces célébrations et ces premières communions en plein air»*, se souvient-il.

Une année, les paroissiens ont érigé une belle tribune pour les célébrants et un vicaire l'a coiffé d'une bâche en plastique pour protéger de la pluie pendant les célébrations pascales. Et voici que lors de la messe de Pâques, ce n'est pas la pluie mais le vent qui arrive : *«Le vent a soufflé pendant toute la messe de la résurrection avec une telle violence qu'à tout instant la bâche était sur le point d'être arrachée. Mais cela la gonflait vraiment comme une voile et notre tribune était un bateau prêt à s'élever dans les cieux ! Magnifique !»* La tribune restera d'ailleurs là où elle a été construite : «*nous appelions cela la pastorale des faits accomplis*», conclut le père Duda.

En été, les messes dominicales ont lieu en plein air, sur un terrain vague. Mais en hiver, elles se déroulent à la fenêtre de l'appartement, celle de la cuisine. Les prêtres célèbrent dans l'appartement et le rebord de la fenêtre fait office d'autel. Pour le père Duda, jusqu'à huit cents personnes arrivaient à tenir dans l'appartement, sur les paliers et dans les escaliers de l'immeuble, et des milliers d'autres devaient rester dehors quel que soit le temps : «*Quand il gelait par moins vingt degrés, ou qu'il pleuvait des averses, c'était des célébrations incroyables, inoubliables*». Et même les célébrations en plein air pouvaient réserver des surprises, lorsque le temps changeait brusquement. «*Une année, nous étions dehors pour le Vendredi Saint, se rappelle encore le père Duda. Il avait beaucoup plu, le sol était détrempé et il s'était remis à pleuvoir, mais nous avons bien sûr continué. Lors de la grande prosternation, je me suis allongé tout du long par terre avec mes vêtements sacerdotaux : je m'enfonçais littéralement dans la boue. Quand je me suis relevé oh, là là ...j'étais trempé et cuirassé de boue ! Mais il y avait un enthousiasme extraordinaire qui nous soulevait*»[19].

Ce sont les catacombes !

Cinq mille enfants sont inscrits à la catéchèse. Même en les serrant comme des sardines, comment les faire tenir dans l'appartement pour les cours ? Le père Slomian trouve une solution : il loue des caves dans des immeubles et les paroissiens les transforment en salles de catéchisme. L'évêque de Czestochowa vient les bénir très solennellement et ainsi une véritable «*catéchèse des catacombes*» peut se développer.

Au fil des ans, les prêtres réussissent à disposer d'un peu plus d'espace. Comment ? Volontairement ou non, les autorités leur avaient loué un appartement dont tous les voisins étaient soit membres du Parti, soit hostiles à l'Église. Et voici que ces voisins se mettent à mourir les uns après les autres ! Ces décès libèrent ainsi des logements que les prêtres louent à leur nom, pouvant ainsi respirer un peu. Quant au bureau paroissial et à sa chancellerie, ils sont aménagés dans la cave de l'immeuble, juste à côté de la réserve de charbon. Un cardinal italien venu pour le grand pèlerinage de Jasna Gora s'exclame, en y entrant : «*Mais ce sont les catacombes !*».

Construire une Église sur une décharge

En 1976 enfin, la permission de construire une église arrive à l'évêché. Aussitôt, le père Slomian se rend avec ses vicaires sur l'emplacement qui leur est concédé. Il veut construire tout de suite, car en 1957, le gouvernement avait autorisé la construction d'une église puis retiré son autorisation avant le début des travaux. Le lieu prévu se situe à trois kilomètres de l'immeuble où ils habitent. Mais les prêtres, ce jour-là, y volent plus qu'ils ne s'y rendent. Arrivés sur place, ils découvrent que le terrain en question n'est autre qu' une décharge à ordures. Ils vérifient le document mais il leur faut se rendre à l'évidence : il s'agit bien de ce terrain qui sert de dépotoir (ce coup n'est pas unique en son genre : le séminaire de Szczecin est lui aussi construit sur l'emplacement d'une décharge, cadeau empoisonné de la municipalité communiste).

Le père Slomian n'est pas au bout de ses peines. Le terrain est nettement trop petit pour permettre l'érection d'une église appropriée à une paroisse de cent mille âmes. Or les terrains voisins appartiennent à dix personnes différentes, dont un membre de la milice ! Deux ans de tractations, de réunions, de négociations seront nécessaires pour obtenir des voisins qu'ils vendent leurs parcelles à la paroisse - et l'un deux refusera jusqu'au bout. Qu'importe ! Les travaux commencent en 1978 et huit mois plus tard, l'église inférieure est terminée. Il a fallu auparavant déblayer vingt sept mille mètres cubes d'ordures !

Un toit de paille

Le père Slomian veut une église à la taille de sa paroisse. L'architecte, Antoni Mazur, de Cracovie, propose un plan audacieux, une nef en forme de vaisseau. Mais il faut des matériaux. Le plus dur, c'est le métal pour l'infrastructure. Le curé, à force de patience, d'intelligence et aussi de ruse, réussit à en trouver. Ensuite, les travaux seront faciles, car le bâtiment est désormais visible de loin et le curé peut jouer sur la renommée de la ville, et la venue de nombreux étrangers dans la cité mariale. C'est ainsi que lorsqu'il se voit refuser le cuivre nécessaire pour couvrir les toits, il menace d'utiliser de la paille pour les couvrir si on ne lui permet pas d'acheter le métal dont il a besoin ! Et pour que sa menace soit prise au sérieux, il va la faire directement au Ministère de la Culture. De quel ridicule le régime se serait couvert ! On lui accorde aussitôt l'autorisation d'acheter le précieux métal.

En 1980, nouveaux problèmes. Comme mesure de rétorsion contre l'attitude ferme de Mgr Barela sur la question de l'accès au sanctuaire de Jasna Gora, les autorités ferment autoritairement le chantier de l'église Saint-Adalbert. Avant même que le père Slomian et ses vicaires aient consulté l'évêque pour savoir que faire, des milliers de fidèles sont déjà descendus vers le centre ville, beaucoup sur leurs genoux. Ils assiègent les bureaux de la Municipalité : «*Je les ai suivis,* raconte le père Slomian, *mais sans prendre leur tête. C'était leur initiative*». La foule reste en prière devant le bâtiment de la Municipalité, jusqu'à ce que les autorités cèdent et autorisent la reprise des travaux.

Les autorités continueront jusqu'à la fin des travaux à chercher de nouvelles façons de nuire aux fidèles pendant la construction de l'église[20]. Un jour, de puissants haut-parleurs sont utilisés pour couvrir la voix des célébrants. Qu'importe : les fidèles chanteront si fort que la lutte pour les décibels s'achèvera une fois de plus par une victoire. Une autre tentative consiste à installer dans une maison, des enseignants communistes, juste à côté de l'église en construction. Ceux-ci veulent avoir le passage libre à toute heure, même lorsque les messes sont célébrées et ils dérangent sans cesse les célébrations : «*Ils agissaient comme des voyous, et je dois reconnaître que dans ce cas nous avons répondu de la même façon,* admet le père Duda. *Des jeunes ont installé un jour un autel devant la maison de ces professeurs, et ceux-ci ont dû céder*».

L'essentiel des travaux est réalisé par les fidèles eux-mêmes. Au moins une centaine d'entre eux travaille en permanence, et bénévolement, sur le chantier. Les dons permettent d'acheter les matériaux et de payer les spécialistes. Le chantier ne dispose d'aucun engin mécanique et les entreprises d'état ne sont pas autorisées à en vendre, à en louer ou à en prêter. C'est à la main que chaque seau de ciment est apporté jusqu'au lieu où il sera utilisé.

Quand l'église inférieure est achevée, les prêtres s'y installent provisoirement, tout comme les fidèles : une prière jamais interrompue, sauf pour les messes, est instaurée tous les jours de 6 heures à 20 heures. Les travaux du presbytère durent, quant à eux, trois ans. En 1985 enfin, le gros oeuvre est terminé. L'église compte 1 000 places assises, et le père Slomian est installé officiellement par l'évêque et par Mgr Poggi, le nonce itinérant. Un groupe de pèlerins français qui visite peu de temps après l'Église, fait remarquer, acerbe, au père Slomian : «*Quelle construction ! voilà bien le symbole du triomphalisme de l'Église polonaise !*» Ce à quoi le curé répond :

«Non ! pour nous cette église est le symbole du relèvement de la croix du Christ dans cette ville, cette croix qui a été tellement humiliée et piétinée par les communistes».

Jusqu'au bout, la volonté d'athéiser la société polonaise

Pendant plus de quarante ans, année après année, les évêques de Pologne alertèrent les chrétiens de Pologne et l'opinion mondiale sur la volonté persistante du Gouvernement de couper de l'Église et d'athéiser la société polonaise. En des termes rigoureux, les évêques polonais dénoncèrent cet objectif, dont l'intolérance, disaient-ils, «*dépasse de loin les cas connus dans l'histoire*». Année après année, les documents internes au Parti ou au régime, confirmaient la justesse et la nécessité de ces protestations de l'épiscopat polonais. Voici par exemple une série de directives envoyées par M. Wolowicz, Directeur de l'Office pour les affaires religieuses, aux chefs des sections régionales, au milieu des années 80 :

«1. Mettre l'insistance sur les divisions entre le primat de Pologne, le cardinal Glemp et le Pape.

2. Faire une distinction nette entre les divisions entre les 'bons' et les 'mauvais' prêtres (c'est-à-dire les dissidents).

3. Refuser les permissions de construire de nouveaux lieux de culte et arrêter les travaux en cours.

4. Contrôler sévèrement le développement de la presse catholique, diminuer les imprimeries et refuser les autorisations pour les nouvelles publications.

> *5. Retirer progressivement de la circulation les revues catholiques Znak, Wiez, Powsciagliwosc Praca».*
>
> Ne s'agissait-il pas toutefois de mesures visant à limiter l'influence de l'Église plus que d'un programme de «*laïcisation*» (athéisation) ? Un tel programme a-t-il réellement existé en Pologne ? D'après mes interlocuteurs, le terme de programme au sens fort aurait été un peu trop strict, mais il y avait une volonté générale et constante, qui se manifestait de façons variées, non sans contradictions, durant toute l'époque de la Pologne communiste[21]. En 1987 encore, le régime nomma comme ministre chargé des questions religieuses le responsable de l'idéologie du Comité central, connu pour son athéisme virulent, Wladyslaw Loranc[22]. A ma question «*Le Gouvernement polonais a-t-il un jour renoncé à limiter, sinon à détruire, la foi chrétienne en Pologne ?*», ces mêmes interlocuteurs –évêques, prêtres ou laïcs– ont toujours répondu : «*Non*». Le cardinal Glemp, dont la modération était bien connue, déclarait quant à lui, en septembre 1986 : «*La différence qui existe entre les catholiques et les marxistes en Pologne, c'est que les seconds cherchent à nous anéantir définitivement, tandis que nous, au contraire, nous voulons convertir*».

Une situation nouvelle

Avec la fin du communisme, la situation de la paroisse Saint-Adalbert a bien changé. Celle-ci a signifié aussi la fin des interdictions d'ériger de nouvelles

Église Saint-Adalbert de Czestochowa

Intérieur de l'église

paroisses. Six d'entre elles se partagent maintenant le territoire qui fut celui de la paroisse Saint-Adalbert. Et le père Slomian doit faire face à un tout autre problème : «*Cette église a été construite pour une paroisse de cent mille habitants et elle n'en a plus que 15.000. Elle est trop grande. Nous l'utilisons bien sûr pour des rassemblements diocésains ou lors du synode diocésain ou du dernier congrès eucharistique national, mais cela ne suffit pas. Les fidèles sont toujours aussi généreux mais leur pouvoir d'achat a dégringolé. Je n'ai plus assez d'argent pour payer l'électricité, le chauffage et l'entretien*». Pour le père Marian, qui le connaît depuis 15 ans, c'est la première fois que le père Slomian semble perdre de son énergie proverbiale : «*Et il n'est pas le seul* ajoute-t-il, *plusieurs prêtres ont laissé leur santé et même certains leur vie dans cette aventure. Aujourd'hui nous voyons tout ce qu'elle nous a coûté mais nous étions à l'époque complètement ignorants du prix à payer. Nous débordions d'enthousiasme, nous étions poussés par la force de l'Esprit Saint, qui nous a permis de tout réaliser avec ce que nous appelions 'notre pastorale des petits moyens*». Le père Slomian voudrait encore faire installer un orgue à Saint-Adalbert - une souscription est ouverte mais les fonds sont encore insuffisants : «*Vous ne connaissez pas un sponsor en France ?*».

La paroisse Saint-Adalbert reste très vivante malgré tout quand j'y séjourne en 1991. Deux prêtres logent au presbytère, mais six y travaillent. Trois cent trente enfants ont fait leur première communion cette année-là. Les mouvements d'apostolat, surtout familiaux, sont nombreux : Fraternité Eucharistique,

Rosaire vivant, Lumière-Vie, Lumière-Vie des familles, Mouvement des familles[23]. Un vicaire de la paroisse est d'ailleurs responsable de la pastorale familiale du diocèse. Il y a aussi, bien sûr, des équipes d'entretien, un conseil de fabrique, une chorale et une équipe d'enfants de choeur qui compte soixante-dix garçons !

Évangéliser la culture et le monde du travail

Tandis que le père Slomian n'a jamais quitté sa paroisse, le père Marian Duda est parti à l'étranger terminer ses études. De retour à Czestochowa, il continue à résider à Saint-Adalbert mais s'occupe de la pastorale des étudiants. Au lendemain du 13 décembre 1981, il crée un comité pour l'aide aux internés. De nombreux laïcs entrent dans ce comité qui devient rapidement un des pôles de la résistance à la re-communisation dans la ville de Czestochowa. En Septembre 1982, un des étudiants membre du comité est arrêté et sauvagement battu alors qu'il sort du sanctuaire de Jasna Gora où il est allé prier. Peu de temps après, la milice entre dans le sanctuaire lui-même pour y arrêter des membres de Solidarité clandestine. En avril 1984, le président du comité est attaqué dans la rue par des policiers en civil, battu, déshabillé et filmé nu pour l'humilier. Le père Duda de son côté est menacé plusieurs fois de prison.

Durant ces années, le père Marian touche à peu près 5 000 étudiants dont un noyau de mille très engagés. Un bon millier participe chaque année à ses retraites de Carême. En 1984 et 1985, la surveillance policière de toutes ces activités se fait plus discrète, mais en 1986 trois des étudiants qui participaient à une retraite de Carême, prêchée par leur aumônier, sont attaqués à la sortie d'une conférence par des Zomos, la police spéciale du régime. Le père Marian réagit immédiatement : il les envoie chez un médecin qui dresse un constat médical des blessures infligées, puis il envoie une lettre de protestation accompagnée d'une copie de ces constats au Général Jaruzelski, au primat Glemp, aux principaux évêques de Pologne, etc. Les trois étudiants sont convoqués chez le recteur de l'Université et menacés de renvoi s'ils ne nient pas les faits, mais ils tiennent bon. Pendant six mois ils seront surveillés et harassés puis laissés enfin tranquilles. Quant au père Marian, la surveillance policière se fait plus dense autour de lui. Avant chacun de ses enseignements, les étudiants s'efforcent –sans grande peine d'ailleurs– de repérer les mouchards envoyés par la police. «*De temps à autre, j'en mettais un à la porte pour montrer que nous n'étions pas dupes. Ou alors pour m'amuser, j'annonçais le dimanche à la messe des étudiants : 'Je vous attends tous à la sortie de l'église pour que nous fassions mieux connaissance'. Et j'ajoutais : 'Peut-être aussi que quelques mystères seront ainsi révélés'. Il fallait les voir filer en rasant les murs !*»

En 1988, le père Marian estime que le temps n'est plus à la défense mais à la contre-attaque. Il est aussi fatigué de voir les étudiants interpellés et ennuyés parce qu'ils suivent les cours de l'aumônerie. Il créé le «Comité des citoyens de Czestochowa». «*Il valait mieux que ce soit un prêtre qui le crée, je risquais moins que les autres*». Les premières personnes du comité sont des membres de Solidarité ou du Conseil Social de Mgr Novak, son évêque. L'année suivante, le Comité considérablement élargi, sera chargé de la mise au point des candidatures aux élections. Quant au père Marian, il estime que son action en ce domaine n'est plus nécessaire et il se retire du Comité. Mais en 1990, il soutient la création de l'Union du laïcat catholique de Czestochowa : «*les chrétiens doivent pouvoir agir en tant que tels dans la vie sociale et même politique. On a un peu trop tendance à les considérer comme des imbéciles et des naïfs*».

1991 : que reste-t-il du communisme ?

Pour le père Duda, la politique est un domaine où les esprits restent très «*communisés*». Beaucoup de Polonais ont tellement été marqués par la propagande communiste sans en être conscients, qu'ils n'arrivent pas à concevoir que la foi ait son mot à dire dans l'action publique, dans la cité. La «*gauche laïque*» utilise ce sentiment à son profit, pour lutter contre l'Église et essayer d'empêcher les catholiques engagés de jouer un rôle dans la vie politique et sociale. C'est ainsi que Czestochowa a gardé, plus d'un an après la fin du communisme, un maire athée militant. Le père Duda a conseillé les membres de Solidarité, majoritaires au Conseil, pour les aider à élire un croyant dévoué au bien commun à la tête du Conseil municipal.

Quelle doit être, selon lui, l'attitude vis à vis des ex-communistes ? «*Le pardon. Tout homme a droit à la conversion. Beaucoup ont été communistes par peur - aujourd'hui, nous sommes libres ; ils ont le droit d'être eux-mêmes. L'Église est envoyée vers tous les hommes, y compris les anciens communistes - sinon comment ne resteraient-ils pas nos ennemis ?».* Cette attitude ne suit-elle pas l'exemple du cardinal Wyszynski ? Un des plus beaux exemples de pardon des ennemis donné par cette Église persécutée fut en effet la réaction du cardinal Wyszynski lorsqu'il apprit le décès du chef communiste Bierut, celui-là même qui avait trahi la parole donnée et l'avait fait jeter en prison : *«Jamais plus je ne me disputerai avec Boleslaw Bierut. Déjà Bierut sait que Dieu existe, qu'il est amour. Il est de notre côté, désormais... Je solliciterai du Seigneur la miséricorde pour mon persécuteur. Demain, je dirai la messe à son intention : je l'absous déjà, confiant que Dieu retrouvera dans la vie du défunt des actes qui parleront en sa faveur... Combien de fois pendant mon emprisonnement ai-je prié pour Boleslaw Bierut ! Peut-être cette prière nous avait-elle tellement attachés l'un à l'autre qu'il est venu m'appeler au secours... Ses acolytes auront sans doute bientôt renié et lâché Bierut, comme cela s'est produit pour Staline. Je ne le ferai pas. Mon devoir de chrétien l'exige»* [24]. Le père Duda ajoute toutefois : *«Il faut pardonner - mais bien sûr châtier ceux qui ont commis des actes répréhensibles de façon prouvée».* Ce que le gouvernement Mazowiecki s'est largement refusé à faire après la chute du communisme.

En ce temps de sortie du communisme, on dit qu'il reste très présent dans la tête des Polonais, mais le père Duda n'est pas d'accord : «*Et que faites-vous de la grâce ! Si le communisme est capable de déterminer totalement la conscience, où est la grâce ? Où est la foi ? Où est la liberté ? Tout cela ce sont des prétextes, des excuses pour dire : 'Je suis passif parce que j'ai vécu dans le communisme'. Non ! Même si nos évêques ont répondu, au temps de l'état de guerre, au Parti lorsqu'il nous accusait de faire de la politique : 'C'est de votre faute ! nous les avons eu six ans durant au séminaire, mais vous les avez eu onze ans à l'école communiste ; s'ils font de la politique, c'est que vous les avez dressés à en faire, nous n'y sommes pour rien ; cela, c'était un bon argument au temps du communisme, mais plus aujourd'hui*».

Comment le père Marian voit-il alors la situation de l'Église dans la Pologne post-communiste vis-à-vis de la classe politique en particulier ? «*Ce n'est pas nous qui avons ouvert les hostilités, mais la gauche laïque. A force de rabâcher partout que les Polonais ont peur du pouvoir des prêtres, cette peur commence à s'installer dans les esprits. Ce n'est plus l'attaque frontale comme au temps des communistes, mais l'insinuation permanente. Comme dit le proverbe 'c'est goutte à goutte que l'eau use la pierre', comme vient de le déclarer le cardinal primat, nous sommes pour une séparation de l'Église et de l'État, mais pas au sens communiste. Notre pays a ses racines dans le christianisme et chacun dans son rôle propre, il est normal que l'Église et l'État collaborent au bien commun*».

«*L'Église doit agir sans avoir peur de montrer qui elle est. Regardez Jean Paul II. Est-ce qu'il laisse sa soutane au Vatican en partant en voyage ? Il est pourtant accepté par-*

tout. Nous n'excluons personne, nous allons vers tout le monde. Chacun suit le Christ à sa manière et nous nous devons à tous. Ces chrétiens dits 'populaires' viennent aux sacrements sans savoir pourquoi. Et alors ! C'est pour eux un acte de foi. La foi est volonté d'abord, avant d'être rationnelle. Quand j'avais devant ma fenêtre ces dix mille personnes pour une messe, je savais bien qu'il y avait de tout parmi eux ; mon rôle était de n'en exclure aucun mais de les aider, à approfondir leur foi et leur vie chrétienne. Nous n'avons pas, nous prêtres, ou chrétiens 'évolués' à monopoliser pour nous la grâce. Notre Église de Pologne est une Église qui prie. Même les non-pratiquants prient, je le sais. Il suffit qu'une église soit ouverte pour que du monde vienne prier. Ici à Czestochowa, et ailleurs, ce sont tous les jours des centaines et des centaines de jeunes qui entrent, ne fut-ce que quelques instants dans une église pour y prier. Postez-vous près d'une église et regardez, vous verrez ! Et à la campagne, ce sens de la prière est encore plus fort. Hélas, on commence à fermer des églises en ville par peur des vols. Mais il ne faut pas le faire. Il faut organiser des équipes pour qu'il y ait toujours quelqu'un, comme cela se fait ici ou là.

Une Église qui prie est une Église qui adore ! Ici à Czestochowa, nous avons une demi-douzaine d'églises qui ont une chapelle pour l'adoration. Et, de plus, chaque paroisse à tour de rôle, est chargée d'un temps d'adoration perpétuelle. Savez-vous qu'à Czestochowa, chaque année, plus des deux tiers des nuits sont occupées par des veillées de prières ? Et que chaque mois notre évêque préside une nuit de prière !»

Comment voit-il alors l'avenir de son Église ? : «*Il y en a qui nous quitteront. Peut-être dix à vingt pour cent. C'est normal. Ceux qui resteront sont les croyants. Nous sommes aussi en train de devenir une Église pauvre. Avant, les gens nous aidaient, aujourd'hui l'Église les aide. Cela pose bien des problèmes, mais c'est mieux non ?*»

Apostolat en milieu ouvrier

A partir de 1990 le père Marian Duda est chargé par son évêque de la pastorale du monde ouvrier. Sa première découverte a été que ce monde aussi est un monde qui prie. «*Bien sûr, ceux qui ont le courage de montrer qu'ils prient sont des exceptions mais il y en a. Quant aux célébrations sur les lieux de travail, elles sont très suivies. Les messes de Noël dans les usines sont des événements qu'on ne peut oublier*». On ne peut oublier non plus que les revendications religieuses étaient parmi les premières des ouvriers de Gdansk en 1980. La troisième des vingt-et-une propositions du Comité Interentreprises de grève stipulait : «*...permettre l'accès de tous les cultes aux mass-médias*» [25]. La pastorale du père Duda est adaptée au monde qu'il faut évangéliser : «*Je donne à chaque corps de métier un mystère du Christ ou de la Vierge Marie qui est relié à son activité, comme thème de méditation et d'approfondissement de sa vie chrétienne. Par exemple les électriciens sont 'branchés' sur la lumière, sur le Christ Lumière du monde, sur Marie Mère de Jésus Lumière, sur Jésus énergie spirituelle... Ainsi, l'Evangile n'est pas séparé de leur vie, et l'évangélisation se fait par la* *vie elle-même. C'est ainsi que nous avons fait de l'Assomption 'la femme revêtue du manteau de soleil', la fête patronale des électriciens. Il faut évangéliser le monde du travail et la famille, car si ces deux lieux ne le sont pas, où est l'évangélisation ? C'est dans leur travail et leur famille que les laïcs font leur salut. Et aussi dans leurs loisir, un autre monde à évangéliser. Tout doit être gagné au Christ. Le diable est intelligent, il ne le veut pas et essaie de soustraire le travail au Christ pour le livrer à la seule économie. C'est la même chose pour la famille. Mais nous, au contraire, nous montrons que le Christ n'est pas étranger au monde du travail. Une fois par an, je célèbre l'Eucharistie dans chaque atelier de chaque usine. Les ouvriers en sont toujours touchés de façon extraordinaire : 'Jamais nous n'avons eu de messe comme cela'. Une fois par an suffit. Il ne s'agit pas de cléricaliser les usines, mais de montrer par le sacrement que le Christ est là, ici aussi»* [26].

AGATHA

Avec des étudiants, le père Duda avait créé une Université parallèle libre, à l'époque de l'état de guerre. C'est l'évêque de Tarnow, Mgr Ablewicz, qui vint donner la conférence initiale. En deux ans, quatre-vingt manifestations avaient déjà été organisées : conférences, concerts, spectacles, propositions. A chaque fois des centaines d'étudiants étaient présents. Agatha fut son bras droit durant toute cette période (comme plus tard lorsque le père Duda fut chargé de coordonner l'organisation des Journées Mondiales de la Jeunesse de

Monument de Gdansk

Mme Agatha et le père Duda

1991 à Czestochowa). Cette femme est une des héroïnes de l'époque de Solidarité, et elle aurait pu commencer une carrière politique dans la Pologne postcommuniste, mais elle a préféré mettre ses compétences et son dévouement au service de l'Église et de la culture nationale[27].

Agatha a été arrêtée parmi les premiers responsables de Solidarité, la nuit du 12 au 13 Décembre 1981, lors de la proclamation de l'état de guerre par Jaruzelski. En quoi représentait-elle un danger pour l'avenir du communisme polonais ? Elle avait en charge le secteur *«culture»* du mouvement Solidarité à Czestochowa et la manifestation programmée pour le 15 décembre 1981 était hautement subversive puisqu'il s'agissait d'un spectacle de... music-hall ! Mais aux yeux du pouvoir, cette chrétienne ouverte aux modes d'expression contemporains, surtout des jeunes, était un dangereux adversaire, une espèce de *«commissaire à la propagande du mouvement Solidarité»*. Le drame du totalitarisme, c'est que non seulement, il ne voit le monde qu'au travers de son idéologie, mais qu'il est incapable de prêter aux autres une autre vision du monde. Pourtant, comme me l'expliquera Agatha, son action n'était pas politique, mais uniquement culturelle. Mais comme il s'agissait justement de culture non-politique –c'est-à-dire non communiste–, cela suffisait au régime pour la considérer comme une personne dangereuse. L'ironie du sort veut qu'aux débuts de Solidarité, Agatha s'était engagée plus directement dans le combat du syndicat libre et que c'est ensuite, seulement, qu'elle s'est orientée davantage vers l'action culturelle et que cela lui a valu encore plus d'ennuis.

Son action à l'époque de Solidarité, comme responsable du secteur Culture, consistait surtout à organiser des manifestations culturelles : expositions, conférences, spectacles. Par exemple, elle a demandé à des acteurs connus de venir réciter des poèmes de Czeslaw Milosz, Prix Nobel de Littérature 1980 : *« Ce récital de poésie a attiré près de 150.000 personnes, imaginez-vous cela en Occident ? »*, cette foule écoutant des vers comme ceux-ci :

> Toi qui as lésé l'homme simple,
> Éclatant de rire devant sa détresse,
> T'entourant d'une cour de bouffons,
> Pour la confusion du bien et du mal,
>
> Même si tous se prosternaient devant toi,
> T'attribuant sagesse et vertu,
> Frappant des médailles d'or à ta gloire,
> Heureux d'avoir survécu d'un jour,
>
> Ne te crois pas en sécurité. Le poète se souvient.
> Tu peux le tuer, un autre poète naîtra.
> Seront inscrits les actes et les paroles.
> Mieux vaudrait pour toi l'aube d'hiver,
> Et la corde et la branche ployée sous le poids[28].

En prison

Dès son arrestation, Agatha est transférée à la prison de Lubliniec, puis dans un camp d'internement, situé au bord de la mer baltique. Elle y retrouve quelques-uns des principaux leaders de Solidarité, comme Tadeusz Mazowiecki, ou Bronislaw Gieremek. Elle va y rester sept mois. Cette détention l'a profondément meurtrie : «*les premières semaines, nous étions dans un état de menace perpétuelle : 'on va nous envoyer à l'Est, en Sibérie' - Les hommes et les femmes de Solidarité s'étaient depuis longtemps préparés à cette éventualité. On racontait dans les semaines qui ont précédé le 13 Décembre 1981, que les responsables de Solidarité étaient même divisés en deux camps : les pessimistes qui disaient : 'D'ici, trois mois, nous serons en train de marcher quelque part sur des routes de Sibérie en direction des camps', et les optimistes qui leur répondaient : 'mais non, mais non. Ils nous emmèneront en train»*.

Ce qu'Agatha et ses codétenus n'avaient pas prévu, c'était l'humiliation qu'on leur faisait subir en brandissant sans cesse cette menace sans la mettre à exécution : «*Après quelques semaines, nous avons compris que nous ne partirions plus. Mais la situation n'était guère meilleure. Paradoxalement, je m'étais sentie moins blessée psychiquement dans la prison de Lubliniec que dans ce camp d'internement. Car il s'agissait d'une maison de repos du Parti, et d'un cadre plutôt agréable. Sans cesse j'oubliais dans quelles conditions je m'y trouvais, sans cesse les gardiens, par leur présence ou par leur rudoiement, le rappelaient douloureusement. En prison, c'était au moins plus clair. De plus, les conditions d'alimentation et de séjour sont déplorables et beaucoup de détenus tombent malades*».

Agatha est atteinte à son tour d'une affection à la colonne vertébrale et son nom est inscrit sur les listes de la Croix-Rouge internationale. Mais malgré les efforts de cette organisation, elle ne sera pas libérée tout de suite. Une des rares joies de ces mois de détention, ce fut pour Agatha la visite de Mgr Musiel. Il célébra la messe pour les détenus et Agatha ne put s'empêcher de pleurer en le rencontrant - car il lui apportait des nouvelles de son fils, dont elle ne savait rien depuis son arrestation. De façon générale, l'Église catholique ne fut pas inactive et, soutenue par Jean Paul II, fit de son mieux pour alléger les souffrances des internés tout en prenant vigoureusement leur défense [29].

Les années grises

A sa libération, en juillet 1982, Agatha est transférée directement du camp d'internement dans un hôpital à cause de son état de santé. Elle y reste deux mois avant de revenir à la vie *«normale»* dans la Pologne *«normalisée»* de l'État de guerre. Elle recommence aussitôt une nouvelle activité clandestine, comme rédactrice et distributrice des journaux clandestins de Solidarité à Czestochowa. Elle fait surtout confiance à la Providence et n'hésite pas à sortir dans les rues en plein jour avec son sac à dos rempli de publications clandestines. Pendant toute la période 1982-1989, elle vit sans cesse sous la menace d'un nouvel internement. Elle n'arrive plus à compter combien de fois elle a été

A l'époque de Solidarité : Dieu et la liberté

A l'époque de Solidarité : Dieu et la liberté

arrêtée pour interrogatoires ou séances d'intimidation. Quant aux perquisitions chez elle, elle en compte dix sur ses doigts, au moins pour celles dont elle a gardé le souvenir. Son fils, lui, a été convoqué plusieurs fois, par les autorités de son lycée avec menaces de l'exclure si sa mère continuait son action subversive : «*Ils voulaient nous atteindre à travers nos enfants : 'Si tu ne dénonces pas tes parents, nous te punirons, nous te chasserons de l'école…'. Mais presque tous ces enfants ont résisté*».

Jetant un regard rétrospectif sur cette époque, Agatha ajoute : «*Je ne peux pas dire que je la regrette, mais elle était vraiment intéressante, les hommes étaient plus solidaires. Toute mon action, et bien avant l'époque de Solidarité, quand je m'occupais d'animation culturelle auprès de jeunes, a été inspirée par ma foi chrétienne. Seule la foi pouvait me donner cette force si grande dont j'avais besoin pour agir et pour créer sous le régime communiste. Et quand le temps de l'épreuve est venu, de 1981 à 1989, seule la foi pouvait me donner cette espérance invisible, que ce mal ne sera pas toujours vainqueur, et qu'à la fin, les valeurs de vérité l'emporteraient. Ce n'était pas facile de garder l'espoir durant les mois de détention, puis les années de répression, mais grâce à ma foi chrétienne, j'ai pu le garder*».

C'est pourquoi, avec le père Duda et d'autres, elle fonde un comité clandestin, le «*Comité indépendant pour la culture*» et organise rapidement un premier festival de poésie libre. En quelques mois, ce Comité prend une place importante dans la vie de la cité mariale. La culture officielle est boudée par tous les créateurs, qui se mettent au contraire au service des manifestations culturelles indépendantes, organisées par le Comité, surtout dans les églises : expositions, récitals, spectacles... Agatha travaille en particulier avec Markowski, le grand photographe de la période de Solidarité et de la résistance des années 80. La plupart des grands noms de la culture polonaise viennent à Czestochowa à son invitation, comme par exemple, les réalisateurs Wajda, Zanussi ou Kieslowski ou la troupe de Grotowski [30]. Cette expérience a permis à Agatha et à ses amis de vivre plus profondément ce qu'est l'Église pour la culture d'une nation : «*Pendant toutes ces années, l'Église était le seul espace de liberté. Les créateurs, les artistes ont besoin de liberté et l'Église leur a permis de s'exprimer, et aussi de vivre car grâce à ces expositions ou spectacles, ils n'avaient pas à dépendre de l'État communiste pour vivre, c'était le peuple qui les faisait vivre*».

Deux prières de Lech Walesa à Notre Dame de Czestochowa

1. A l'époque de Solidarité

Vierge Sainte, je viens vers toi avec toute la simplicité de mon coeur, pour te dire : Je me confie à toi, je me consacre à toi tout entier. Après le Saint-Père Jean Paul II, je répète : en Toi ma confiance.

En ce jour, je remets mon coeur entre tes mains. Le coeur de mon coeur, c'est la ville de Gdansk. Je dépose à tes pieds ses armoiries comme signe de reconnaissance, pour tout ce que tu as fait en cette ville et sur tout le littoral, pour notre Patrie et pour l'Église.

Encore une fois, en assumant une grande responsabilité pour le sort de notre patrie, après le cardinal primat, je répète : j'ai tout misé sur la Vierge.

Vierge Sainte, ce n'est pas seulement moi que je te confie, mais aussi toute la Pologne, l'Église qui est en Pologne et tout ce que représente la Pologne. Je te confie tout ce dont vit notre patrie aujourd'hui : tous ses soucis, toutes ses expériences, toutes ses souffrances, ainsi que ses grands espoirs pour un avenir meilleur.

Je confie surtout à tes soins maternels les syndicats indépendants et autonomes de Solidarité. Dirige-les, Sainte Mère, protège leurs droits, à eux qui assument les intérêts des travailleurs et défendent leurs droits et leur dignité.

Prends notre patrie sous ta garde, je t'en supplie : que la Pologne devienne une demeure des hommes, une demeure des enfants de Dieu, pour que triomphent la justice, la liberté, la paix, l'amour et la solidarité.

Enfin, Sainte Mère, dirige-moi. Je veux être entre tes mains un instrument au service de la patrie, de l'Église et des autres hommes. Tourne surtout tes regards miséricordieux sur les ouvriers et les agriculteurs de

Gdansk et de tous les pays. Protège-les et fortifie leur volonté comme leur coeur dans cette lutte pour les droits légitimes de la patrie et de l'Église en Pologne. Amen.

2. A l'époque de l'état de guerre

    Sainte Mère, j'ai perdu mon insigne
De la Vierge de Czestochowa
Pleurant dans la neige de décembre.
Du tréfonds de moi-même, elle est tombée,
Accompagnée du mal qui nous fut infligé.
Elle a pénétré jusqu'à l'âme.
C'est là que je Te retrouve,
C'est là que ma Nation meurtrie et trahie Te rejoint.
    C'est là que je veille en silence.
Et je continuerai.
Entends-tu ? Des millions de coeurs battent en moi.
    En lançant cet appel, tant que nous vivons.
Sainte Mère, ma Mère,
Mère de notre Mère-Patrie,
Donne-nous la force de supporter notre sort
jusqu'au bout.
    Que ta flamme nous guide vers la liberté et la vérité.
    Et pardonne à ceux qui nous offensent
Lorsque nous ne le pouvons plus.

Pélerinage de Czestochowa...

...un peuple en marche

Notes

1. Cf. *Chrétiens de l'Est*, n°25, 1980, p. 19-20.
2. Lire le recueil des discours des célébrations du Millénaire dans *Le millénaire catholique de la Pologne* (voir bibliographie).
3. Le cardinal Wyszynski protesta à plusieurs reprise contre ces vexations. Voir sa Lettre d'octobre 1956, qui énumère nombre de ces mesures souvent aussi ridicules qu'odieuses, dans A. Martin, *La Pologne défend son âme*, p. 95-106.
4. Un ancien dirigeant communiste, Stefan Staszewski, confirme ce récit dans Toranska, *ONI*, p. 190.
5. Entretien réalisé en 1992. Mgr Musiel est aujourd'hui décédé.
6. Cf. Buhler, *Histoire de la Pologne communiste,* p. 189-190.
7. Cf. *L'expérience polonaise*, p. 31.
8. On pourra trouver un témoignage personnel sur la liquidation des organisations catholiques de jeunesse à l'époque stalinienne, celui de S. Wilkanowicz, dans *Nous, Chrétiens de Pologne*, p. 87-89.
9. Texte dans A. Galter, *Le livre rouge de la persécution de l'Église catholique,* p. 249-253.
10. Texte dans B. Cywinski, *L'expérience polonaise*, p. 86-113.
11. On peut trouver sa lettre dans A. Martin, *La Pologne défend son âme*, p. 29-46.
12. Cf. A. Galter *Le livre rouge de la persécution de l'Église catholique,* p. 265.
13. Cf. S. Wyszynski, *Notes de prison*. Sur cette période ces *Notes de prison* du cardinal Wyszynski constituent un document historique autant que spirituel de première importance.
14. On peut lire sur ce sujet la description de méthodes de torture, qui n'ont rien à envier à celles du KGB, dans Buhler, *Histoire de la Pologne communiste*, p. 246-247. Le mythe de la douceur relative de l'appareil répressif communiste polonais, surtout à l'époque stalinienne, est pure propagande... (voir aussi Toranska, *ONI*, o.c.).
15. L'analyse du christianisme polonais par Mgr Musiel rejoint celle d'A. Swiecicki (La religiosité catholique entre l'Est et l'Ouest, in *Nous, Chrétiens de Pologne*, p. 43) : *« Aux yeux des observateurs, la religiosité en Pologne, à la différence des pays occidentaux à majorité catholique, se caractérise par les aspects suivants :*
— pourcentage relativement élevé des catholiques pratiquants parmi les travailleurs de l'industrie et les habitants des villes ;

– caractère populaire et clérical du catholicisme polonais en comparaison avec le catholicisme intellectuel, sciemment choisi, en France ou aux Pays-Bas».

16. J'ai rencontré le père Slomian et le père Duda pour ces entretiens en 1991. Le père Duda est aujourd'hui curé de la cathédrale de Czestochowa.

17. Texte intégral dans A. Martin, *La Pologne défend son âme*, p. 49-72.

18. En moyenne, les prêtres de paroisse accomplissent leur travail pastoral durant sept à plus de dix heures chaque jour, à plus de 80 % dans la pastorale directe. Cf. A. Swiecicki, La religiosité catholique entre l'Est et l'Ouest, in *Nous, Chrétiens de Pologne*, p. 50.

19. La revue *Chrétiens de l'Est* (n° 5, 1975, p. 13) donne des exemples similaires dans les années 70. C'est ainsi que des villages de Mazurie n'ont pas d'églises à moins de 18 kilomètres, et que des quartiers neufs de Katowice et d'autres villes ouvrières sont totalement dépourvus d'église. Le 19 novembre 1974, le régime y envoyait un bulldozer raser la chapelle de la rue Belwerderska, fréquentée par des centaines de fidèles chaque dimanche. Quelques semaines auparavant, un bâtiment paroissial avait été démoli de la même façon à Szakary-Raclawice.

20. En 1979 encore, des prêtres sont condamnés à des peines de prison et à de lourdes amendes pour avoir dirigé la construction d'églises sans permis de construire, en particulier le père Michel Jozefczyk de Tarnobrzeg, le père Adam Michalski de Przemysl et le père Wale Tybal de Rzeszow (*Chrétiens de l'Est*, n° 25, 1980, p. 17-18).

21. Voir *Chrétiens de l'Est*, n° 6, 1975, p. 14-15.

22. Voir *Chrétiens de l'Est*, n° 54, 1987, p. 19-20.

23. Voir chapitre IV.

24. *Notes de prison*, p. 265 et 267-268.

25. Cf. Cywinski, *L'expérience polonaise*.

26. Des formes diverses d'apostolat du monde ouvrier ont vu le jour en Pologne depuis cet entretien. Certaines s'inspirent de l'expérience du monde occidental, en particulier de celle des Fils de la Charité. Plus récemment, l'épiscopat polonais a décidé de remettre en place des structures d'Action catholique dans tous les diocèses. Mais cette nouvelle étape de la pastorale de l'Église de Pologne n'en est qu'à ses débuts. Et on sait que les «modèles» d'Action catholique sont forts variés d'un pays à l'autre (voir p. 302).

27. Entretien réalisé en 1991.

28. Traduction d'Anna Turowicz et Constantin Jelenski, publiée dans C. Milosz, *Poèmes 1934-1982*, Paris, 1984. Des extraits de ce

poème, qui date de 1950, figure sur les Croix de Gdansk érigées à l'époque de Solidarité à la mémoire des victimes de la répression communiste. Cf. Buhler, *Histoire de la Pologne communiste*, p. 594-595 ; Tishner, *L'expérience polonaise*, p. 67-70.

29. Sur l'attitude de l'Église durant l'état de guerre lire les dossiers de *Chrétiens de l'Est* n° 32, 1982, p. 18-49 et n° 33, 1982, p. 19-23.

30. Un des meilleurs reportages sur le foisonnement de la vie culturelle et artistique sous l'état de guerre a été publié dans le *New York Review of Books* du 27 juin 1985 sous la plume de Timothy Garton Ash (traduction française dans *La chaudière,* p. 114-128). Ash raconte en particulier sa visite à l'Université ouvrière chrétienne de Nowa Huta, dirigée par le père Jancarz, exemple impressionnant d'intellectuels chrétiens mettant les richesses de la culture polonaise et universelle au service des ouvriers des aciéries. Le lien entre l'Église et les créateurs de la culture est sans doute unique dans la seconde moitié de ce siècle. Stefan Frankiewicz, le rédacteur en chef de *Wiez*, l'explique ainsi : *«Ce phénomène sans précédent en Europe a été caractérisé par la confiance de l'Église dans les différents chemins du catéchuménat et par son total respect pour l'autonomie de l'art»* in *Christianisme et Culture en Europe* (p. 76).

Chapitre 2

L'intelligence au service de la foi

CRACOVIE - TARNOW

> La vérité ne verse pas d'huile sur les plaies
> Pour les rendre moins cuisantes...
> La vérité doit faire mal, se cacher...
> La vérité bâtit l'homme. Si l'homme ne se bâtit pas,
> l'édifice de vérité lui pèse d'un double poids.
> *Karol Wojtyla*

Depuis des siècles, la Pologne a donné à l'Église de grands hommes et à l'Europe de grands penseurs. Le plus souvent, ces derniers étaient de fervents croyants, et le Pape Jean Paul II est l'exemple vivant d'une intelligence épanouie par la Foi. Durant la période communiste, nombre d'hommes d'Église ou d'intellectuels chrétiens ne se sont pas contentés de lutter pour la foi, ils ont essayé de comprendre le sens de cette lutte. En ceci, leur témoignage est exemplaire.

Père JAN KLOCZOWSKI

Église du Couvent dominicain de la rue Stolarska à Cracovie. Selon la légende, saint Dominique lui-même serait à l'origine des Dominicains de Pologne : une rencontre avec l'évêque de Cracovie en 1215, la remise de l'habit à saint Hyacinthe, cinq ans plus tard. Quoi qu'il en soit, c'est saint Hyacinthe (Jacek, en polonais) qui introduisit l'ordre en Pologne, là où se trouvent toujours le couvent de la rue Stolarska et l'église de la Ste Trinité. Cette église et le couvent résument à eux seuls sept siècles d'histoire de l'Église de Pologne, depuis la chapelle de saint Hyacinthe jusqu'aux confessionnaux. Dans le réfectoire, une polychromie murale représente saint Dominique et sainte Claire au pied de la croix. Depuis 700 ans, les religieux y prennent leur repas. Pour l'heure, sous les voûtes médiévales du sanctuaire, un chant élève ses volutes d'action de grâces. Puis dans un tourbillon d'habits blancs qui flottent comme autant de voiles, cent vingt dominicains s'éparpillent à travers le couvent ou se glissent dans les rues de la vieille ville : *«depuis que nous sommes arrivés ici, au 13ème siècle, la prière ne s'est pas arrêtée un seul jour dans ce lieu»*, me dit le père Jan Kloczowski, ajoutant : *«Cela vous donne le sens des racines de l'Histoire, non ?»* [1]

Âgé d'une cinquantaine d'années, le père Kloczowski est visiblement un dominicain heureux. Il porte avec aisance et souplesse son habit religieux et une charge importante. Et si son nom est aussi connu, à Varsovie ou à Gdansk, que celui de son frère Jerzy le célèbre historien de Lublin [2], sa modestie n'a d'égale que son savoir. Le père Kloczowski se définit lui-même comme issu d'une famille très *«croyante et polonaise»*. Les Kloczowski font partie de l'élite polonaise de l'entre-deux-guerres, et mettent leur situation au service de l'Église catholique, *«un milieu à la fois tourné vers l'engagement social et déjà sécularisé»*. Mais le petit Jan n'a guère le temps de profiter de cette vie familiale : la guerre éclate et Varsovie tombe sous la botte nazie alors qu'il est encore enfant. Dures années d'occupation !

En 1944, les soviétiques arrivent sur les bords de la Vistule, à Praga, dans les faubourgs de la capitale polonaise. Varsovie s'insurge. Son frère Jerzy, alors âgé de 18 ans, prend une part active à l'insurrection. On sait comment elle sera noyée dans le sang par les Allemands, sans que les Soviétiques interviennent [3]. Ces derniers ne reprendront leur avance vers l'Ouest qu'une fois la capitale et son élite détruites, et pourront alors installer à Varsovie un gouvernement à leur solde.

Ce nouveau pouvoir communiste ne trouvera pas chez les Kloczowski de complicités qui ne lui feront pas défaut ailleurs, y compris chez un certain nombre d'intellectuels catholiques et de grands noms de la culture polonaise. La famille Kloczowski suit les consignes du nouvel Archevêque-primat de Varsovie, Mgr Wyszynski : *«Attendre fortement et passionnément»*. Bientôt l'âge des études arrive pour Jan. Il entre au Lycée alors que le stalinisme règne toujours dans le bloc de l'Est : *«En tant que chrétien, j'y ai vécu des années difficiles»*. Difficiles pour sa foi ? *«Oh non ! je n'ai jamais douté qu'avec ce régime, c'était le diable qui régnait. C'était trop évident»*. Et ce ne sont pas les «compagnons de route» du Parti de *Pax,* fussent-ils déguisés en chrétiens ou même véritablement chrétiens, qui vont le faire changer d'avis [4]. Ni les tentatives pour infiltrer le clergé : en septembre 1949, le régime commence à mettre sur pied une association de prêtres collaborateurs. L'opération est directement dirigée par le 10ème département de la Bezpieka, chargé de la lutte antireligieuse. Au nom de la «*«liberté de conscien-*

ce», un décret publié quelques mois plus tôt a ôté à la hiérarchie catholique toute possibilité de sanctions contre ces prêtres, qui ont pour mission de détruire l'Église de l'intérieur, volontairement ou sous la contrainte[5].

Prêtre-ouvrier dans l'intelligentsia polonaise

Mais, en 1956, la déstalinisation commence. Pour la génération des 16-20 ans, c'est le début d'une grande aventure. L'ouverture culturelle, le retour à certaines sources nationales semblent devoir soulever la chape de plomb de l'idéologie : «*Nous étions bien conscients que politiquement parlant nous ne pouvions rien faire, mais l'immense champ de la culture et de l'engagement social paraissait alors s'ouvrir pour nous. Nous nous y sommes engagés. Il ne paraissait plus alors impossible d'être catholique et de participer à la vie de la Pologne*». Déjà doté d'un bon bagage culturel grâce à son milieu familial, le jeune Jan s'oriente vers l'esthétique. Il part à Poznan et s'inscrit à l'Université pour des études d'histoire de l'art. Mais ses préoccupations intellectuelles et spirituelles vont plus loin : «*Dès cette époque, je me suis posé la question de la relation entre l'Église et le monde moderne - Pas de façon théorique, mais pour l'action, pour l'engagement*».

Son séjour à Poznan est surtout marqué par une rencontre, celle du père Badeni : «*il a été mon maître spirituel*», affirme le père Kloczowski. Ce dominicain est l'aumônier des étudiants catholiques. A son contact,

Père Jan Kloczowski

Dominicains de Cracovie

Jan Kloczowski découvre l'ampleur du défi que le monde moderne pose à l'Église, au-delà de sa caricature marxiste, et pressent qu'il y a là une belle aventure à courir. Un autre père dominicain, Joachim Bodem l'introduit aussi à une vision véritablement catholique de la vérité, au sens étymologique du terme : «*Il m'a appris à rechercher dans la vision du monde une unité, non pas artificielle ou superficielle, mais à partir du plus profond. Car quand on y arrive, on peut avoir ensuite une largeur d'appréhension surprenante. C'est cela l'unité catholique*».

La question de la vocation ne tarde pas à se poser pour le jeune historien de l'art. Interrogé sur les raisons de cette vocation, le père Kloczowski en met une en avant - ce ne fut pas la seule, bien sûr : «*Je pensais qu'il ne suffirait pas comme chrétien de regarder l'Église, voire de la critiquer, il fallait s'engager avec elle. Et le faire par rapport au milieu, qui était le mien. Je voulais en quelque sorte devenir 'prêtre ouvrier' dans l'intelligentsia polonaise. Vous savez combien l'intelligentsia est un milieu propre, avec sa langue et ses coutumes. Je voulais l'évangéliser en y vivant. Par mon origine, je possédais déjà son langage. En étant prêtre, je pouvais m'y engager totalement dans un travail pastoral*». A vrai dire la décision de répondre à l'appel de Dieu prend un certain temps. Jan Kloczowski a déjà terminé ses études et commence à enseigner à Poznan, puis à l'Université catholique de Lublin, comme assistant de la chaire d'Histoire de l'Art puis entre chez les dominicains, en 1963. Il est ordonné prêtre quelques années plus tard. Il poursuit, depuis, un triple travail qui lui permet de réaliser son projet premier de «*prêtre-ouvrier dans l'intelligentsia polonaise*» : comme chercheur scientifique, comme enseignant et comme aumônier d'étudiants.

Le père Kloczowski travaille dans le domaine de la philosophie de la religion. Après son entrée chez les dominicains, il s'est vite orienté dans cette direction, à la fois par goût personnel et parce qu'il en avait besoin, non sans abandonner tout à fait ses premières préoccupations intellectuelles et esthétiques. Son travail de recherche sur la philosophie de la religion est dans la ligne de celle de Leszek Kolakowski, le célèbre philosophe polonais, jeune étoile montante du marxisme des années 50 qui finit par être chassé de l'université de Varsovie et dut s'exiler en Occident, à Oxford. Le père Kloczowski lui a consacré sa thèse de doctorat. Pour lui, l'exemplarité de la recherche de Kolakowski vient de ce que par honnêteté, le philosophe polonais d'Oxford est arrivé progressivement des problèmes sociologiques, critiques, épistémologiques aux problèmes métaphysiques : «*Prenez la question de Dieu. Kolakowski a dépassé toutes les questions intermédiaires : 'D'où vient l'idée de Dieu, pourquoi cette idée, sa place dans la culture, Dieu comme valeur suprême'... pour arriver à la question fondamentale 'Dieu existe-t-il oui ou non ?'*». Le père Kloczowski ajoute : «*Savez-vous que Kolakowski est un grand ami de Jean Paul II ? Ce dernier a dit un jour : 'Il me manque quelque chose au Vatican, il y a trop de cardinaux qui ne savent dire que 'Oui Saint-Père, Bien Saint-Père'. Il me manque une petite cellule quelque part au Vatican où serait présent mon ami*

Kolakowski, chez qui je pourrai me rendre de temps en temps pour écouter une voix critique». Et le père Kloczowski de conclure : «*Kolakowski est aujourd'hui très proche du catholicisme»*.

Grâce à une relative liberté culturelle qui n'a jamais tout à fait disparu en Pologne, le père Kloczowski a pu poursuivre son oeuvre de chercheur sans être coupé des autres savants du monde occidental. Il a pu se tenir au courant des travaux de Mircea Éliade et de l'École de Chicago, de ce qui se fait en France, en Allemagne. Cette recherche n'est pas coupée de son engagement pastoral. La philosophie de la religion montre que l'homme n'est pas seulement l'*homo oeconomicus*, que le marxisme voudrait y voir, mais aussi *homo religiosus* et même *homo métaphysicus*. Dans un monde où l'idéologie a souvent gravement lésé la raison humaine, la philosophie de la religion peut aider à reprendre conscience de ce que l'on est réellement : un être porteur de sens, à la recherche de la vérité. La philosophie de la religion, en montrant l'universalité du besoin religieux et en mettant en lumière, derrière ses formes multiples, les interrogations fondamentales de tout homme sur ce qui est vrai, ce qui est faux, sur le bien et le mal, et si Dieu existe oui ou non, peut être un excellent antidote à l'empoisonnement idéologique des esprits.

Un dominicain heureux

Le père Kloczowski est aussi, depuis la fin des années 60, un enseignant et un maître. Dans sa spécialité bien sûr, mais plus loin aussi. Il est à cette époque nommé recteur du Studium des dominicains de Cracovie et à ce titre, chargé de la responsabilité de la formation. Pour lui, la formation est toujours à approfondir, le niveau ne sera jamais suffisant : «*Il faudrait tourner encore plus nos étudiants vers la métaphysique et vers la contemplation. Ils sont encore trop sentimentaux*». Il pense que la grande tradition des dominicains, le thomisme est toujours actuel, «*mais il faut une fois de plus le redécouvrir : peut-être que cette génération devrait le faire à partir de la mystique, dans la grande tradition de l'Orient ?*».

Le père Kloczowski est visiblement heureux et fier d'appartenir à l'ordre de saint Dominique. Même si le choix de cet ordre s'explique aisément par ses maîtres spirituels et intellectuels, il se sent d'emblée en consonance avec la spiritualité dominicaine : «*J'ai une âme naturellement égotico-scholastique*» dit-il avec humour, ajoutant : «*Vous savez que ce sont les dominicains qui ont inventé, au Moyen Âge, la démocratie. Le professeur Léo Moulin de Bruxelles, un agnostique, l'a démontré de façon éclatante. Je dois vous dire que cela me plaît, d'élire tous les trois ans mon prieur. Et*, continue-t-il avec un sourire, *pensez que pendant la période communiste nos couvents ont été les seuls lieux en Pologne, où il y avait des élections libres et démocratiques ! Oui, mon âme est en consonance avec cette démocratie médiévale. Et nous avons aidé la Pologne à retrouver ce sens. Dans les années 70, quand la première Université libre non-gouvernementale, ces fameuses «Universités volantes», vous devez en avoir entendu parler, s'est mise en place, il a fallu élire un Comité de Direction. Mais ces jeunes ne connaissaient que les méthodes communistes de pseudo-élections. Il y avait un dominicain avec eux et c'est lui qui leur a appris à faire des élections libres et honnêtes. Voilà qui apporte de l'eau à la thèse de Léo Moulin*[6] *!»*

Accompagner l'engagement chretien des étudiants

Mais son enseignement ne se limite pas à la formation des futurs dominicains. Depuis la fin des années 60, il s'adresse à tous les étudiants de Cracovie : «*C'est à partir de 1968 que j'ai été engagé avec ces jeunes étudiants dans leur combat pour la liberté et la foi. Nous avons toujours été soutenus par l'archevêque de Cracovie, Mgr Wojtyla, jusqu'en 1978. Nous avons rapidement mis sur pied une structure illégale, mais non clandestine, de formation, que le cardinal Wojtyla a pris sous sa protection personnelle. Nous organisions des conférences sur des sujets religieux, éthiques ou sociaux*». Comment informait-il les étudiants de ces conférences ? «*Par des petites affiches faites artisanalement et qui circulaient dans les instituts*»[7].

Le père Kloczowski participe par son action auprès des étudiants de Cracovie à l'effort de l'Église polonaise qui lutte de plus en plus non pas pour recouvrer des privilèges que le communisme lui aurait enlevés, mais pour donner aux nouvelles générations les fondements intérieurs d'une résistance spirituelle à l'athéisation programmée par le régime, et pour promouvoir leur engagement personnel et social en vue du bien commun. Pour le père Kloczowski comme pour l'épiscopat polonais, ces deux objectifs ne peuvent être dissociés. La reconnaissance de cette tâche particulière de l'Église est alors partagée par toute l'opposition au régime, même laïque, comme en témoigne le premier programme politique pour une future Pologne post-communiste, publié clandestinement en 1976 par le PNN (Entente polonaise d'indépendance).

Le rôle de l'Église dans la société polonaise

« L'Église catholique romaine jouait en Pologne depuis des siècles un grand rôle non seulement religieux, mais aussi social, moral et éducatif. Pendant la période de l'après-guerre, l'accomplissement de ce rôle social et éducatif fut entravé ou empêché par la fermeture des écoles, la liquidation de plusieurs centres et organisations, par la confiscation des hôpitaux et des hospices... Ceci conduit également à anéantir les possibilités éducatives de l'Église, inestimables à l'époque des changements migratoires massifs et des changements sociaux. L'Église catholique, qui renforça sa considérable autorité morale par la résistance opposée par elle, d'une part à l'occupant et d'autre part aux persécutions communistes, devrait retrouver une totale liberté d'action et la possibilité d'exercer toutes ses fonctions» [8].

Tout ceci (résistance spirituelle et émergence d'une société réelle contraire au programme de «l'homme nouveau» marxiste) énerve de plus en plus le régime polonais au cours des années 70. Pour le contrer, l'idéologue en chef du régime à cette époque, Kazimierz Kakol s'emploie à renforcer les programmes d'athéisation des esprits. Sa conférence du 19 mai 1976 est caractéristique des méthodes de cette époque. On peut y lire ce genre d'affirmations de principe : «*Nous ne permettrons jamais l'éducation religieuse de la jeunesse, des enfants. Nous ne souffrirons pas d'ingérences quelconques de l'Église sur la vie culturelle et sociale*». Mais K. Kakol doit aussi faire l'aveu de l'échec de ses services de propagande et de lutte antireligieuse : «*Extirper la religion de la conscience et de la pensée humaine est un processus compliqué et de longue durée. Nous n'y parviendrons pas en un tournemain... Nous devons reconnaître que notre mouvement athée est faible et ne répond pas à notre espoir*»[9].

En Pologne comme ailleurs, la violence reste l'arme de ceux qui ne peuvent l'emporter par leur force intérieure. Le père Kloczowski insiste : «*Notre action était illégale, mais pas clandestine. Nous ne nous cachions pas*». Ce qui bien sûr permettait de toucher un grand nombre d'étudiants, mais favorisait la surveillance de la police. Pourquoi ce choix : «*Nous avons analysé la situation de la Pologne des années 70-80 !*» Ce n'était plus le stalinisme ni la terreur ouverte, mais l'intimidation. En conséquence, il fallait répondre non par des actes individuels lourds de conséquence, mais par des actes collectifs qui montraient que l'intimidation ne marchait pas. *«Toute la tactique de l'Église a consisté à agir toujours ouvertement et en masse»*. C'est ainsi que les conférences du père Kloczowski attireront des centaines d'étudiants, mais aussi des agents de la Sécurité : *«J'étais attentionné envers eux»*, rapporte avec un sourire le père Kloczowski. *«Quand je me préparais à aborder un sujet délicat ou à aller un peu loin, je disais à tous les étudiants 'Attention, je m'adresse spécialement au Monsieur de la Sécurité qui est présent. Vérifiez bien votre magnétophone. Êtes-vous sûr qu'il marche bien ? Car je ne voudrais pas que mes paroles ne soient pas exactement rapportées, je ne voudrais pas qu'il y ait un malentendu entre vous et moi'. Puis je disais ce que j'avais à dire»*. A la surveillance s'ajoute des ennuis mesquins, des retards administratifs, des délais dans l'obtention des papiers etc. : *«A cause de mes conférences, ils nous ont retardé pendant un an l'autorisation d'effectuer des travaux nécessaires pour réparer le toit de l'Église. Le père Économe était très inquiet et me demandait de faire attention car il fallait vraiment entreprendre des travaux»*.

En 1978, la surveillance et les ennuis mesquins contre ses étudiants tournent au drame. Stanislaw Pyjas, un étudiant lié à sa Paroisse universitaire, est arrêté par la police et battu à mort, le 7 mai. Son assassinat est déguisé maladroitement en accident. Ses amis, qui avaient reçu quelques semaines auparavant des lettres menaçant de mort Pyjas, actif dans la contestation étudiante, et de nombreux étudiants accourent chez le père

Kloczowski : «*Aussitôt, nous avons créé un comité pour faire face à l'événement. Mais comment fallait-il réagir ? Il y avait eu mort d'homme, c'était grave. Fallait-il ne rien faire, se taire, avoir peur ? Non, il fallait en parler. Nous avons donné de la publicité à notre Comité de Solidarité étudiant, nous avons fait une enquête, nous avons manifesté pour que tout le monde le sache. Et beaucoup d'étudiants, même non catholiques, se sont joints à nous*» [10]. Cinq mille étudiants et autres croyants participent à la messe célébrée à la mémoire de l'étudiant assassiné, le 15 mai. Le même soir, une gigantesque retraite aux flambeaux se termine par la création du Comité étudiant de solidarité (SKS en polonais, où apparaît le terme Solidarnosc, appelé à l'avenir que l'on connaît). Deux mois plus tard, Stanislaw Pietraszko, un étudiant ami de Stanislaw Pyjas qui avait été le dernier à le voir, escorté par un inconnu, est retrouvé mort dans des conditions suspectes. La situation se durcit. Six mois plus tard, l'archevêque de Cracovie est élu pape de Rome.

Le rôle du cardinal Wojtyla

L'action du père Kloczowski est à replacer dans la vie religieuse intense de la capitale du sud à l'époque de l'épiscopat du cardinal Wojtyla. Contrairement à une idée largement reçue en France, non seulement le Concile fut pris très au sérieux, y compris dans ses dimensions concernant le laïcat ou la juste autonomie des réalités temporelles, mais il fut l'occasion d'un approfondissement de la foi peut-être sans équivalent

Au temps de l'état de guerre

dans aucune autre Église. Clergé et laïcs rivalisèrent de zèle pour comprendre et mettre en pratique le Concile durant les sept années que dura son Synode diocésain d'application. C'est dans cet esprit que le père Kloczowski apprend à ses novices et aux étudiants le sens du témoignage personnel[11].

Le père Kloczowski insiste sur le soutien du cardinal Wojtyla envers les étudiants et leurs aumôniers : «*Son rôle personnel a été très profond, à cause de son attitude d'ouverture. Il était, comment dire, très peu ecclésiastique ; il comprenait les situations des étudiants*». Et il ajoute : «*il y a un point sur lequel il a changé depuis son élection : son langage est devenu plus compréhensible, moins directement philosophique. Savez-vous que son grand ouvrage 'Acte et Personne' a été écrit en voiture, pendant ses visites apostoliques dans les paroisses. C'est peut-être pour cela qu'il est si difficile à comprendre. Peut-être faudrait-il le faire réécrire, car il contient une nourriture bien solide. J'y trouve personnellement beaucoup d'inspiration*». Et il continue : «*Et puis aussi un autre changement : ici, il était au moins autant philosophe que théologien*». Et revenant à la période cracovienne de Karol Wojtyla, le père Kloczowski ajoute : «*il a réussi à rapprocher durablement le milieu ecclésiastique et le monde de la culture. C'est un acquis formidable*». Le rôle personnel de l'archevêque de Cracovie pour soutenir la presse catholique indépendante, dont le centre de résistance était justement sa ville, fut décisif. Il est vrai qu'il y collaborait depuis son retour en Pologne après ses études romaines.

La presse chrétienne à l'époque communiste

Cracovie, à l'époque communiste, est la capitale intellectuelle du catholicisme polonais (avec Lublin), en particulier grâce à sa presse. Le régime communiste, sauf entre 1953 et 1956, n'a jamais osé supprimer totalement la presse catholique. Mais il l'a toujours étroitement surveillée, censurée (*Znak* fut interdit en 1953 pour avoir refusé de faire le panégyrique de Staline à la mort du dictateur soviétique) et, à plusieurs reprises, il a tenté de la subvertir, en particulier en utilisant le groupe Pax ou en suscitant un pseudo-*Znak*.

C'est ainsi que *Tygodnik Powszechny*, l'hebdomadaire le plus important de la presse catholique indépendante, avec *Wiez*, était arbitrairement limité à huit pages et à un tirage de 40 000 exemplaires, tout en étant soumis à la censure préalable, *«une censure qui s'acquitte de sa tâche d'une manière très consciente et arbitraire»*, écrivait Jerzy Turowicz en 1979. Il reste que la Pologne était avec la Yougoslavie le seul pays du bloc de l'Est à tolérer une telle presse catholique.

La figure emblématique du journaliste catholique polonais à l'époque communiste est celle de Jerzy Turowicz. Dirigeant avant guerre du mouvement des étudiants catholiques puis rédacteur en chef d'un quotidien catholique, il fonde *Tygodnik Powszechny* en 1945. Le jeune abbé Wojtyla collabora au journal, même lorsqu'il fut devenu évêque de Cracovie[12].

Devenu pape, Jean Paul II continue à inspirer les croyants de Pologne, à Cracovie peut-être encore plus qu'ailleurs. Pour le père Jan Kloczowski comme pour l'immense majorité des Polonais, son ancien archevêque a joué un rôle décisif dans la chute du communisme. N'est-ce pas d'ailleurs l'opinion de Gorbatchev et de Jaruzelski [13] ? Sait-on qu'après son élection sur le trône de Pierre, les autorités soviétiques demandent à un académicien de Moscou, Oleg Bogolomov, un rapport sur la personnalité du nouveau chef de l'Église catholique ? Ce rapport sera publié en 1993, après la chute du régime soviétique. On peut y lire que le pape polonais est «*un homme de droite*», antisocialiste. Son passé d'ouvrier risquant d'en faire un signe de la «*démocratie*» de l'Église, le rapport suggérait fortement aux maîtres du Kremlin un chantage préventif vis-à-vis du Vatican : «*Si vous nous dénigrez, nous imposerons de nouvelles restrictions* (en termes clairs, une nouvelle persécution) *contre l'Église catholique dans nos pays*» [14].

Des années après ses voyages, des enquêtes de sociologie religieuse auprès de la population polonaise montrent que l'essentiel non seulement de la présence du pape polonais, mais aussi de son enseignement, sont présents dans la conscience et influent sur les comportements et l'action [15]. C'est aussi la conscience de cette influence qui explique pourquoi, après l'état de guerre, l'épiscopat polonais sembla préférer la lutte pour obtenir un nouveau voyage de Jean Paul II dans sa patrie à un affrontement direct avec le régime sur le syndicat Solidarité.

> ### *Le cardinal Wyszynski s'adresse à Jean Paul II le jour de son élection au siège de saint Pierre*
>
> J'embrasse ton visage fraternel
> compagnon de travail, compagnon
> de lutte pour l'Église du Christ
> en Pologne et, avec obéissance,
> je dépose sur tes pieds, prêts à prendre
> le départ pour tant de chemins,
> le baiser du primat de Pologne.
>
> Que soit ta joie et ta paix,
> la Sainte Mère de Dieu
> Notre-Dame de Jasna Gora,
> Reine de Pologne !
>
> Réjouis-toi, Mère de la Pologne
> car tu as donné à l'Église
> son meilleur fils, forgé
> dans les batailles
> et dans les souffrances de notre nation [16].

Marx est mort

De son poste d'observation privilégié, le père Jan Kloczowski a pu suivre l'évolution intellectuelle et spirituelle de la jeunesse polonaise depuis 30 ans. *«Il faut d'abord comprendre que chez nous, en Pologne, Marx est mort depuis 1968 - sous toutes ses formes. Bien sûr, on a continué à l'enseigner à la Faculté de Philosophie de Cracovie, mais il n'existait plus depuis vingt ans, sinon comme langue morte, enseignée par devoir»*. Le père Kloczowski s'étonne de savoir qu'un marxiste *«révisionniste»* polonais comme Adam Schaff soit encore connu, apprécié et même publié en France [17]. *«Chez nous, c'est –comment dirais-je– un mammouth, un représentant d'une espèce disparue. En fait il y a bien longtemps que les facultés polonaises, même d'État, enseignent, à côté du marxisme obligatoire, la pensée d'une Simone Weil ou l'histoire de la philosophie pour elle-même»*.

Comment cette jeunesse intellectuelle de Cracovie s'est-elle rapprochée du monde ouvrier, avant même l'aventure commune de Solidarité ? En fait, les choses n'ont pas été simples car le monde ouvrier et l'industrie sont arrivés à Cracovie sous la forme de Nowa Huta : la ville léniniste, anti-métaphysique et antireligieuse. Père Kloczowski : *«Il n'y avait pas d'ouvriers ici, enfin pas de classe ouvrière ; alors ils ont voulu en créer une de toutes pièces et ils ont inventé Nowa Huta»*. Une situation surréaliste par rapport à la vulgate marxiste : ce n'était donc pas la classe ouvrière qui avait créé le Parti, mais l'inverse. Mais dans le cas de Cracovie, il y avait une raison plus précise pour créer *«Nowa Huta»*. Il fallait punir la ville qui avait défié le nouveau régime trop ouvertement lors des premières élections organisées par le régime, malgré les menaces et les truquages : *«Nowa Huta, c'était notre punition»*. On comprend que la ville ait été vue d'un mauvais oeil par l'aristocratique capitale de la Pologne méridionale.

Le pouvoir avait toutefois oublié un détail : le Parti est fort, mais il ne pouvait créer à partir de rien.

Pour créer une classe ouvrière et un homme nouveau supplantant le cracovien détesté, il fallait malgré tout au départ des êtres humains. Où les prendre ? Pas dans la classe ouvrière puisqu'elle n'existait pas. Pas à Cracovie qu'il fallait punir. Ce sont donc des paysans qui sont venus à Nowa Huta, le régime les estimant, non sans mépris, plutôt malléables. Mais les paysans ne sont pas venus seuls. Ils ont apporté avec eux leur foi chrétienne. Et la bataille de Nowa Huta a commencé. Cracovie ne pouvait pas, bien sûr, rester indifférente à ce qui se passait à ses portes. Son archevêque est entré dans la bataille et, avec Mgr Wojtyla, toute la ville de Cracovie. C'est ainsi que le lien s'est fait.

Nowa Huta

Le dimanche 15 mai 1977, le cardinal Karol Wojtyla, archevêque de Cracovie, consacra la première église construite à Nowa Huta Bienczyce près de Cracovie, grand centre industriel de métallurgie de 200 000 habitants. Tout le monde connaît les démarches des habitants de Nowa Huta pour avoir une église dès le commencement de leur cité industrielle dans cette ville où, selon Mgr Wojtyla, le régime voulait *«construire une ville sans Dieu et sans église»*. Dés la fin des années 40, les chrétiens de Nowa Huta se sont rassemblés dans un champ, y ont érigé une croix et se sont mis à prier autour en demandant à Dieu son aide. Des années durant, la police est venue pour les en empêcher. Le 27 avril 1960, la croix fut abattue, et plus de 200 fidèles furent blessés, plusieurs à mort... Mais, lors du millénaire du baptême de la Pologne (1966), la croix fut redressée et, enfin, l'autorisation de construire une église fut donnée. On sait également les peines des pasteurs et des fidèles, qui durant de longues années ont exercé le service de Dieu en plein air, à la pluie et au gel, ainsi que le labeur de construction de cette église pendant plus de dix ans sous les auspices du curé local, l'abbé Jozef Gorzelany.

Les fonds pour la construction ont été fournis par les paroissiens locaux, les diocésains, ainsi que par les communautés religieuses diverses de l'étranger et par l'AED. La consécration de l'église si longuement attendue attira les délégations en groupes plus ou moins nombreux des environs, de presque tous les diocèses de Pologne, ainsi que de l'étranger : Angleterre, Australie, Belgique, Tchécoslovaquie, Finlande, France, Yougoslavie, Canada, USA, RFA, RDA, Portugal, Hongrie, Italie et même du lointain Japon. Un groupe d'anciens combattants de Monte Cassino a donné leur cadeau : une statue de la Vierge Marie, ouvrage en fonte composé de morceaux des balles retirées des blessures des soldats polonais.

Parmi de nombreux télégrammes, il y en avait un de Paul VI qui, en 1967, a béni la pierre angulaire provenant de la basilique constantine de Saint-Pierre à Rome. Un autre signe d'amitié du pape fut une pierre apportée de la lune par les cosmonautes et offerte à l'église. On peut la voir scellée dans la petite porte du

Jean Paul II chez lui à Wadowice

L'église de Nowa Huta

tabernacle. Les murs sont ornés de silex que les catholiques polonais ont extrait de toutes les rivières du pays. Le sanctuaire a la forme d'un bateau et est surmonté d'une croix, dont la hauteur maximale est à 69 mètres au-dessus du niveau du sol. Il est divisé en trois plans : au sous-sol, la chapelle baptismale de la *«Rencontre avec Dieu»*, et la chapelle de la Réconciliation, dédiée au Bienheureux Maximilien Kolbe. Au niveau du sol, le sanctuaire proprement dit avec le maître-autel. Quant aux tribunes, elles comportent les emplacements nécessaires à l'orgue, au chœur et à l'orchestre, ainsi que d'autres places pour les fidèles. Nowa Huta, qui est une cité satellite de Cracovie, compte 200.000 habitants et devait être, selon ses promoteurs, *«la ville sans église»*.

(D'après *Chrétiens de l'Est*, n°11, 1977, p. 20 [18])

Deux ans plus tard, le 9 juin 1979, devant le monastère de la Sainte-Croix de Mogila et au cours d'une homélie, Jean Paul II annonce : *«Une nouvelle évangélisation est commencée»*. C'est la première fois que cette formule, promise à un grand succès, est employée, lancée par le Pape lui-même. Ceci pourrait n'avoir qu'un intérêt anecdotique, mais il n'en est rien : le lieu, le jour, les circonstances, les acteurs de ce *«baptême»* de la nouvelle évangélisation lui donnent dès ce moment un contenu, un sens, une direction bien précis. Mogila est un quartier de Nowa Huta et le pape polonais avait choisi cette ville pour y annoncer que la *nouvelle évangélisation* était commencée.

Jean Paul II voulait d'ailleurs lancer son appel de l'église même de Nowa Huta, mais le régime communiste le lui interdit. C'est pour cela que la messe eut lieu au monastère des cisterciens de Mogila, dans un quartier périphérique de la ville nouvelle. Jean Paul II déclara notamment : «*A travers la croix, l'homme a pu comprendre le sens de son propre sort, de sa propre existence sur la terre. Il a découvert combien Dieu l'a aimé. Il a appris à mesurer sa propre dignité avec la mesure de ce sacrifice que Dieu a offert dans son Fils pour le salut de l'homme... Là où s'élève la croix, là est le signe que l'évangélisation est commencée... La nouvelle croix de bois a été érigée non loin d'ici pendant le millénaire (en 1966). Avec elle, nous avons reçu un signe, celui qu'au seuil du nouveau millénaire l'Évangile est de nouveau annoncé. Une nouvelle évangélisation est commencée, comme s'il s'agissait d'une seconde annonce, bien qu'en réalité ce soit toujours la même*».

«*Tiens-toi tranquille*»

Le père Kloczowski a donc accompagné ses étudiants et ses concitoyens de Cracovie dans leur lutte pour la liberté. Mais il savait que le combat serait long et plus difficile qu'ils ne le croyaient. Il précise : «*Je me suis livré à ce qu'on pourrait appeler une psychanalyse du communisme. Celui-ci possède deux visages, et le plus redoutable n'est pas celui qu'on croit*». Et il développe ainsi cette psychanalyse : «*Il y a le visage paternel, autoritaire, dur, répressif, le plus visible ; apparemment le plus violent : celui de la Tcheka, des Zomos, de la police secrète, des fusillades contre les foules ouvrières ou des liquidations d'opposants. Mais ce n'est pas la face la plus dangereuse du communisme, car la violence fait réagir. Les Zomos étaient des anti-communistes objectifs, car leur action rendait évident le mal du communisme».* Le second visage, c'est le visage maternel, la sécurité. Pour le père Kloczowski, *« le communisme ne procure qu'un niveau de vie médiocre, mais il offre une sécurité formidable, dans le travail et la vie. Communisme plus débrouille, c'est la recette. On dit en polonais 'l'organizovac'. Le mot est apparu lors de la débâcle allemande quand il fallait survivre dans la Pologne exsangue, et il est resté. Or ce visage est beaucoup plus dangereux que l'autre et j'en vois déjà la nostalgie chez beaucoup, car il déresponsabilise. 'Sois calme et il ne t'arrivera rien. Tiens-toi tranquille, le Parti s'occupera de toi'. C'est un marchandage, un mensonge, pas une violence. Le parti nous disait : 'Donnant-donnant. Nous voulons la tranquillité, nous vous offrons la sécurité'.* Et en deux générations, la mentalité d'assisté au prix de la diminution du sens moral et de la responsabilité personnelle s'est partout accrue. Et elle perdure au-delà de la chute du communisme.

Le mensonge au coeur du système

Le lien entre les deux visages du communisme nous conduit au coeur de sa nature propre. Pour le père Kloczowski comme pour la plupart des autres interlocuteurs polonais à qui j'ai posé la question, elle porte un

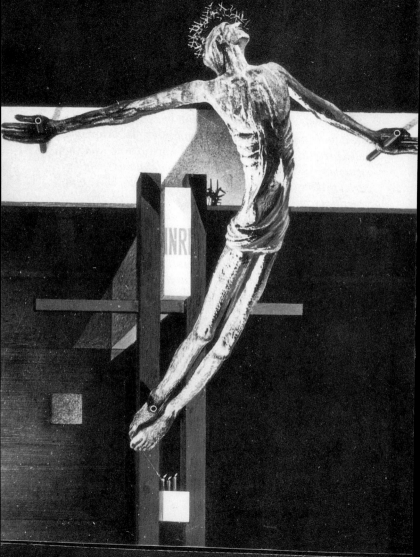

nom : le mensonge. La Pologne est en effet un des pays qui ont connu le double joug des deux totalitarismes européens de ce siècle et son expérience en ce domaine est importante. La réflexion d'autres penseurs polonais et d'autres rencontre faites en Pologne m'ont permis d'élargir le propos du père Kloczowski sur la nature propre du communisme et ce qu'il représente pour la foi chrétienne. Pour Bohdan Cywinski comme pour le père Kloczowski, ce propre du communisme n'est justement pas la violence physique comme ce fut le cas pour le nazisme, mais bien le mensonge : «*Une utilisation parfaite du mensonge, et celle-ci est de loin meilleure que dans les autres systèmes totalitaires... Nulle part le mensonge ne joue un rôle aussi primordial et n'est réalisé avec une telle maîtrise. La réussite particulière des communistes, c'est l'art de se servir en même temps d'une gamme complète d'énoncés mensongers, depuis les mensonges vraisemblables et subtils jusqu'aux négations les plus absurdes de l'état des choses, évident pour tout le monde. Là où les possibilités de vérification sont importantes, le mensonge est subtil et nuancé ; là où cette possibilité diminue, le mensonge prend immédiatement de l'ampleur et devient de plus en plus grossier. Dans la situation d'un monopole communiste de la communication et de l'information de l'opinion, le mensonge devient total et ne se soucie de rien. Quand ce monopole s'effrite, le mensonge baisse de ton et se disperse en versions différentes qui mêlent, dans des proportions diverses, les éléments de vérité avec le faux*».

Inspirée directement de cet esprit, une des techniques les plus odieuses utilisée par le régime dans sa lutte contre l'Église était la fabrication par des officines du régime et l'usage de faux. Contrairement à sa propre législation (articles 178 et 265 du code pénal de la République populaire de Pologne), les services spécialisés du gouvernement polonais ont régulièrement fabriqué des faux, diaboliquement envoyés d'Occident ou soi-disant envoyés d'Occident (de Rome en particulier) en Pologne. L'affaire la plus célèbre a été celle des faux sermons du cardinal Wyszynski. Vers la Noël 1976, bien des Polonais reçurent une édition de sermons du primat de Pologne supposée provenir du samizdat polonais. Or on pouvait y lire sous la plume du chef de l'Église catholique de vibrants hommages au communisme, y compris celui-ci : «*Naturellement, je comprends les communistes et je dois avouer qu'ils ont raison...*»[19]. Ce mensonge était devenu si naturel à ceux qui profitaient du système que certains de ceux qui faisaient profession de marxisme pour en tirer des avantages personnels se sont mis à se déclarer partisans de l'Église catholique et de Solidarité après 1989 pour conserver des avantages similaires, comme le remarquait Mgr Zycinski (cf. *infra*, p. 131).

Mais ce mensonge allait encore plus loin, il visait directement le sens moral des consciences. Dès 1981, le père Lucjan Balter, professeur de théologie morale à l'ATK (Académie catholique de Théologie) de Varsovie me disait : «*On peut, on doit pardonner beaucoup de choses à ce régime. L'injustice, les différences scandaleuses entre les privilégiés et les autres, la misère économique et le gaspillage des ressources de la Nation, tout cela n'existe pas que dans les régimes communistes. Mais ce qu'on ne peut pas pardonner, c'est le mensonge, c'est l'effacement des barrières entre le bien et le mal qu'il crée dans les consciences. J'enseigne la théologie morale à mes étudiants, mais je dois constamment me dire que s'ils prennent à la lettre tout ce que je leur dis, ils ne pourront pas survivre dans ce pays. Et c'est ce qui est le pire».* Ce théologien pensait qu'il faudrait une génération de liberté pour que ces notions fondamentales reprennent leur place. Un couple de militants chrétiens m'expliqua aussi à cette époque que des fautes comme la violence dans le ménage voire l'infidélité existent aussi hors de Pologne, mais *«chez nous, nous n'en sommes pas coupables. Le coupable, c'est le Parti. Puisqu'il dit lui-même qu'il est responsable de tout, il l'est aussi de nos fautes»* (voir aussi *infra*, p. 194).

« Tu es responsable de ton action »

Le père Kloczowski nuance toutefois de lui-même sa *«psychanalyse du communisme»*, tant sur son double visage que sur le mensonge qui en est au coeur : *«En fait, ce marchandage a moins bien marché ici qu'ailleurs à l'Est. Le niveau de sécurité offert était trop bas pour faire illusion. Les Tchèques ont cru qu'ils pourraient réussir le troc, pas nous. Eux et les autres ont cru qu'un compromis entre la société et le régime était possible. Pas nous. Dès 1944, nous savions qu'il n'y aurait jamais de compromis durables».* De même, un évêque auxiliaire de Szczecin, interrogé quelques années plus tôt sur ce même problème, me répondait : «*Solidarité a prouvé que les possibilités de santé morale de ce peuple restaient intactes*», et il donnait, comme exemple, la chute de la consommation d'alcool, le baby-boom, le recul corrélatif de l'avortement, etc.

Pour le père Kloczowski, l'Église a joué un rôle capital durant toute l'époque communiste, en maintenant le sens de la vérité et de la responsabilité personnelle. «*L'Église disait à chaque Polonais : tu es responsable de ton action, de ce que tu fais devant Dieu. Et si tu pèches, c'est ton péché*[20]». Alors que pour le Parti, c'étaient les structures qui étaient pécheresses. Pour lui, ce travail de responsabilisation a été fait en particulier à Nowa Huta, ce symbole de la lutte entre le Parti et l'Église pour l'âme de la Pologne, là où l'Église, par son enseignement, a fait échouer le projet communiste d'une ville sans Dieu et d'un homme sans Dieu. «*Sans Dieu et donc sans liberté !*». À Nowa Huta, comme ailleurs, l'Église, selon le père Kloczowski, dont le constat s'appuie sur son expérience personnelle, a constamment posé aux hommes la question «*Qui sommes-nous ? Qu'est-ce que l'homme ?*» L'Église a obligé l'homme à ne pas oublier qui il était : un être avec des racines, une culture, une histoire, une exigence de vérité intellectuelle et morale : «*Le système totalitaire voulait des hommes déracinés et sans mémoire. Car alors il aurait pu en faire ce qu'il voulait. Nous avons aidé l'homme polonais à rester un être vivant, c'est-à-dire un être dont les racines plongent dans la tradition, qui le fait être ce qu'il est et dont les bras sont ouverts à la rencontre du monde d'aujourd'hui, de la réalité contemporaine*». Comme l'a écrit le successeur de

Karol Wojtyla à Cracovie, le cardinal Macharski : «*La vie chrétienne a formé durant ces deux décennies des hommes et des femmes capables de traduire la langue de l'Evangile dans la langue de l'action*» [21].

Le père Kloczowski met en relief le rôle propre du cardinal Wyszynski dans cette formation morale de la nation pour lui permettre de résister à l'emprise du système : «*Cette action de l'Église polonaise, c'était la grande intention du cardinal Wyszynski*». Et d'avouer : «*Dans ma jeunesse, quand je faisais ma formation dominicaine, j'étais un peu contre le cardinal Wyszynski. Je le trouvais un peu trop traditionaliste. Aujourd'hui, je comprends mieux combien il avait raison, combien il était sage. Il avait compris quel était le subconscient religieux de ce peuple, et où étaient ses archétypes*». Comme exemple de cette sagesse, le père Kloczowski donne la dévotion mariale favorisée par le défunt primat : «*La maternité de Marie fait partie de notre identité. Nous la vivons réellement. Je me souviens d'un pasteur protestant et suédois de surcroît qui, après avoir passé quelque temps ici m'a dit : 'Grâce à vous les Polonais, j'ai découvert ce qu'était vraiment l'incarnation du Fils de Dieu, parce que je vous ai vu vivre des dogmes mariaux*». Et le père Kloczowski conclut : «*Notre pastorale consiste à enraciner dans la Bible la dévotion populaire à Marie. Non pas pour la détruire, mais au contraire pour l'approfondir !*» On sait que le secret du cardinal Wyszynski c'était justement la Sainte Vierge Marie, comme il le confia peu avant sa mort en répondant à la question suivante du père Laurentin : «*Après avoir tout eu contre vous, com-*

ment avez-vous rallié tout le monde jusqu'au gouvernement et aux gauchistes qui recourent à vous» - *«Mais c'est la Sainte Vierge !»* et en lui montrant *le Traité de la Vraie dévotion* qu'il avait toujours à son chevet [22].

Il faut aussi signaler une autre forme de résistance au mensonge, moins noble mais non sans efficacité : les blagues sur les dirigeants communistes. Je pourrais raconter ici des dizaines de ces bonnes histoires avec lesquelles les Polonais se défendaient contre leurs maîtres et contre leur idéologie mensongère en la retournant contre eux. Je n'en citerai qu'une, qui date de l'époque du second voyage pastoral de Jean Paul II, parce qu'elle exprime bien cette forme d'humour par la dérision, retournant les mensonges du pouvoir : avant le retour du Pape à Rome, le général Jaruzelski lui demande une audience hors-protocole en tête-à-tête et l'obtient. Là, le chef de la Pologne communiste se plaint devant le Saint-Père d'être la tête de turc de tous les Polonais sans exception et ajoute : *«Je n'en puis plus de leur mépris. S'il vous plaît, faites un miracle»*. Bon cœur, Jean Paul II se lève, lui impose les mains sur la tête et lui dit : *«Wojciech, mon fils, tu es maintenant capable de marcher sur l'eau»*. Le dimanche suivant, une fois le Pape rentré à Rome, le général Jaruzelski met son plus bel uniforme et descend vers la Vistule. Il s'avance de la berge et, miracle, commence à marcher sur les eaux du fleuve. Quelques pêcheurs sont en train de pêcher non loin de là et le voient marcher sur les eaux. Aussitôt l'un d'eux s'écrit : *«Regarde, cet... de Jaruzelski, il n'est même pas capable de nager»*.

A l'époque de Solidarité

Le père Kloczowski et ses étudiants seront, bien sûr, partie prenante dans l'aventure de Solidarité. Mais le 13 Décembre 1981, l'état de guerre arrive rapidement et c'est le retour aux techniques d'avant 1980, avec à nouveau les ennuis et les discriminations. «*Un jour, un laïc relâché après son internement, devait venir de Varsovie pour une conférence. Nous l'avons attendu en vain. Ils l'avaient coincé dans un train et gardé vingt-quatre heures. C'était Tadeusz Mazowiecki*». Le père Kloczowski insiste : «*Nos conférences n'étaient jamais politiques. Les sujets étaient toujours intellectuels, religieux ou sur l'éthique. Et ce n'était qu'une partie de notre activité*». En effet, le père Kloczowski célèbre tous les matins à sept heures une messe pour les étudiants, suivie d'un partage d'Évangile et d'un petit déjeuner pris ensemble, et après l'état de guerre, ouvre les portes du couvent aux nombreux groupes de prière qui naissent alors. «*Nous avions des groupes très divers. Le point commun c'est qu'ils se trouvaient bien dans notre Église. Nous nous occupions en particulier de la pastorale des handicapés avec des jeunes très actifs. Nos groupes étaient pour la plupart informels, vous savez que notre genre polonais est plus du côté de l'improvisation que de l'organisation*».

Mais qu'il s'agisse de conférences sur l'histoire ou la philosophie, ou de groupes de prière avec des personnes handicapées, ces actions non-politiques étaient considérées comme telles par le régime, jusqu'à sa chute. Et, de fait, elles l'étaient, mais au sens évangélique du : «*Cherchez d'abord le Royaume...*». En aidant les étudiants et, de plus en plus, les enseignants eux-mêmes à trouver ou retrouver leurs véritables racines historiques et à penser par eux-mêmes, le père Kloczowski participe à l'avènement de la future Pologne post-communiste. On peut en effet parler à cette époque de véritable renouveau moral de la fonction enseignante, même si une minorité à l'inverse se durcit et participe activement à l'élaboration de l'un des derniers programmes nationaux d'athéisation organisé par le régime à partir de 1985-1986, les «*Cours de connaissance des religions*» (cf. infra, p. 199).

Printemps de vocations,
dans un temps de désillusion

Le communisme est tombé. La foi a triomphé. Au tournant des années 90, le collège dominicain, dont le père Kloczowski est le recteur, comptait cent dix étudiants auxquels s'ajoutaient dix novices. La formation philosophique et théologique proposée, se veut surtout solide : «*Nous préférons leur donner de solides bases. Notre enseignement c'est le thomisme traditionnel, en discussion avec la phénoménologie et la philosophie-dialogue. C'est traditionnel, mais solide. Je suis opposé à une formation éclectique, qui ne permet pas ensuite de maîtriser le champ théologique et philosophique. Pour dialoguer, il faut d'abord savoir parler*».

D'où venaient ces vocations si nombreuses ? «*Beaucoup viennent du milieu intellectuel, à cause de notre réputation de sérieux. Ces jeunes veulent vivre la vie religieuse et la vivre en communauté. Nous sommes les bénédictins des grandes villes, en quelque sorte. Et nous avons conservé la Tradition. Savez-vous que les dominicains tchèques sont venus nous voir pour que nous les aidions à retrouver la tradition vivante de notre ordre que nous avons mieux conservé qu'eux, car nous n'étions pas réduits à la clandestinité ! Et nous aidons aussi à l'Est. Il y a un frère russe à Poznan, un Letton, et des dominicains à Moscou - pas pour latiniser les Russes mais pour entrer dans un dialogue vivant avec la théologie orthodoxe. Nous devons les aider à revivifier leurs propres racines, pas leur imposer les nôtres».* A Cracovie, même l'activité des pères dominicains est fort variée dans tous les domaines de la culture. Mais jamais au détriment de la vocation religieuse et des tâches pastorales. «*Le confessionnal est ouvert en permanence de 7 à 20 heures. Je dois assurer l'heure suivante, et il n'est pas rare qu'il y ait deux heures de queue avant de pouvoir se confesser».*

Le père Kloczowski a vu venir dès 1990 une nouvelle époque pour son peuple et son Église, de nouvelles tentations, de nouvelles menaces, mais aussi un nouveau champ pour l'espérance et la charité chrétienne : «*Mon pays est déjà entré dans le temps de la désillusion, qui devait nécessairement suivre la liberté recouvrée. Mais c'est normal. Pour mon Église, je ne vois pas le danger là où on le dit en Pologne, dans la cléricalisation de la politique, mais bien plutôt dans la politisation de l'Église, de la vie pastorale. Nous devons défendre la loi naturelle et la loi de Dieu, mais pas avec un groupe politique donné, avec tous ceux qui les défendent. J'ai peur que la politique envahisse tout où il faut absolument garder l'autonomie de la vie et du langage éthique.*

Mais je suis un dominicain heureux, rempli d'espoir, de joie et de plaisir dans ce que je fais pour aider les hommes à se retrouver dans ce que nous vivons aujourd'hui. Le problème de l'homme d'aujourd'hui n'est plus la sécularisation, mais la redécouverte d'un sacré sauvage, qu'il faut évangéliser. Voyez ces pauvres prêtres tentés par le marxisme en Amérique Latine, peut-être un peu paresseux ; les voici dépassés par la vie... Je suis un dominicain heureux, qui ne manque pas de travail».

Mgr ZYCINSKI

Lorsque le soir arrive, Mgr Zycinski, l'évêque de Tarnow[23], dans le sud de la Pologne, descend dans le jardin du grand bâtiment de la rue qui porte encore, pour peu de temps il est vrai, le nom de Félix Dzerjinski, ce noble Polonais qui eut le sinistre privilège d'inventer la Tcheka soviétique, l'ancêtre du KGB. Mgr Zycinski marche de long en large dans l'enclos, seul ou avec ses invités du jour. C'est là son seul moment de détente dans des journées fort chargées. Nommé évêque du grand diocèse de Tarnow à quarante deux ans, il succédait à Mgr Jerzy Ablewicz, une des grandes figures de la résistance spirituelle durant la période communiste.

Né dans le hameau de Stara Wiez, à la frontière des diocèses de Czestochowa et de Lodz, Jozef Zycinski est ordonné prêtre à vingt quatre ans. Après deux années comme vicaire, il reprend des études à Cracovie. Docteur en théologie à vingt deux ans, docteur en philosophie à vingt quatre, il devient à trente-deux ans le vice-doyen de la faculté de philosophie de cette ville. Spécialiste d'épistémologie scientifique, introducteur de la pensée de Whitehead ou Popper en Pologne, Jozef Zycinski réalise un travail de pionnier dans la confrontation entre la science et la foi. Son érudition extraordinaire et la facilité avec laquelle il passe d'une spécialité à l'autre, sont célèbres dans les milieux intellectuels polonais. Auteur (au moment de l'interview) d'une demi-douzaine de livres scientifiques, philosophiques et religieux et de nombreux articles publiés aussi bien aux USA qu'en Pologne, participant à des colloques scientifiques de Castel Gondolfo, le père Zycinski, écrit un de ses collaborateurs scientifiques : *«reste et demeure toujours un prêtre»*. Ajoutons encore, pour terminer ce bref portrait de Mgr Zycinski, que son activité débordante s'explique aussi par une discipline de fer : pour ne perdre aucun moment, il utilise jusqu'à la toilette du matin pour écouter la BBC et perfectionner sa connaissance en langue anglaise.

Comment comprendre ce qui s'est passé en Pologne ?

Mgr Zycinski est lui même un exemple de cette génération de Polonais qui sont nés dans le communisme. C'est pourquoi le regard qu'il pose sur l'expérience de son pays est particulièrement intéressant.

Pour répondre à la question mise en titre de ce paragraphe, estime-t-il, il faut d'abord faire acte d'humilité et ne pas croire que nous possédons des réponses toutes faites : «*Quel dommage que les intellectuels français soient plus menés par la mode que par la pensée...*». En fait, même si l'Occident a lui aussi rejeté le marxisme devant le spectacle de son échec patent à l'Est, ses modes de pensée continuent à être marqués par la dialectique marxiste. L'analyse que propose Mgr Zycinski est un peu difficile à suivre mais vaut la peine d'être regardée de près [24].

Pour comprendre la spécificité polonaise, ce jeune évêque philosophe appelle à une véritable révolution intellectuelle. Contrairement au principe marxiste qui continue à dominer les structures mentales de tant d'intellectuels occidentaux (il s'agit d'abord de transformer le monde) - il estime que la tradition intellectuelle polonaise, qui consiste au contraire à d'abord comprendre, a joué un rôle essentiel dans la victoire sur le communisme. «*Je pense que la chute des régimes marxistes à l'Est de l'Europe mérite une attention toute spéciale pour déterminer quels sont les facteurs ayant contribué au rejet d'une idéologie qui dans le passé a séduit tant d'intellectuels occidentaux... Il me semble que ces facteurs sont rarement perçus par les intellectuels occidentaux qui exposent le déclin du marxisme en termes purement pragmatiques et qui, suivant en cela inconsciemment le principe bien connu de Marx, voudraient transformer le contenu du marxisme plutôt que d'en comprendre les échecs*».

Et Mgr Zycinski cite Alain Besançon comme exemple de cette attitude. Dans un article publié juste avant les événements de 1989, le célèbre essayiste et politologue français appelait, tout en se défendant de le faire, les Polonais à la révolte ouverte contre le régime communiste et critiquait vertement l'Église pour l'organisation d'offices religieux, croix de fleurs, neuvaines, pèlerinages, messes innombrables qui, selon A. Besançon, constituaient autant d'ersatz et de substituts à une action réelle (la révolte ouverte). Mais au plan intellectuel et spirituel, le marxisme polonais avait tout épuisé en 68, orthodoxie, révisionnisme, christo-marxisme, rénovateurs, marxisme existentiel ou autre. Pourquoi cet épuisement à une époque où en France il constituait encore *«l'horizon indépassable»* ? Parce que les intellectuels polonais, grâce à leur double tradition thomiste et logique (écoles de Varsovie et de Lwow), et l'apport de la phénoménologie, n'ont pas pensé à partir du marxisme ni même pensé le marxisme, mais qu'ils lui ont appliqué leur intelligence et leur raison. *«La force de la raison a eu raison de la raison de la force»*, conclut Mgr Zycinski. Dans ce domaine, le rôle de la Pologne, dans le dégonflement du mythe du marxisme comme science, reste à étudier. Une action similaire a été faite dans la clandestinité par un Mgr Korec en Tchécoslovaquie ou le père Men à Moscou mais à l'échelle de petits groupes fortement marginalisés. Alors qu'en Pologne, c'était les *«fonctionnaires de la vérité marxiste»* qui étaient marginalisés. Mgr Zycinski, lui-même titulaire d'un doctorat en épistémologie avec une thèse consacrée aux implications du théorème de Hawking-Penrose en cosmologie relativiste, se souvient du choc éprouvé par des scientifiques soviétiques se rendant en Pologne à l'occasion de colloques internationaux et découvrant chez leurs interlocuteurs polonais la possibilité et la réalité d'une pensée hors du marxisme, d'une pensée ni pour ni contre le marxisme mais tout simplement hors du marxisme, parce que scientifique. Ces savants soviétiques, qui étaient tout à la fois de purs produits du système, élevés dès l'enfance dans le dogme scientiste du marxisme comme horizon scientifique, et d'authentiques savants, se débattaient sans espoir dans des contradictions intellectuelles insurmontables. Pour eux le contact avec leurs confrères polonais pouvait être une véritable catharsis libératrice.

Il y a là une des voies de la libération de l'Est qui mériterait d'être mieux connue. Or la quasi totalité des scientifiques et des intellectuels polonais étaient catholiques, ou cheminaient avec l'Église. Mais le rôle de la foi et de l'intelligence dans la victoire de la Pologne sur le communisme est loin de s'arrêter au milieu de la haute intelligentsia, savants, chercheurs ou universitaires. La célèbre photographie des ouvriers des chantiers navals de Gdansk serrant la main des grands intellectuels de Varsovie pour sceller l'alliance de la classe ouvrière et de l'intelligentsia n'est pas le fruit du hasard ou d'un concours de circonstance. On peut dire que l'Église de Pologne et nombre d'intellectuels polonais ont appliqué à partir des années cinquante le principe dominicain «*contemplare et aliis contemplata tradere*».

Ici aussi le rôle de l'Église a été capital. Trois mille pages de lettres pastorales de l'épiscopat polonais ont été lues dans toutes les églises de Pologne pour la seule période 1945-74. Trois mille pages apportant la lumière de la foi sur les sujets qui touchaient chaque Polonais. Et ces pages ont eu un impact, selon Mgr Zycinski : pour les élites intellectuelles, elles fournissaient souvent les principes à partir desquels une alternative au marxisme a été construite, chez les fidèles elles contribuaient à former la ferme conviction que pour réaliser la justice sociale il fallait dépasser le marxisme. Ici aussi, il faut abandonner notre confort intellectuel d'occidentaux pour comprendre ce qui s'est passé en Pologne. Et en particulier nos dichotomies entre la foi et la vie, le culte et l'engagement, la sacristie ou l'église et la «vie réelle», etc. Il n'y a pas eu en Pologne d'une part ceux qui priaient et de l'autre ceux qui agissaient. A partir de son expérience personnelle comme Doyen de la Faculté de philosophie de l'Institut Pontifical de Varsovie et comme aumônier des étudiants, Mgr Zycinski –comme le père Kloczowski– constate la même chose : ceux qui participaient aux pèlerinages et aux neuvaines (ces formes de religiosité considérées par Alain Besançon comme des substituts à l'action réelle) étaient ceux-là même qui organisaient les semaines de culture chrétienne et imprimaient clandestinement les publications de Solidarité durant l'état de guerre (voir infra, p. 134ss).

L'autre grande leçon de la victoire polonaise c'est la force de la non-violence. Comment ne pas citer ici les paroles de Lech Walesa lues par Bohdan Cywinski en son nom lors de la remise du prix Nobel de la Paix au leader syndicaliste empêché de venir à Oslo, le 11 décembre 1983 : «*Lorsque j'évoque le chemin de ma vie, je dois parler de violence, de haine, de mensonge. Mais la leçon de ces expériences, c'est que, quand même, nous ne pouvons nous opposer à la violence qu'en renonçant nous même à y recourir*». A la théorie marxiste-léniniste de la violence accoucheuse de l'Histoire, l'Église et Solidarité ont ainsi opposé victorieusement le principe du non recours à la violence. Et cette victoire acquise dès 1980, a montré la vraie nature du marxisme au politique et au social, «*une régression vers les sociétés tribales dans lesquelles la force physique remplace pour agir les principes de la raison*». L'époque de Solidarité et de l'état de guerre a même fourni nombre d'exemples où des membres de Solidarité auraient pu légitimement recourir à la violence (défensive) et ne l'ont pas fait. Et ceci, selon Mgr Zycinski, surtout à cause de l'influence décisive de l'Église (voir *infra*, p. 132ss).

L'expérience personnelle de Mgr Jozef Zycinski du marxisme réel est typique. Durant ses études secondaires, le jeune Jozef critique le marxisme devant ses professeurs chargés de le lui inculquer comme «*science*» et se ferme ainsi à toute chance de réussite dans la vie sociale - ce dont il se moque d'ailleurs complètement car sa vocation sacerdotale est ferme. De plus, le jeune écolier remarque que dans cet affrontement sur le marxisme, les tenants du système se sentent acculés à la défensive. Plus tard, alors qu'il enseigne déjà à l'Académie Pontificale de Cracovie, le père Zycinski découvre l'autre aspect du communisme : l'État policier qui surveille tous ceux qui pensent différemment. Dans le HLM où il habite, le père Zycinski a pour voisin de dessous un ancien policier alcoolique et tapageur. Un jour où ce dernier a trop bu, il avoue au prêtre qu'il est payé pour le surveiller : «*Je n'ai pas été étonné, pour nous c'était naturel. Et je n'étais qu'un simple prêtre*».

Évêque dans la Pologne post-communiste

Pendant la période de l'état de guerre, le père Zycinski participe à la résistance spirituelle. Il écrit des *Lettres à Nicodème*, de pseudo-lettres de Joseph d'Arimathie à Nicodème, qui sont publiées par *Tyyodnik Poszchweny*. Ces *Lettres* sont consacrées aux exigences chrétiennes du temps, et aident les polonais dans ces années si grises. Quatre de ces *Lettres* sont interdites par la censure, et le recueil doit être publié en samizdat.

Les années passent. La Pologne s'est débarrassée du régime communiste, lorsque, un jour de 1990, le père Zycinski reçoit un coup de téléphone du nonce à Varsovie «*Que pensez-vous de l'évêché de Tarnow ? Que pensez-vous de vous comme évêque de Tarnow ?*» Il ne sait d'abord que répondre : «*Ma première réaction était double : d'une part, c'était succéder à un grand évêque. D'autre part, cela signifiait la fin du travail intellectuel, des publications, des livres, des conférences internationa-*

Mgr Zycinski à Tarnow   *Mgr Zycinski à Königstein*

Ordinations à Tarnow

les. Cela signifiait la fin de ce que je faisais : essayer de contribuer à sauver le monde par la pensée et le livre, et le faire désormais à la façon des apôtres par le témoignage chrétien. Et puis je me suis dit : 'Si c'est Dieu qui choisit, pourquoi pas ?'».

Très vite Mgr Zycinski indique par ses premières actions dans quelles directions il veut avancer. Il crée, deux mois après son arrivée, un institut de Théologie Pastorale pour que tous les agents pastoraux aient des bases très solides, une action pour un monde bien complexe et tenté de s'éloigner de la vérité. Le jeune évêque insiste sur une dimension révélée par la persécution communiste et qui demeure tout à fait d'actualité : la notion d'élite intellectuelle et spirituelle : «*J'ai pu constater le rôle qu'ont joué ceux qui s'étaient nourris comme jeunes de la pensée d'un Maritain, d'un Newman, d'une Simone Weil. Notre tradition polonaise d'élites formées pour le service de la nation et de l'Église est importante, et elle a joué un grand rôle dans la résistance victorieuse de notre pays - ce rôle n'est pas terminé. Cette notion d'élite intellectuelle et spirituelle était partagée par les milieux laïcs d'opposition*».

Tout de suite après son ordination épiscopale, Mgr Zycinski commence sa première tournée pastorale : «*ce qui m'a frappé le plus, c'est la foi de ces gens, de ces paysans des montagnes de Tarnow. Ce fut pour moi un des deux grands chocs de mon existence, avec la découverte de la pensée de Simone Weil dans ma jeunesse*». La deuxième découverte ne tardera pas à suivre : celle de la souffrance des hommes : «*Avant j'en avais surtout une vision thé-*

orique. *Mais maintenant, je suis directement dedans : les enfants handicapés, les jeunes qui souffrent de l'alcoolisme d'un père, tout le reste ?... Je partage maintenant toutes les souffrances, et cela ne me fait pas regretter mon ordinateur et ma bibliothèque. Mon devoir d'évêque est d'être parmi les hommes de mon diocèse, surtout avec ceux qui souffrent, comme Jésus était au milieu d'eux pour apporter le salut».* Et Mgr Zycinski de préciser : «*les problèmes auxquels je dois faire face sont changés. Ce sont des problèmes pragmatiques : qui aider, qui écouter, qui a besoin ?*»

Pour réaliser son apostolat, Mgr Zycinski peut compter sur deux forces : la foi des chrétiens du diocèse et les vocations nombreuses. «*Dieu est et demeure présent dans nos villages,* affirme Mgr Zycinski ajoutant - *vous connaissez les vers de Milosz là dessus... On peut sentir Dieu dans nos villages ; il y a beaucoup de familles nombreuses et c'est une atmosphère importante pour les vocations sacerdotales*». Les premières années de la décennie 90, Mgr Zycinski ordonne une cinquantaine de prêtres pour son diocèse chaque année - dont moins de la moitié rejoindront directement les paroisses, les autres partant à l'étranger comme missionnaires ou poursuivant des études en Pologne ou ailleurs.

Comment Mgr Zycinski perçoit-il sa mission d'évêque dans la Pologne des années 90 ? Pour répondre à cette question, il cite la devise du blason épiscopal qu'il s'est choisi pour son ordination : les paroles du Christ à la Samaritaine : «*In spiritu et veritate - en esprit et en vérité*». Interrogé sur ce choix il répond : «*Dans le même esprit que le Christ, je voudrais converser avec tous ceux qui, fatigués par la braise de la vie, recherchent des valeurs plus profondes et viennent souvent de loin».* Et il précise : «*Cet entretien du Christ et de la Samaritaine est symptomatique pour notre temps. L'état de guerre a approché vers le puits du Christ beaucoup de personnes, chez lesquelles la nostalgie de la Vérité était la nostalgie inconsciente de la grâce divine. Je voudrais que le dialogue de l'Église soit mené dans l'esprit de ce dialogue du Christ avec la Samaritaine. La dévastation causée par le marxisme, on ne peut pas la réparer d'un jour à l'autre. La mission de l'Église d'aujourd'hui, c'est de soutenir l'esprit des hommes et de faire apprécier par eux cette liberté que nous avons retrouvée».*

Pour lui, il ne faut pas se faire d'illusion, «*un bolchevik reste caché dans nos âmes, au niveau de notre subconscient*», et c'est la un défi pastoral majeur pour l'Église polonaise d'après le communisme. Comme symptômes de ce «*bolchevik caché dans nos âmes*», Mgr Zycinski cite le manichéisme en politique dans la Pologne des années 90, l'absence de confiance réciproque entre les personnes, la priorité donnée aux ambitions privées sur le sens du bien commun etc. Et il constate que cette communisation des esprits aboutit au résultat paradoxal qu'un certain nombre de ceux qui ont lutté avec courage contre le communisme se découragent devant le spectacle de la Pologne postcommuniste et se retirent dans un scepticisme désabusé ou rejettent les valeurs mêmes ont défendues pendant le communisme. Pour répondre à ce nouveau défi, l'Église doit rester hors du champ proprement politique, comme avant 1989, et proposer sa doctrine sociale dans toute son ampleur et sa rigueur.

L'ÉGLISE ET LA POLITIQUE

Une question a été abordée par plusieurs des témoins que j'ai rencontrés pour ce livre : l'Église devait-elle appeler la Pologne à l'insurrection contre le régime en place, à l'époque de Solidarité ou après ? L'accusation de «quiétisme» lui a été lancée. Comme le rapporte Mgr Zycinski (cf. *supra*, p. 123), au printemps 1989, l'historien et essayiste français, Alain Besançon, publie dans la revue *Commentaire* un article critiquant l'attitude de l'Église de Pologne vis-à-vis de la situation du pays et appelant à un combat politique direct contre le régime communiste. Alain Besançon ne fait d'ailleurs que reprendre une phrase à l'emporte-pièce d'Alexandre Zinoniev, le fameux dissident soviétique *: «Il aurait suffi d'un mot du Pape pour que la Pologne se libère»*. Dans une réplique, publiée après la chute du communisme, Mgr Zycinski montre que cet appel à l'Église de Pologne et au pape polonais, de prendre une voie «khomeinienne» de lutte politique pour la libération de leur peuple, constituait une erreur et montrait une profonde incompréhension de la nature de l'Église et de sa mission[25]. Voir dans les «*commémorations, croix de fleurs, pèlerinages, neuvaines, messes innombrables*» un simple substitut à l'absence de courage politique révolutionnaire contre le régime communiste, est à la fois mensonger et erroné. Mgr

Zycinski montre facilement que ce sont les mêmes qui participent à cette vie liturgique et rituelle et qui agissent dans la clandestinité pour développer une société alternative au communisme : *«Pour parler selon la vérité, les croix de fleurs et les publications clandestines ont fleuri...»* [26]. Mgr Zycinski montre surtout ce qui est au coeur du débat : la prise en compte, et même la première place donnée par l'Église, dans sa hiérarchie mais aussi parmi les croyants, aux valeurs culturelles, morales et spirituelles sur les valeurs proprement politiques, comme base d'une authentique révolution chrétienne.

L'Histoire a donné raison à Mgr Zycinski, et le témoignage des chrétiens de Pologne est une grande leçon de politique autant que de foi. De façon similaire Mgr Pietrazko, évêque auxiliaire de Cracovie a raconté un jour à Stanislaw Grygiel qu'il recevait beaucoup de lettres critiques reprochant à l'Église de prêcher la conversion au lieu de crier avec toute la Pologne : *«Finissons-en avec le communisme»*. Mais c'était bien sûr l'Église qui voyait plus loin et qui avait raison [27]. D'ailleurs, les responsables communistes ne s'y sont pas trompés : *«Pour moi, l'Église est une bombe à retardement»*, déclarait le Colonel Wislicki, chargé de surveiller le personnel de la radio et de la télévision pendant l'état de guerre, alors même que l'opposition «laïque» critiquait l'apparente inaction voire compromission du cardinal Glemp et de l'Église catholique face au régime du général Jaruzelski [28].

Certes il y eut des divergences, même au sein de l'épiscopat, et il n'était pas difficile de noter celles entre le Pape et le primat polonais, mais celles-ci touchaient aux modalités d'action, non aux fondements quant au rôle propre de l'Église. Ceux d'ailleurs qui attaquaient le cardinal Glemp pour son langage trop religieux et trop peu direct face à la répression, oubliaient qu'ils avaient sans doute adressé les mêmes critiques dix ans plus tôt au pape Jean Paul II après son premier voyage en Pologne. Or on connaît la suite : Solidarité. Ce premier voyage montre d'ailleurs à la fois la mission propre de l'Église, toujours pastorale, et l'impact d'une parole de vérité. Si une partie des opposants «laïcs» au régime communiste et la plupart des journalistes étrangers s'y trompèrent, ce ne fut pas le cas du régime soviétique (voir supra, p. 101). L'implosion finale de l'URSS a masqué ce que fut le risque pris par les Polonais, à l'appel de l'enseignement de leur Église, en s'opposant, par les armes spirituelles de la prière et de la non-violence, à un ennemi autrement plus violent que celui auquel Gandhi avait à faire face. Et les leçons de l'exemple polonais, aujourd'hui bien oubliées pour de multiples raisons, peuvent encore porter du fruit pour qui veut bien les apprendre.

L'Église, les intellectuels et la culture

Les témoignages d'Agatha et du père Kloczowski sont intéressants pour mieux comprendre l'originalité du «*modèle polonais*», dans lequel l'Église et le monde de la culture (artistes et intellectuels) se sont associés au service de l'homme et de sa liberté. Cette association n'avait pourtant rien d'évident au départ. Il faut, en effet, savoir que dans la Pologne de l'entre-deux-guerres, la culture dominante était le plus souvent laïque, voire anticléricale. Ce rapprochement, commencé à partir de la seconde guerre mondiale, et cette unité réalisée depuis 1968, ont été essentiellement le fait des intellectuels et des artistes, qui ont pu juger l'Église non plus à partir de leurs préjugés envers elle, mais sur son action pour la défense de l'homme et des valeurs[29]. Le fameux «*front antitotalitaire*» fondé sur le dialogue et la rencontre entre l'Église et les intellectuels polonais était né. L'archevêque de Cracovie joua un rôle décisif en ce sens[30]. Ce rapprochement a pu se concrétiser pour une action commune, parce que les intellectuels et artistes chrétiens ont joué un rôle de pont en ce sens[31].

Pourtant, en 1966, le fossé paraissait encore bien large et la majorité des intellectuels polonais prit position contre les évêques polonais dans l'affaire de la réconciliation avec l'Allemagne[32]. Il fallait en effet bien du courage vis-à-vis de leur propre nation pour accomplir cette démarche courageuse et prophétique de pardon et de réconciliation vis-à-vis de l'Allemagne, le 18 novembre 1965. La lettre des évêques fit scandale pour la plupart des intellectuels parce qu'elle semblait mettre sur le même plan la victime et ses bourreaux en demandant pardon tout en offrant son pardon. Le régime communiste vit tout de suite les avantages immédiats qu'il pouvait tirer de cet acte difficile à comprendre pour la majorité des Polonais qui avaient perdu les leurs sous la botte nazie. Il se posa en champion de la nation et accusa l'Église catholique d'avoir mis sur le même plan la victime et ses bourreaux. «*Nous ne pardonnerons jamais*» devint le leitmotiv des articles innombrables attaquant l'Église de Pologne. Les évêques tinrent bon. Aujourd'hui le caractère prophétique de leur démarche est reconnu par tous [33].

Le livre *Généalogie des insoumis* de Bohdan Cywinski (non traduit en français) «*marque le moment précis du rapprochement –apparent, comme on a pu le constater aujourd'hui– entre l'intelligentsia libertaire et l'Église*» [34]. Mais ce n'est qu'après 1968 et la prise de position du cardinal Wyszynski en faveur des étudiants poursuivis par le régime que l'attitude des intellectuels commença à changer [35]. Un autre facteur joua aussi alors en faveur de l'Église : en 1968, alors que l'antisémitisme du colonel Moczar semblait tout balayer sur la route de ce dernier vers le pouvoir et recueillir un assentiment ambigu du côté d'une partie non négligeable de la population polonaise, encore marquée par le rôle de polonais d'origine juive dans les organes dirigeants et surtout répressifs du régime à l'époque stalinienne (traumatisme qui masquait les épisodes antérieurs des difficiles relations entre chrétiens et juifs dans la Pologne sous l'occupation russe puis dans l'entre-deux-guerres, et même en partie le génocide antisémite), le cardinal Wyszynski intervint avec netteté et mit tout le poids de l'Église catholique dans la dénonciation de l'antisémitisme : «*Que ne retombe pas sur nous l'ombre monstrueuse de quelque nouveau racisme, au nom duquel vous prétendriez défendre notre culture. Pas par cette voie ! Pas par la voie de la haine !»* (sermon du jeudi-saint 1968). Or, nombre d'opposants intellectuels de sensibilité de gauche étaient d'origine juive, ou très marqués par l'Holocauste.

Si l'Église a ainsi façonné l'essor d'une culture indépendante et de grande qualité à partir de 1968 –essor dont les fruits mûrirent surtout à l'époque de Solidarité et de l'état de guerre– elle y gagna aussi beaucoup. En retour, ces artistes et intellectuels ont permis une certaine évangélisation de la Culture. En témoignent, par exemple, les constructions d'églises aux formes souvent très hardies, des tableaux d'inspiration religieuse, comme ceux de Cederowicz ou de Ratusinski. S'inspirant de cette fécondation réciproque, Jean Paul II a pu dire, dans son discours à l'Unesco du 2 juin 1980, que la Pologne et son Église ont pu survivre uniquement en s'appuyant sur leur culture.

Mais ce rapprochement entre les intellectuels et l'Église était pourtant lourd de certaines ambiguïtés qui se sont dissipées dès avant 1989. Au temps du communisme, *«l'Église persécutée s'est retrouvée par la force des choses à côté des persécutés. Critiquer l'Église (les prêtres, les évêques etc.) signifiait toujours, en ce temps-là, que celui qui critiquait se retrouvait dans le camp des persécuteurs. Une personne honnête ne le faisait jamais»*[36]. Mais après que la persécution eut cessé ? Quelle que soit leur bonne foi personnelle, il est déniable qu'une partie des intellectuels, de tradition marxiste ou rationaliste, était tout à fait imperméable et est restée hostile à la dimension spirituelle première de la mission de l'Église catholique et s'y est à nouveau opposée dès que celle-ci n'était plus opprimée par le régime communiste [37]. Ce qui l'unissait à l'Église était l'adversaire, autant qu'un projet ou une vision communs. C'est le «*déluge de cochonnerie qui a jailli du bastion d'obscurantisme du Parti*» dans l'expérience du communisme réel (l'expression est de Kolakowski) qui a par contrecoup tourné les regards de ces intellectuels, écrivains et artistes vers l'Église [38].

Dans un texte antérieur de plusieurs années à ce rapprochement, Mgr Wojtyla, le jeune évêque auxiliaire de Cracovie, avait pressenti le choix fondamental auquel devraient faire face les intellectuels polonais : «*Réflexions concernant la vie intérieure de la jeune intelligentsia*», paru dans *Znak* en juin 1961. Dans cet article, Mgr Wojtyla montrait que la jeunesse intellectuelle moderne, attirée vers l'Église par son souci de connaître et de vivre dans la vérité, ne pouvait faire l'économie de la question de la sainteté. Ne sommes-nous pas au coeur de l'ambiguïté qui allait apparaître lors du rapprochement intelligentsia-Église à partir de 1965 ?

Les intellectuels, souvent issus du marxisme, se sont alors rapprochés de l'Église parce que son message lui semblait plus vrai que le pseudo-message de libération proposé ou plutôt imposé par l'oppression communiste. Mais combien recherchaient vraiment la sainteté ? Au lendemain du premier voyage de Jean Paul II dans sa patrie, l'article publié dans le Bulletin clandestin du KOR par Adam Michnik, figure emblématique de ces intellectuels laïcs qui se sont rapprochés de l'Église catholique à partir de 1968, montre où se situait le terrain commun, les droits de la personne humaine, mais aussi où se trouvait en germe la divergence fondamentale : pour Michnik, le christianisme polonais est bon en ce qu'il représente une des sources de ces droits et ceux-ci sont premiers par rapport à tout, alors que pour Jean Paul II, ces droits ne peuvent être dissociés de leur source et ne constituent pas une fin en soi, mais un environnement au sein duquel l'homme doit réaliser sa vocation personnelle y compris et d'abord sa vocation spirituelle, la sainteté (milieu souhaitable, certes, mais non pas condition nécessaire, comme le montre l'expérience de la Pologne, illustrée par cette autre figure emblématique qu'est celle du père Kolbe)[39].

Trente ans plus tard, et à vrai dire dès les lendemains de la victoire de 1989, cette ambiguïté a donné des fruits amers dans la Pologne post-communiste comme ailleurs. On peut dire que pour tous les intellectuels polonais, les vingt années de compagnonnage ouvert avec l'Église ont constitué la croisée des chemins. Certains ont approfondi et poursuivi leur route avec l'Église, les autres s'en sont séparés dès la chute du communisme et lui sont maintenant parfois très hostiles. Lorsqu'on lit aujourd'hui les diatribes de tel ou tel penseur polonais contre l'Église catholique (et ce sont surtout ces penseurs qui sont traduits en français), il est difficile de ne pas se demander si ce compagnonnage ne fut finalement, quoiqu'inconsciemment, qu'une instrumentalisation de l'Église[40]. Et on comprend l'amertume d'hommes d'Église à ce sujet depuis la fin du communisme, et les efforts louables d'évêques, d'intellectuels et d'artistes catholiques pour ne pas approfondir le fossé. Il faut aussi reconnaître que les ambiguïtés voire l'hostilité déclarée de certains membres de l'Église catholique face à la démocratie qui s'est instaurée en 1989 en Pologne donna du grain à moudre à ses adversaires.

Il faudrait aussi se demander qui, des intellectuels ou de l'Église a apporté la contribution décisive pour faire tomber le totalitarisme communiste ? Les premiers, partis de la lutte pour les droits de l'homme et de la voie politique, ou l'Église, partie de la conversion des coeurs ? La plupart des observateurs s'accordent pour dire que les deux facteurs ont joué un rôle essentiel et qu'ils ont été étroitement interdépendants l'un de l'autre, à côté d'autres facteurs tels que la SDI de Ronald Reagan (Initiative de Défense Stratégique, encore appelée «Guerre des étoiles») ou la personnalité de Mikhaïl Gorbatchev. Mais cette question du facteur décisif est l'objet de réponses divergentes, voire de polémiques depuis fin 1989[41].

Une dernière question se pose : le dialogue entre l'Église et les intellectuels à l'époque communiste pouvait-il s'étendre jusqu'aux intellectuels communistes non-dissidents ? La réponse est simple à donner. Pendant longtemps, m'ont dit mes interlocuteurs polonais, il ne pouvait en être question : ce dialogue marxiste-chrétien, si prisé par certains milieux catholiques en Occident, était en Pologne un produit du régime réservé à l'exportation et à la propagande, voire même utilisé contre les chrétiens du pays[42]. Et quand cela eut pu devenir possible, il était trop tard, le cadavre intellectuel de la pensée communiste ne bougeait même plus...

Notes

1. Entretien réalisé en 1992.
2. Voir Introduction, note 2.
3. Lire sur cette insurrection Alexandra Kwiatowska-Viatteau, *Varsovie insurgée*, Bruxelles, 1984.
4. Une des meilleures descriptions du mouvement *Pax*, de ses buts, de ses chefs et de ses moyens, a été rédigée dès 1963 par le cardinal Wyszynski lui-même, et envoyé à Rome. On trouvera une traduction intégrale de ce document dans A. Martin, *La Pologne défend son âme*, p. 73-86. Ce document attirait l'attention sur la complaisance de milieux catholiques progressistes français vis-à-vis de *Pax*: «*Au fond, Pax est arrivé à implanter dans certains milieux catholiques français la conviction qu'il souffre persécution de la part du cardinal Wyszynski et de la part de l'épiscopat polonais en raison de ses tendances progressistes*» (A. Martin, o.c.). Se sentant visé, le rédacteur en chef *des Informations Catholiques Internationales* diffusa une «*Lettre*» particulièrement virulente contre le chef de l'Église polonaise.

Les détails du «retournement» de Boleslaw Piasecki, chef d'un groupuscule s'inspirant du fascisme avant la guerre, condamné à mort par l'occupant soviétique en 1945 et réapparu soudain comme leader d'un mouvement «catholique» pro-communiste sont maintenants connus : c'est Piasecki lui-même qui proposa au général Serov, chef du NKVD pour la Pologne de collaborer avec le régime pour détruire l'Église catholique en échange de sa libération (dès 1953, Milosz avait dépeint Piasecki sous les traits de Michel Kamienski dans *La prise du pouvoir*). Il ne faut pas minimiser l'impact de *Pax* et son rôle pour légitimer l'adhésion d'une partie de la population au régime. Cf. Buhler,

Histoire de la Pologne communiste, p. 191-193. Buhler écrit : «*Le succès de l'opération Pax est incontestable*».

5. Cf. Buhler, *Histoire de la Pologne communiste*, p. 284.

6. Voir Leo Moulin, *La vie quotidienne des religieux au Moyen-Âge*, Paris, 1978.

7. L'engagement du père Jan Kloczowski n'avait rien d'exceptionnel dans son ordre. Un autre exemple de la liberté de parole et du courage des dominicains polonais a été celui du père Wisniewski. Lorsqu'en 1976, Gierek déclara publiquement qu'en Pologne, «*il n'y a pas de conflit entre l'État et l'Église*», le père Louis-Marie Wisniewski, aumônier d'étudiants à l'Université catholique de Lublin, envoie une lettre ouverte au premier secrétaire du Parti pour protester contre cette contrevérité. «*La Pologne est un État d'Athéisme programmé*», écrit le courageux religieux, et il le démontre dans tous les domaines : éducation scolaire, université, presse... (*Chrétiens de l'Est*, n° 13, 1977, p. 6-10.

8. Cité par Cywinski, *L'expérience polonaise*, p. 124.

9. Traduction intégrale de cette conférence de presse dans A. Martin, *La Pologne défend son âme*, p. 187-195.

10. Sur l'affaire Pyjas, voir *Chrétiens de l'Est*, n° 11, 1977, p. 17-20

11. Sur la participation des laïcs au Synode diocésain de 1972-1979, voir le témoignage de S. Wilkanowicz, dans *Nous , Chrétiens de Pologne*, p. 97-103. Sur l'importance de ce témoignage personnel et l'expérience polonaise en ce domaine, on peut lire J. Tischner, *Éthique de Solidarité*, p. 134-136.

12. Lire de J. Turowicz : Être journaliste catholique in *Nous , Chrétiens de Pologne*, p. 147-157 et Le rôle de la presse catholique en Pologne, in *Les quatre Fleuves*, 13, 1981, p. 37-43 et S. Wilkanowicz, Znak dans la Pologne de l'après-guerre *in Regards sur l'indomptable Europe du Centre-Est du XVIIIème siècle à nos jours*, Lille, 1996, p. 483-493.

13. Cf. D. O'Grady, *La nouvelle donne*, p. 19.

14. Cf. D. O'Grady, *La nouvelle donne*, p. 105.

15. Cf. M. Grabowska, L'Église de Pologne à un tournant *in Les religions à l'Est*, p. 117. Sur les trois premiers voyages de Jean Paul II en Pologne, on peut lire, avec discernement, l'analyse linguistico-sociologique de Patrick Michel dans *La société retrouvée*, p. 181-232, et, sur celui de 1983, le reportage de T. G. Ash , publié dans La *chaudière*, p. 56-69. Comme l'écrit T.G. Ash, la crise économique des pays de l'Est était une «*condition nécessaire, mais pas suffisante de la révolution. Les causes décisives se trouvent dans le domaine de la conscience*» (cité par D. O'Grady, *La nouvelle donne*, p. 18.

16. Cité par Castellan, *Dieu garde la Pologne*, p. 299. Voir l'article de J. Mirewicz, Jean-Paul II dans le drame du catholicisme polonais in *Les quatre Fleuves*, 13, 1981, p. 23-26.

17. Claude Naurois, dans *Dieu contre Dieu*, donnait dès 1956 des exemples très précis de cette utilisation d'intellectuels catholiques français dans sa politique de liquidation de l'Église de Pologne, par *Pax* interposé, en particulier son journal *Dzis i Jutro*.

L'image généralement positive des régimes communistes d'Europe de l'Est parmi les intellectuels et les enseignants français a fait l'objet de communications lors du Colloque *Regards sur l'indomptable Europe du Centre-Est du XVIIIème siècle à nos jours* qui s'est tenu à Lille en 1993. Quelques uns des intellectuels dominants (Jean Paul Sartre, Simone de Beauvoir) et des plus grands noms de l'Université française de l'après-guerre ont participé à cette entreprise de désinformation, pudiquement baptisée «*phénomène de non-voyance*» par un spécialiste de l'histoire des intellectuels français en ce siècle, J.F. Sirinelli. En fait, ces intellectuels et ces professeurs ont formé des générations d'enseignants et de journalistes comme relais utiles de cette désinformation.

Toutefois de rares intellectuels restés lucides, comme François Fejtö, pouvaient permettre à ceux qui voulaient connaître la vérité d'avoir des informations solides et des analyses indépendantes.

Il faudra attendre le début de la décennie quatre-vingts pour que les manuels scolaires regardent enfin en face la réalité des régimes communistes et cessent de publier des pages à la gloire de l'URSS et des «démocraties populaires». Voir *Regards sur l'indomptable Europe du Centre-Est du XVIIIème siècle à nos jours*, p. 417-428 et 439-448. Tous les détails de cette triste page de notre histoire restent à écrire.

18. Voir aussi D. O'Grady, *La nouvelle donne*, p. 105-106 ; Buhler, *Histoire de la Pologne communiste*, p. 384.

19. A. Martin, *La Pologne défend son âme*, p. 204-208. On peut aussi se poser la question : «*Et les responsables de ce programme d'aliénation d'une nation entière, comment vivaient-ils dans cet univers mental si particulier et contraire à la nature humaine ?*». Pour essayer de comprendre de l'intérieur la tournure d'esprit et les enchaînements qui ont conduit des intellectuels idéalistes à devenir les responsables d'un système dictatorial et inhumain, le livre d'interviews de T. Toranska, *ONI. Des staliniens polonais s'expliquent,* est un témoignage sans équivalent dans les pays de l'Est, loin de la langue de bois de la plupart des mémoires d'anciens dirigeants soviétiques ou autres... On y découvre un mélange de cynisme, de bonne conscience et surtout de cette tournure d'esprit pseudo-réaliste inculquée par le marxisme qui s'exprime par exemple

dans ce cri de Jakub Berman, numéro 2 du régime et organisateur de la Terreur rouge à l'époque stalinienne : «*On ne peut arracher la Pologne au bloc soviétique. Si on l'arrachait, on la mettrait où ? Sur la lune ?*». Czeslaw Milosz, qui en connut la tentation, nomme du terme persan *ketman* cette double-pensée et trace des portraits inoubliables d'intellectuels illustrant ses différentes variétés de communication des esprits dans *La pensée captive*.

Pour mieux comprendre l'affrontement entre cette pensée et celle de la foi chrétienne, il est bon de lire et relire les interviews de Toranska avec en contrepoint, par exemple, les *Notes de prison* du cardinal Wyszynski ou les *Poèmes* de Karol Wojtyla : la différence entre la foi qui libère et l'idéologie dont les premiers esclaves sont ceux qui y adhèrent. Cette spécificité du communisme n'expliquerait-elle pas pourquoi, là où il a eu ou conserve quelque emprise sur une fraction de la société et surtout des intellectuels, il paraît scandaleux de le comparer avec le nazisme, comme la polémique qui a secoué toute la France, y compris son gouvernement, lors de la parution du *Livre noir du Communisme* l'a montré ?

20. «*Les communistes étaient l'ennemi du péché*» parce que celui-ci, même en négatif nous renvoie à Dieu dit fortement S. Grygiel in *Christianisme et Culture en Europe*, p. 114.

21. In *Les quatre Fleuves*, 13, 1981, p. 14. Parlant des chrétiens de Pologne, le cardinal Macharski écrit aussi : «*C'est d'abord un christianisme qui réussit à vivre en résistant, je dirai même à vivre dans l'état de résistance - et ensuite un christianisme proche de la vie*». (In *Les quatre Fleuves*, 13, 1981, p. 8). L'abbé Karol Wojtyla, alors simple prêtre, a joué un rôle important pour cette formation à la résistance pour la vérité de la conscience morale de l'intelligentsia catholique face au communisme en publiant son *Abécédaire éthique* dans une série de livraisons de l'hebdomadaire *Tygodnik Powszechny* en 1957 et 1958 (traduction française dans *En esprit et en vérité*, p. 103-159). L'époque de Solidarité a montré l'importance de dire la vérité et de vivre selon elle, et son caractère révolutionnaire dans un tel régime. Cf. Cywinski, *L'expérience polonaise*, o.c., p. 69. Voir aussi J. Tischner, *Éthique de Solidarité*, p. 64-71. Sur cette question du mensonge, et pour des comparaisons avec d'autres pays de l'Est, on aussi peut lire G. Weigel, *The Final Revolution*, p. 35ss.

22. Cf. Laurentin, *Les Chrétiens, détonateurs des libérations à l'Est*, p. 15). Sur la haine des dirigeants communistes pour ce livre de saint Louis Marie Grignon de Montfort, voir le témoignage de soeur Jana que j'ai recueilli dans *Tchèques et Slovaques, Témoins de la foi*, p. 325-330.

23. J'ai rencontré à plusieurs reprises Mgr Zycinski entre 1992 et 1998. Il est aujourd'hui archevêque de Lublin. Dorota Zanko et Jaroslaw Gowin ont publié en 1998, en polonais, un livre d'entretiens avec Mgr Zycinski, *Niewidzialne swiato* («Lumière invisible»).

24. J'ai traduit et fait publier en France deux articles dans lesquels Mgr Zycinski développe sa réflexion sur l'expérience de l'Église de Pologne face au totalitarisme et sur ce qu'elle peut apprendre (voir bibliographie). Pour entrer dans la pensée de Mgr Zycinski, on peut lire aussi en français ses *Méditations socratiques*, Paris, 1996.

25. J. Zycinski, Victoire sur le marxisme en Pologne. Facteurs intellectuels et religieux, in *Communio*, XVII, 1, 1992.

26. Déjà en 1976, invité à présider le pèlerinage des Mineurs de Haute-Silésie à Piekary en 1976, le cardinal Etchegaray décrivait à son retour son émerveillement devant ce qu'il avait vu lors de ce pèlerinage de 150 000 mineurs et ouvriers de la métallurgie. *«Dans sa lutte courageuse et digne, la Pologne nous donne une grande leçon»*, affirmait-il. Sur l'importance des pèlerinages dans le catholicisme polonais, voir H. Engelmann, *Printemps de l'Église en Pologne*, chapitre IV, «Un peuple pèlerin, p. 39-47 et M. Zalecki, *Notre-Dame de Czestochowa*, p. 121-148.

27. Témoignage donné dans *Christianisme et Culture en Europe*, p. 116.

28. Cité par Davies, *Histoire de la Pologne*, p. 419. En 1985, de nouvelles directives antireligieuses sont élaborées par le régime (voir T. Fredo-Boniecki, *Le 4ème département et l'affaire Popieluszko*, p. 213-214).

29. Pour Bohdan Cywinski (*L'expérience polonaise*, p. 39) la culture polonaise vivante est post-communiste dès 1968.

30. Sur le rôle du dialogue comme catégorie fondamentale de pensée de Karol Wojtyla, voir R. Buttiglione, *La pensée de Karol Wojtyla*, p. 284-286.

31. On pourra trouver un autre témoignage sur la période antérieure à 1979 dans J. Wozniakowski, *Les Chrétiens dans la culture polonaise*, in *Nous, Chrétiens de Pologne*, p. 63-85.

32. M. Grabowska, L'Église de Pologne à un tournant in *Les religions à l'Est*, p. 113-114 et Castellan, *«Dieu garde la Pologne»*, p. 254-258.

33. Sur un autre plan, le quarantième anniversaire de l'AED fut l'occasion d'une démarche publique de réconciliation entre évêques polonais et ukrainiens. Dans les deux cas, le courage, la clairvoyance et les valeurs morales étaient du côté de l'Église.

34. Martin Krol in *L'Autre Europe*, 1994, p. 89.

35. Voir Castellan, *«Dieu garde la Pologne»*, p. 262-266.
36. *Christianisme et Culture en Europe,* p. 170.
37. Voir, par exemple, Michnik, Le prêtre et le bouffon, in *L'Autre Europe*, 1989, p. 71-91 et O. Czeczot, Tombeau de la libre-pensée polonaise, id. p. 114-127.
38. Voir J. Zycinski, *Pour ne pas me perdre dans la vie. Méditations socratiques,* p. 61-90.
39. L'article de Michnik est traduit dans *Les quatre Fleuves*, 1981, 13, p. 57-64. Il est vrai que la frontière passait aussi à l'intérieur de l'Église (voir la contribution de T. Mazowiecki, Les Chrétiens et les droits de l'homme, publié dans la revue *Esprit* à la veille de l'élection de Jean Paul II (numéro de juillet-août 1978), article dans lequel la problématique de la vocation à la sainteté est absente.
40. Voir aussi B. Lecomte, *La Vérité l'emportera toujours sur le mensonge,* p. 121-129. Malgré un parti-pris assez défavorable, les études de P. Michel sur le rôle de l'Église dans la société polonaise des années 70 et 80 offre des données intéressantes (elles ont été pour la plupart reprises dans *La société retrouvée*, en particulier p. 64-68, 91-101, 107-141 et 150-161).
41. Dès Janvier 1990, et jursqu'à ce jour, j'ai pris position sur cette question dans le sens de la primauté du spirituel dans cette victoire sur le totalitarisme communiste, à l'occasion de nombreuses conférences publiques (cf. D. Rance, *Le rôle des Chrétiens dans les libérations à l'Est,* publié ultérieurement dans le recueil de l'Université d'été d'Histoire religieuse, Lille, 1996).

C'est d'ailleurs cette polémique qui est indirectement à l'origine du travail de recueil de témoignages que j'ai entrepris à partir de 1990 en Europe de l'Est, à l'origine de ce livre et des quatre autres qui l'ont précédés. On pourra trouver des analyses qui rejoignent les miennes dans Weigel, *The Final Liberation,* p. 4-34, dans l'article de Mgr Zycinski cité supra, chapitre II, note 23 et bibliographie, et dans les livres de D. Lensel et R. Laurentin cités dans la bibliographie.

42. En 1978 encore, lorsqu'en réponse à un article de M. Rakowski, un des idéologues du régime communiste, le rédacteur en chef de Tygodnik Powszechny, Jerzy Turowicz écrit un article très équilibré sur *«Dialogue, pluralisme et unité»*, celui-ci est confisqué par la censure.

Chapitre 3

"Le courage est leur rendez-vous"
Religieux et religieuses de Pologne

CZESTOCHOWA - ZABKI - POZNAN - PNIEWY - OLTARZEW - VARSOVIE - SZCZECIN

> L'homme rencontre Celui qui toujours le précède,
> le courage est leur rendez-vous,
> tout homme est une forteresse.
>
> *Karol Wojtyla*

L'acharnement des régimes communistes contre la vie consacrée est un des signes les plus éloquents de la nature profondément anti-religieuse de ce système. La Pologne n'y a pas échappé. Mais dans ce domaine aussi, le régime n'a pas osé attaquer de front, contrairement aux autres pays de l'Est. C'est par un étranglement en douceur qu'il a essayé constamment de liquider monastères et couvents. Et il aurait fort bien pu réussir : au milieu des années cinquante, les vocations contemplatives et actives étaient au plus bas, et les difficultés, tant de recrutement que matérielles semblaient devoir condamner à brève échéance la majorité des couvents. En effet, les congrégations religieuses jouaient un rôle majeur dans l'engagement omniprésent de l'Église dans les secteurs de l'éducation, de la santé, de la protection sociale et de l'attention aux plus pauvres dans la Pologne d'avant 1939. En quelques années, les religieuses durent abandonner leurs 680 maternelles, 73 foyers, 46 crèches, et 80 écoles avec internat sur 87, 93 internats sur 95, 243 maisons d'enfants sur 263, 164 hospices pour adultes sur 206, 208 dispensaires, cantines, cours divers sur 213 et 183 hôpitaux où elles étaient présentes sur 276 [1].

L'épiscopat polonais aida les communautés religieuses à retrouver une place dans la nouvelle Pologne, infléchissant parfois leur charisme originel. Dès la fin des années 60, le sursaut des congrégations religieuses était visible. On comptait, en 1967, 26.931 religieuses. Les communautés contemplatives féminines, peu présentes en Pologne avant 1939, connurent un essor constant à partir de cette époque, attirant en particulier de plus en plus des jeunes femmes diplômées. L'AED aida à cet essor (voir *infra*, p. 351). Le rôle de ces femmes de prière a certainement été décisif dans la résistance spirituelle du peuple polonais. A la veille de la chute du communisme, on comptait près d'une centaine de congrégations féminines, dont onze contemplatives, et une cinquantaine de communautés masculines.

Quelques fioretti de la lutte entre les couvents et le régime

Les religieuses et religieux de Pologne ont un rôle important dans la défense de l'âme chrétienne de la Pologne. Il n'est pas un couvent ou une maison religieuse qui n'ait quelque histoire à raconter sur la période communiste. Elles illustrent le plus souvent autant la bêtise du régime que sa méchanceté ; mais peut-être par un effet d'optique préfère-t-on aujourd'hui rire ce de qui hier nous faisait pleurer. Voici quelques *fioretti* sur cette époque, recueillis au hasard de voyages à travers toute la Pologne[2].

Saint Maximilien Kolbe, modèle des religieux polonais

Frères des écoles chrétiennes (Czestochowa)

Les Frères des Écoles Chrétiennes ont une maison à Czestochowa, où je leur rendis visite en 1981. C'était une maison pour enfants handicapés (physiques et mentaux) de 5 à 18 ans. Quarante enfants alors, mais les Frères faisaient des travaux d'agrandissement et plus tard ils pourront en accueillir près d'une centaine. Il y avait à cette époque environ quarante Frères des Écoles Chrétiennes en Pologne. Entre 1948 et 1953, durant la période du stalinisme, les Frères avaient dû quitter leurs écoles. En 1953, alors que le cardinal primat était en prison, le siège provincial des Frères à Czestochowa avait été entouré par la police, la maison confisquée et les Frères obligés de partir dans les quinze jours. L'école était devenue propriété du gouvernement. Mais le noviciat fonctionnait toujours. En 1980, à l'époque donc de Solidarité, le maître des novices écrivit une lettre au maire de Czestochowa, lui disant que la maison confisquée leur appartenait de droit, et que les Frères voulaient la récupérer, sinon il viendrait faire une grève de la faim devant la maison du maire. Ce dernier convoqua le Provincial en lui demandant de raisonner le maître des novices ; mais le Provincial répondit que si le maire ne voulait pas de grève de la faim dans sa maison, lui-même était disposé à venir en faire une devant le domicile du chef de la police ! Le maire céda, les Frères récupérèrent leur maison, et l'école fut transférée... dans une des maisons que l'ancien premier secrétaire du Parti, Edward Gierek s'était fait construire à Czestochowa !

Quand je visitais cette maison pour enfants handicapés, on restaurait et on réparait un peu partout mais, me dit le Provincial, *«comme partout en Pologne, on répare d'abord et on demande ensuite l'autorisation !»* L'État devrait être obligé de payer les frais car les handicapés sont les enfants de la Nation. Les Frères étaient en train de faire construire une chapelle. J'y découvris un magnifique orgue, et quand je m'informais de son origine, le Provincial me répondit avec un sourire faussement naïf : *«Il avait été commandé par la police, mais on ne sait pas trop comment, il est arrivé chez nous !»*. Et personne n'était venu le réclamer...

Toujours à Czestochowa, chez les Pallotins, à la même époque, le régime interdisait l'impression de missels consécutifs à la réforme liturgique de Paul VI. Alors les pères ont pris un stock de vieux missels des années vingt, les ont dégrafés, ont imprimé discrètement le nouvel *Ordo Missae* et les ont rebrochés ainsi, pour les vendre comme vieux livres sans intérêt ! Le père recteur de cette maison m'avait aussi raconté lors de ce voyage une anecdote authentique : à l'époque de Gomulka, on avait fait imprimer des centaines d'images de Karl Marx pour les vendre dans les écoles. Peine perdue : personne n'en achetait. Jusqu'à ce qu'un *«marchand du Temple»* de Czestochowa ait eu une idée étonnante : il les avait rachetées, avait fait mettre une auréole au-dessus de la tête de Marx et fait inscrire *«Saint Joseph»* en dessous. Il les a alors revendues comme des petits pains !

Au centre pallotin de Zabki, dans la banlieue de Varsovie, le père Kuracinski avait réussi à organiser, à partir des années 70, un centre missionnaire pour l'animation et la sensibilisation à la Mission en Pologne même, sans autorisation. Ce centre organisait l'aide à tous les missionnaires Pallotins dans le Tiers-Monde, ou lors de leur retour, l'envoi de colis, des prédications missionnaires (et des quêtes) dans toute la Pologne par le père Kuracinski et par d'autres Pallotins. Il recueillait des intentions de messe pour les missionnaires et organisait des retraites spirituelles et missionnaires pour des jeunes, qui partaient ensuite assurer l'animation missionnaire dans leurs paroisses. Cette dernière initiative prit rapidement une grande extension, et pour cela le père Kuracinski avait dû reconstruire une nouvelle maison à côté du centre. N'ayant pu bien sûr obtenir un permis de construire pour un centre spirituel, le père Kuracinski avait contourné la difficulté : officiellement, cette maison était destinée uniquement au repos des missionnaires de passage en Pologne, et les jeunes qui y séjournaient n'étaient là que pour faire des paquets !

A Gniezno se trouvent le couvent et les séminaires des pères du Verbe Divin. Le père supérieur m'expliqua que son ordre, purement missionnaire, avait connu un déclin prononcé dans les années cinquante et soixante, suite à l'interdiction faite aux prêtres polonais de quitter le pays pour la mission. «*Mais un jour*, me dit le père Jozef Arlik, *ils se sont rendu compte qu'il valait mieux avoir les prêtres polonais au dehors du pays qu'au dedans. Alors, en 1966, ils ont permis à nouveau le départ des missionnaires*». Quinze ans plus tard, une vingtaine de nouveaux missionnaires étaient ordonnés chaque année. A la fin du communisme, la Pologne avait envoyé plus de mille missionnaires dans le Tiers Monde.

> ### *Au service des Églises soeurs d'Europe de l'Est*
>
> Durant toute la période du communisme en Europe de l'Est, l'Église de Pologne a joué un rôle non négligeable pour aider les Églises voisines, dont la situation était bien plus difficile. Certains évêques polonais, y compris l'archevêque de Cracovie, avaient reçu de Rome un pouvoir canonique pour ordonner des prêtres secrètement (voir, par exemple, D. Rance, *Tchèques et Slovaques, témoins de la foi*, p. 231 et 247). Outre ces ordinations, les formes du soutien aux Églises-soeurs étaient très variées : envoi de littérature religieuse à partir de la Pologne, voyages apostoliques, etc.
>
> Les Églises les plus aidées furent d'abord celles d'URSS : Lituanie, Biélorussie, Ukraine, Russie et Sibérie, où la situation des catholiques était dramatique. De plus, des millions de Polonais continuaient à vivre sur les territoires arrachés à la Pologne en 1945 et devenus soviétiques. Des prêtres polonais courageux, au péril de leur liberté, voyageaient comme touristes, en Biélorussie et en Ukraine occidentale principalement, pour célébrer des messes clandestines dans des agglomérations et des villages privés de prêtres depuis des décennies, entendre les confessions, célébrer les mariages et les baptêmes.

L'Église de Pologne soutint aussi sur une grande échelle l'Église des catacombes en Tchécoslovaquie. Les contacts à travers les monts Tatras à l'occasion de rencontres sportives ou culturelles étaient nombreux. Le mouvement chrétien clandestin de Slovaquie a pu se développer largement grâce à ce soutien.

Enfin l'action du pape polonais a été décisive pour la libération des peuples de l'Est du joug communiste. Jean Paul II est intervenu dès son élection et à maintes reprises pour défendre les droits des croyants et particulièrement ceux les plus persécutés, en Albanie, en Ukraine, en Roumanie, en Tchécoslovaquie, en Lituanie etc. De plus, sa parfaite connaissance des situations lui permit d'infléchir *l'Ostpolitik* du Vatican dans un sens plus favorable aux Églises locales.

Mais le rayonnement et l'action de l'Église de Pologne à l'époque communiste ne s'arrêtèrent pas à l'Europe de l'Est. Dans le Tiers-Monde, l'Église de Pologne envoya des missionnaires dans des pays à régime plus ou moins ouvertement marxiste, par exemple au Congo Brazzaville, pour faire bénéficier les Églises locales de son expérience du «socialisme réel», à une époque où certains missionnaires des Églises occidentales penchaient plutôt vers cette idéologie dont les Polonais connaissaient les fruits amers.

A travers les mailles de la censure

A Poznan, les Pallotins ont tenu, durant toute la période communiste, une des plus grandes imprimeries catholiques du pays. Son Directeur, le père Dusza, m'a raconté la difficile survie de cette institution - aujourd'hui une des plus modernes du pays. Quand je l'ai visitée pour la première fois, en 1981, soixante ouvriers laïcs et vingt Frères pallotins y travaillaient. Les machines anglaises et allemandes étaient assez modernes et il y avait même un petit ordinateur de composition. Les pères imprimaient uniquement des livres religieux. L'AED apportait une aide importante pour les machines, le papier et aussi pour la construction : les pères pallotins construisaient alors un second bâtiment pour la reliure des livres.

L'imprimerie subissait la censure à trois niveaux : d'abord sur le manuscrit, ensuite sur épreuves et enfin sur le premier exemplaire du livre terminé. Chaque page devait être signée du censeur et le nombre d'exemplaires à tirer devait être spécifié. Il était rare que la censure refuse des livres entiers : elle censurait des phrases. Par exemple, dans des *Mémoires de la mère d'un curé*, la phrase suivante avait été supprimée *: «Mon fils avait eu des ennuis avec le Gouvernement et a été mis en prison»*, ainsi que le mot «Sibérie». Pour le père Dusza, son problème numéro un n'était pas tant la censure que le manque de papier et de matériel, une façon plus discrète et efficace de limiter le travail de l'imprimerie catholique. Le précédent directeur de l'imprimerie avait même été mis en prison, dix ans auparavant, à la suite d'une histoire de marché noir de papier, organisé par un ministre en personne et dans lequel une centaine de hauts fonctionnaires avaient été impliqués. Ce père pallotin fit neuf mois de prison pour avoir acheté du

Frère pallotin imprimeur (Poznan)

Jeunes franciscains

papier au marché noir, alors que les organisateurs de ce trafic perdirent seulement leur place.

Pour contourner les limitations de tirage, le père Dusza n'hésitait pas à faire travailler clandestinement l'imprimerie. Si un livre était autorisé par exemple à 2 000 exemplaires, il en faisait dix fois 2 000 et n'en montrait qu'une série à la censure ! C'est ainsi que les discours de Jean Paul II lors de son premier voyage historique de 1979 dans sa patrie avaient pu, avec l'aide de l'AED, être largement diffusés. Mais la surveillance des autorités sur le couvent et l'imprimerie était constante. Une autre maison des Pallotins, à Gdansk, ne jouxtait-elle pas le comité régional du Parti, installé là pour mieux surveiller les religieux, selon le père supérieur qui m'y accueillit !

Les Pallotins étaient, à cette époque, en train de construire une église en dur, pour remplacer la baraque en bois noirci qui leur servait de chapelle. Ils avaient attendu plus de trente ans pour avoir l'autorisation du Gouvernement, qui finalement avait été accordée parce que cette baraque en bois se trouvait au bord de la route qui conduit à l'aéroport, et que vraiment, elle ne faisait pas bon effet pour les touristes étrangers !

Chez les Ursulines de Pniewy

Les Ursulines du Coeur de Jésus Agonisant constituent un ordre fondé par la bienheureuse Ursula Ledochowska en 1907. Elles avaient, dans les années 80, quatre-vingts maisons en Pologne et plus de 1 100 soeurs 1907 (elles ont aussi quatre maisons en France). A Pniewy, à l'Ouest de la Pologne, elles enseignaient le catéchisme dans les paroisses. Cent soeurs, dont 21 novices et des soeurs âgées, résidaient alors dans le couvent. Profitant d'une loi qui permettait aux familles de faire garder leurs enfants par d'autres familles, jusqu'à dix enfants par la même personne, les soeurs étaient officiellement des *«voisines»* ! Même les membres du Parti essayaient de mettre leurs enfants chez les religieuses ! Mais *«cela n'est pas officiel»*, me dit une soeur. Il y avait beaucoup d'enfants, et trop peu de crèches, et c'était une bonne chose que les soeurs puissent faire cc travail.

Les soeurs actives avaient beaucoup à faire à Pniewy : elles avaient un jardin et une ferme pour leur subsistance, en plus du travail catéchétique. Grâce à l'attitude ferme du cardinal Wyszynski, les soeurs n'avaient plus, à partir des années 70, de difficultés aussi grandes qu'auparavant de la part des autorités pour le travail de catéchèse. Le catéchisme pouvait même se faire dans des maisons privées.

La chapelle de la maison venait d'être rénovée lorsque je la visitais, parce que les soeurs espéraient la béatification de leur mère fondatrice, l'année suivante. Les fonds étaient venus des offrandes des catholiques fréquentant leur maison et de l'AED. Il était très difficile de trouver du ciment et des matériaux de construction, mais pour l'Église, et en passant par des voies détournées et non-officielles, on trouvait toujours ! Les soeurs payaient *«non-officiellement»* les ouvriers : *«Tout est caché. Personne ne sait rien ! La situation est toujours anormale»*, me dit la soeur chargée de superviser les travaux. Une autre soeur me donna un exemple de cette *«anormalité»* : cette année là, une paroisse avait construit une église. L'ingénieur s'était trompé dans les plans et n'avait prévu que le tiers du ciment nécessaire pour couler la dalle de base. Les ouvriers téléphonèrent en catastrophe à toutes les entreprises d'État qui avaient du ciment, et en quelques heures, le ciment était trouvé et la dalle était coulée. Cela se passait un samedi ; le lundi les entreprises de la région n'ont pas pu travailler, faute de ciment ! Et le curé, honnête, aurait voulu payer le ciment ; mais à qui ? ... Aucune facture n'indiquait, pour une entreprise quelconque, une «sortie client» pour du ciment !

La propriété des soeurs de Pniewy était grande, avec une ferme, un jardin potager, et un orphelinat transformé en noviciat. Il y avait un bâtiment en construction, destiné à engranger des semences. Au milieu du terrain, la propriété était encore coupée en deux par l'ancienne école des soeurs et son parc, qui avaient été confisqués par l'État en 1962. Les soeurs essayaient de récupérer l'école parce que ce bâtiment avait été financé par de l'argent venant du Consulat de Norvège et elles étaient en procès à ce sujet.

Pères CZULAK et WARZECKA

Quand je le rencontrai pour la première fois, le père Czulak, recteur du séminaire des pères pallotins à

Oltarzew, une banlieue-dortoir de Varsovie sur la route de Niepokalanow, m'offrit un merveilleux sourire d'enfant qui rendait difficile de croire que ce prêtre avait en charge la responsabilité d'une communauté de plus de deux cent personnes (prêtres et séminaristes). Il m'accueillit sur le perron d'une grande bâtisse aux formes de parallélépipèdes, surmontée d'une croix et des étendards mêlés, du Vatican, de la Vierge Marie et de la Pologne. Nous visitâmes ensemble les bâtiments de ce véritable «*village ecclésiastique*» qui possède, non seulement ses chapelles, mais aussi son cabinet de dentiste, ses bâtiments de buanderie et ses terrains de sport. On comprenait mieux ici pourquoi le clergé polonais avait peut-être plus de difficultés qu'ailleurs à laisser aux laïcs la place qui leur revient légitimement dans l'Église. Contrairement à l'Occident, où la crise des vocations a marginalisé l'état clérical, le clergé polonais constituait une société en lui-même, une famille, et les prêtres et les religieux sont beaucoup moins dépendants du monde laïc que chez nous. D'une certaine façon, le «*cléricalisme*» polonais est le revers de la médaille des vocations nombreuses... Le père Czulak est d'ailleurs lui-même représentatif d'une catégorie de prêtres qui n'est pas rare en Pologne : les familles «sacerdotales». Il vient d'une famille de 10 enfants qui a donné quatre prêtres à l'Église.

Le père Czulak et le père Warzecka, son confrère professeur l'Écriture Sainte à Oltarzew, ont le même âge et ont été ordonnés la même année : 1970. Tous deux pensent que leur vocation sacerdotale a été façonnée par le contexte des années 1950-1960, la tentative de destruction morale de la Pologne et la résistance magnifique de l'Église. Le père Czulak se souvient qu'avant de prendre une décision définitive sur son entrée au séminaire, il était allé prier la Vierge Marie à Czestochowa et, «*en rentrant à Varsovie, j'ai appris que le régime venait d'imposer la nouvelle loi sur le service militaire obligatoire pour les séminaristes. Je savais ce que cela signifiait : les épreuves, les brimades. J'y ai vu un signe de la Vierge Marie qu'il me fallait souffrir pour mon peuple et je suis entré au séminaire*». Et le père Warzecka d'ajouter : «*Oui, c'était un temps d'épreuves - mais aussi un temps plus facile. Nous étions soutenus par toute la population. A l'époque du communisme, il suffisait d'avoir une soutane pour être considéré. Aujourd'hui, il faut aussi que ce qui est à l'intérieur de la soutane, le prêtre doit justifier sa valeur personnelle pour être considéré. Mais je ne me plains pas, au contraire*».

Où allait l'Église de Pologne après la fin du communisme ? Ces deux Pallotins m'ont donné, dès 1990, une réponse intéressante. Leur situation les mettait en contact avec les jeunes, par leur séminaire, avec les fidèles, par leurs charges paroissiales (la ville d'Ozarow, dont dépend Oltarzew a pour curé le propre frère du père Czulak, lui aussi pallotin), et avec les évêques et le clergé, par la taille de leur congrégation (qui compte 627 membres). Pour le père Czulak, «*nous vivons une période difficile et passionnante*» - et il renchérit : «*C'est exactement ce que j'ai dit, hier à Czestochowa à nos 23 jeunes prêtres qui ont été ordonnés avant-hier et que nous avons conduits à Jasna Gora pour leur première messe, comme nous faisons chaque année : 'Vous vivez une époque difficile, mais passionnante et beaucoup dépend de vous. Je crois que d'ici cinq ans les situations seront stabilisées, dans un sens ou l'autre, mais aujourd'hui tout reste ouvert'».*

Comme exemples de situations ouvertes dans lesquelles l'Église est bien engagée, le père Czulak et son confrère citaient la guerre de l'avortement, la question de la catéchèse à l'école, les nouveaux partis politiques, la télévision, les mass-médias «*apparemment –sauf pour la catéchèse– c'est la gauche laïque qui marque tous les points contre l'Église. Mais rien n'est encore joué même si cette minorité a pris tous les postes de commandes*». L'optimisme du père Czulak se fondait en particulier sur le fait suivant : dans la résistance au totalitarisme, l'Église a formé des laïcs de valeurs qui ne se laisseront pas faire sans réagir. Et parmi eux de grands créateurs, comme Zanussi qui venait de déclarer : «*Je ne veux pas faire de programmes catholiques à la télévision, mais je veux produire des programmes en tant que catholique - N'est-ce pas la meilleure façon d'évangéliser la culture ?*». «*Encore faut-il,* concédait le père Warzecka, *que cela soit possible. Terlecki, le patron de la Télévision polonaise, un proche de Walesa, vient de reconnaître que pour libérer la télévision de l'empire communiste, il faudrait licencier 7 000 personnes ! Cela est impossible car cela viendrait à la fermer. Et ainsi, ils continuent leur propagande contre l'Église - mais de façon plus subtile. Par exemple, l'autre jour, nos moines venaient de Kety en autobus et le chauffeur avait mis la radio. Ils ont suivi une émission sur le*

Père Czulak

Cérémonie des voeux temporaires chez les Pallotins d'Oltarzew

référendum au sujet de l'avortement, dont toute l'argumentation constituait à dire 'Pourquoi les évêques s'occupent-ils de cela ? N'y a-t-il rien d'autre dont il faut s'occuper en Pologne ? Qu'est-ce que font les évêques pour que vous ayez un logement et un salaire décents ? Ne devraient-ils pas plutôt s'occuper de ces vrais problèmes que de soulever des questions qui divisent la société ?».

Pour le père Czulak, l'Église de Pologne a su lutter là où était l'essentiel, gage qu'elle pourra continuer à le faire : «*Sous le communisme, l'essentiel c'était la foi. Le génie du cardinal Wyszynski a été de comprendre que dans cette lutte à mort, la religiosité populaire et la tradition religieuse de ce peuple n'étaient pas un obstacle, mais un tremplin. Il a su bâtir, sur cette religiosité très forte, sur le respect du prêtre..., une forteresse. Nous avons souvent la visite de confrères étrangers et quand ils vont dans nos paroisses, ils n'en reviennent pas des liens qui unissent toute la paroisse derrière son prêtre. Avec la fin du communisme, le combat principal, c'est la Vie. Et c'est pour nous, l'heure où nous allons vérifier notre foi. Est-elle assez profonde ? Sommes-nous prêts à accepter la loi de Dieu avec toutes ses implications ? Oui, un temps passionnant - mais un temps bien difficile ou nous allons être éprouvés non seulement sur ce que nous croyons, mais sur ce que nous sommes».*

MARTA WOJCIK

C'est à l'occasion d'un «*pèlerinage aux sources*», d'une visite dans les deux lieux où le cardinal Wyszynski venait chaque fois que sa charge le lui permettait - que j'ai rencontré en 1991 Marta Wojcik, qui m'a parlé alors de l'Institut du cardinal et des «*Filles du cardinal*», comme on les appelle en Pologne.

Au départ il y avait un jeune prêtre, Stefan Wyszynski, et une jeune femme en contact avec lui, Maria Okonska, au plus fort de la seconde guerre mondiale. Pourchassés par les Allemands, les deux se cachent au célèbre Institut des aveugles de Laski dans la banlieue de Varsovie, un des hauts lieux de la résistance à l'occupant nazi - résistance dont le père Wyszynski est l'aumônier. Maria Okonska a un projet qui lui tient à coeur, inspiré d'une expérience américaine de l'entre deux guerres, les «*villages de garçons*» de F. Faragan. Elle voudrait créer des «*villages de filles*» pour des adolescentes en difficulté, où celles-ci apprendraient leur futur métier de mères de famille. Le père Wyszynski, qui a reçu une solide formation en sociologie et l'enseignait au séminaire avant la guerre et qui connaît par son expérience d'aumônier des mouvements catholiques ouvriers, les drames des couches sociales défavorisées, est gagné à ce projet. Mais il pense que celles qui le lanceraient devraient avoir à la fois une solide formation professionnelle, une foi profonde et le désir de s'y consacrer pleinement. Or voici que d'autres jeunes femmes arrivent à Laski et deux d'entre elles, Janina Michalska et Maria Wankowska veulent comme Maria Okonska consacrer leur vie à cet apostolat. Le terme d'institut séculier n'existe pas encore mais c'est ce que fondent les trois jeunes femmes et le père Wyszynski, le premier novembre 1942, avec cinq jeunes filles : la Communauté des Huit (les huit Béatitudes, c'est l'Evangile du jour, et huit car c'est le nombre de ces femmes et jeunes filles).

L'après-guerre ne peut voir la concrétisation du projet car le gouvernement communiste s'y oppose. Et le père Wyszynski devient coup sur coup le plus jeune évêque du pays puis primat de Pologne, avec une tâche immense à réaliser : sauver une Église condamnée à la mort lente par le régime au pouvoir. Pourtant, il n'oublie pas ses *«filles»* et continue à assurer leur formation spirituelle. Avec lui, elles se consacrent totalement à Marie, et s'installent auprès d'Elle, à Czestochowa. Peu à peu, leur Institut trouve sa voie à travers les difficultés mises sur sa route par le régime, en se consacrant au service des familles. Plusieurs membres restent à Czestochowa pour y assurer une permanence d'aide conjugale dans le sanctuaire, les autres reviennent à Varsovie et travaillent au service du primat et dans la pastorale familiale. «*Notre chef d'oeuvre*, dit Marta, *c'est le mouvement Famille des Familles, fondé par le cardinal primat et Maria Wankowska, c'est le coeur même de notre Institut*». Ce mouvement familial d'entraide spirituelle et fraternelle s'est développé dans tout l'archidiocèse. Les épreuves n'ont pas manqué pendant les quarante ans de régime communiste : «*Nous n'avions aucune reconnaissance légale et de plus nous étions proches du cardinal. Quand celui-ci a été arrêté, Maria Okonska, qui était à Czestochowa, a fait le voeu de ne pas quitter le sanctuaire avant sa libération. Et depuis, chacune de nous à tour de rôle s'enferme pour un an comme ermite au sanctuaire».*

Marta Wocjik, quant à elle, est restée seize ans à Czestochowa comme conseillère conjugale et pour les jeunes et pour le noviciat de l'Institut - car les huit ont été rejointes par d'autres vocations. Début 1991, l'Institut compte huit jeunes en Suisse et à Rome, une chez Mère Teresa en Inde et deux en partance pour Katyn en Biélorussie, près du haut-lieu du martyre des Polonais ordonné par Staline et reconnu seulement cinquante ans après par Eltsine. L'Institut compte au total cent membres, y compris des médecins, des ingénieurs, des enseignants etc. A l'époque de notre rencontre, Marta voit la vocation de l'Institut dans la nouvelle Pologne post-communiste comme le service des familles sous toutes ses formes. Elle même a préparé un programme de formation psychologique et intellectuelle à la vie, destiné aux écoles que le Ministère de l'Éducation Nationale a approuvé, *«car quand les femmes viennent dans les dispensaires pour avorter, c'est déjà trop tard pour discuter avec la plupart d'entre elles. Il faut former la conscience des jeunes dès l'école».*

Mère TERESA

8 Mai 1991, carmel de Szczecin. Dans la petite salle du chapître qui fleure encore la peinture fraîche, se déroulent les élections de la future première prieure de cette communauté. Le même nom revient : soeur

Carmel de Czestochowa : Mgr Majdanski et soeur Teresa Marta Wojcik (avec l'auteur)

Teresa. Cette dernière accepte sa charge, avant d'être félicitée par l'évêque du diocèse, Mgr Majdanski. Puis toutes les soeurs vont prier en action de grâce. Le lendemain, celle qui est donc devenue Mère Teresa (le prénom est assez courant dans bien des langues, et la fameuse religieuse de Calcutta devait avoir de son vivant un nombre non négligeable d'homonymes) me raconte la longue route qui l'a conduite jusqu'à ce jour : «*Ma vocation de carmélite est en quelque sorte innée... Ma mère pensait déjà à mon éventuelle entrée au carmel, avant même ma naissance, quand elle rendait visite à sa meilleure amie, qui était entrée au carmel de Poznan*». Aussi loin que ses souvenirs remontent dans le passé, Mère Teresa ne se voit pas d'autre projet que d'être religieuse : «*A cinq ans, c'était déjà pour moi une évidence*».

Pendant la guerre, sa famille connaît des heures tragiques. Les Allemands ont expulsé sur Varsovie toutes les familles polonaises de Poznan et la vie y est très difficile. Mais rien ne semble pouvoir détourner la jeune fille de sa vocation de carmélite, pas même les scrupules qui la pousse à se demander si elle ne servirait pas mieux les autres comme soeur enseignante. En 1944, alors qu'il protège sa famille de l'armée de Vlassov, qui pille, tue et viole maison par maison, dans tout le quartier où elle réside, son père est assassiné sous les yeux de sa femme et de Teresa. Il laisse six enfants dont le plus jeune n'a pas quatre ans. La famille est hébergée hors de Varsovie, dans une maison religieuse.

Teresa a alors l'âge d'entrer au Carmel, mais il n'en reste plus qu'un en Pologne, celui de Cracovie où s'entasse une bonne centaine de soeurs, les rescapées des Carmels de tout le pays, et qui ne peut accueillir de jeunes. Mais, en 1945, quelques soeurs survivantes du carmel de Poznan rentrent dans leur ville. Le carmel est devenu une prison où sont torturés et souvent liquidés, d'abord des Allemands, puis des résistants polonais. Pas question pour le pouvoir communiste qui s'installe en Pologne, de le rendre aux religieuses. Finalement, la famille d'une des soeurs leur offre une chambre et une petite pièce dans son propre appartement. Et ce n'est que l'année suivante que les soeurs peuvent emménager dans leurs propres murs et accueillir, le 10 février 1946, leurs premières postulantes, dont Teresa. Une dizaine d'années plus tard, elle est professe solennelle et le petit carmel de Poznan est trop à l'étroit : il faut faire une fondation. Six religieuses, dont soeur Teresa, partent pour Cracovie, afin d'être hébergées en attendant de fonder une nouvelle maison. Mais avant que cela soit fait, le régime passe une nouvelle législation qui interdit les nouvelles fondations. Les soeurs doivent rester deux ans et demi à Cracovie, puis partent fonder clandestinement un nouveau carmel à Czestochowa. Soeur Teresa est de l'aventure.

Une dizaine d'années se sont encore écoulées. Nous voici en 1966, l'année du Millénaire du baptême de la Pologne. Les pères paulins prévoient la venue du Pape Paul VI et de nombreux évêques étrangers. Ils demandent aux soeurs du carmel si elles peuvent en héberger. Les soeurs acceptent, bien sûr, et doivent acheter des lits et du mobilier pour ces hôtes de marque. Mais les autorités communistes ne permettent pas la venue de Paul VI et les évêques étrangers ne reçoivent pas leur visa. Pour «*dédommager*» les religieuses, dont la déception est bien compréhensible, les pères paulins leur proposent d'accueillir quelques évêques polonais. Parmi eux, le jeune auxiliaire de Wroclawek, Mgr Kasimierz Majdanski. Il se trouve qu'une des religieuses, qui se prépare à faire sa profession solennelle, est originaire de Wroclawek. Elle demande à Mgr Majdanski, s'il peut présider la cérémonie. Il accepte. C'est le début d'une grande amitié avec tout le carmel. Désormais, il ne manquera pas de venir rendre visite aux soeurs à chacun de ses passages.

Douze années s'écoulent, et Jean Paul II est élu pape. En 1979, il nomme Mgr Majdanski, évêque de Szczecin. Ce dernier raconte : «*Tout de suite, j'ai voulu donner à ce diocèse en reconstruction, après plus de quatre siècle sans présence de l'Église, des bases spirituelles solides et j'ai tout de suite pensé à un carmel*». Il vient, bien sûr, à Czestochowa, exposer son projet qui est accueilli avec enthousiasme. Le choix de soeur Teresa et d'une autre carmélite, soeur Myriam s'impose de lui-même et dès que cela sera possible (c'est-à-dire plus de trois ans après, car en Pologne, rien n'est simple) les deux religieuses se rendent à Szczecin, tout en restant membres du carmel de Czestochowa.

Il s'agit alors pour elles de surveiller la construction du nouveau carmel et de préparer l'arrivée des autres soeurs, destinées à les rejoindre. Mais la demande que Mgr Majdanski et les deux soeurs adressent à la

Municipalité de Szczecin est refusée : l'ouverture d'un carmel est une chose trop importante en Pologne communiste pour être traitée au niveau local. Seul un Ministère peut donner l'autorisation. Ils envoient la demande à Varsovie, mais là encore nouveau refus : on ne permet qu'une ouverture tous les cinq ans et un carmel vient d'être autorisé. Il faudra attendre encore cinq ans ! L'évêque et les soeurs décident de passer outre : soeur Teresa et soeur Myriam resteront à Szczecin et deux autres soeurs les rejoindront dès qu'une maisonnette aura été construite pour elles. Pendant huit mois, les deux religieuses vivent une existence quasi-érémitique : «*Ce fut une expérience exceptionnelle pour des carmélites et tout à fait enrichissante*», se souvient Mère Teresa.

Pour sa compagne, soeur Myriam, c'est le début d'une aventure spirituelle, qui va la mener là où elle ne le pensait pas. En effet, lorsque deux autres carmélites de Czestochowa viennent les rejoindre, soeur Myriam ne les rejoint pas mais s'installe dans la minuscule tribune de la petite «*chapelle de la maisonnée*» - un caisson de quelques mètres cubes qui fait d'elle une recluse, comme l'Église en a eu de célèbres au Moyen-Âge. Là, face au tabernacle, elle vit dans l'adoration, le silence et peint des icônes, dont la célèbre icône de la Sainte Famille aujourd'hui répandue à travers le monde. Depuis 1983, soeur Myriam ne retrouve la communauté que pour la Messe et les offices. Les soeurs lui assurent sa nourriture et elle leur donne les offrandes qu'elle reçoit. Car, bien vite et sans aucune publicité, bien au contraire, la présence d'une ermite à la tribune de la chapelle du futur carmel est connue à Szczecin, et les visites commencent et soeur Myriam commence un ministère de maternité spirituelle. *«Pour moi*, dit Mère Teresa, *ce fut le signe que j'attendais de la Providence pour être assurée de sa vocation d'ermite. Le vrai ermite fuit le monde, mais est rattrapé par celui-ci, en quête d'intercession auprès de Dieu»*.

Tandis que soeur Myriam suit sa voie, soeur Teresa et ses deux compagnes s'installent dans leur carmel provisoire, en attendant que la Providence et l'État communiste leur permettent de le fonder vraiment. Mais les soeurs sont installées dans leur maisonnette depuis à peine quelques semaines, que la premières postulante se présente ! Une jeune fille de Szczecin qui frappe à leur porte et leur dit : *«Je veux partager votre vie. Je veux devenir carmélite»* Comment faire ? Il n'y a pas de place et d'ailleurs, un carmel provisoire n'est pas autorisé à accueillir des postulantes. Mais soeur Teresa n'est pas femme à se résigner. Par Mgr Majdanski, elle obtient de la Congrégation des Religieux à Rome, une autorisation spéciale pour accueillir des postulantes. Quant au lieu pour les recevoir, il est offert aux soeurs par la paroisse voisine du carmel : celle-ci dispose, juste contre l'enceinte de la petite propriété où les soeurs résident, d'une baraque en bois pour faire les catéchismes et voici qu'un bâtiment en dur vient d'être achevé près du presbytère ! La baraque est offerte aux soeurs au lieu d'être démolie et elles y installent leur noviciat. Le 29 Juin 1984, la première candidate en franchit les portes, bientôt suivie par trois autres.

Deux ans s'écoulent. Soeur Teresa et Mgr Majdanski continuent à se battre pour obtenir l'autorisation de construire un carmel à Szczecin. De guerre lasse, celle-ci leur est donnée en 1986 et les travaux commencent aussitôt. Grâce à l'aide du diocèse, à des bienfaiteurs nombreux de Szczecin et de toute la région, grâce à l'AED aussi, le carmel sort de terre. Durant toute la période des travaux les carmélites, outre la surveillance de ceux-ci et leur vie de contemplatives, participent très activement à l'action de soutien pour la Pologne qui transite par les Carmels. Les caisses et les colis s'entassent dans les batiments tout juste achevés ou provisoires, avant de partir dans les familles les plus démunies ou les plus touchées par les pénuries. Ceci durera jusqu'à la fin de l'époque communiste.

Enfin, le Samedi Saint, 30 mars 1991, Mgr Majdanski sonne à la porte du carmel. Il tient dans sa main le décret d'érection en carmel de plein droit qui vient d'arriver de Rome. En 1992, les soeurs sont onze, sans compter soeur Myriam, dont six professes solennelles.

Les candidates ne manquent pas, mais la vie au carmel est bien difficile pour les jeunes d'aujourd'hui, constate Mère Teresa : «*Trop de familles sont détruites. Sans parler de celles qui arrivent et dont les parents sont séparés, la plupart des candidates n'ont reçu de leur parents que des biens matériels et des habitudes de consommation. Il leur manque plus ou moins totalement le sens de la responsabilité personnelle, l'amour du travail*

*Au service de Dieu,
au service d'un peuple
Carmel de Szczecin*

Cracovie

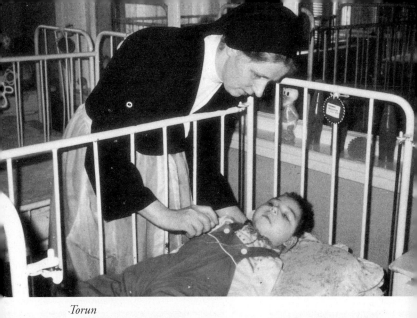

Torun

Wroclaw

humble, des tâches pratiques, le sens de la relation aux autres. C'est pourquoi beaucoup entrent mais peu restent. Cette génération est blessée et vulnérable...»

Mais pour Mère Teresa, une nouvelle génération arrivera en Pologne - celle des enfants de Solidarité, qu'elle espère moins attachée aux biens matériels et plus désireuse de vie authentique. Les soeurs accueillent régulièrement des classes de catéchisme, des groupes de jeunes qui viennent pour un entretien avec les soeurs. «*Cela se passe toujours très bien. Souvent leur principale réaction, après que nous leur ayons présenté la vie que nous menons, est : 'mais comment faites-vous pour être aussi heureuses ?'*» Un jour, la première question d'une fillette avant même que la carmélite n'ait parlé à un groupe de catéchèse a été : «*Ma soeur, êtes-vous heureuse d'être enfermée ?*» Par leur joie de vivre et leur rayonnement, nos soeurs aident ces jeunes à comprendre que le véritable enfermement, ce ne sont pas les murs d'une clôture monastique, mais ceux qui sont à l'intérieur de nous - que la liberté n'est pas extérieure mais intérieure. «*Beaucoup d'enfants, de jeunes de 10 à 20 ans sont aujourd'hui sensibles à cela. Nous comptons sur Dieu, sur la Vierge Marie. Ce peuple polonais s'est déjà plusieurs fois renouvelé et nous avons l'espoir. Mais il est vrai que cette fois-ci la ruine de l'homme, par le communisme, touche au plus profond. L'homme a perdu le sens de l'acte créateur, le sens de la responsabilité. Avant c'était 'eux' (les 'communistes') et 'nous' (le peuple polonais), mais cela aujourd'hui, c'est fini et les gens ne l'ont pas encore vraiment compris. On en voit même qui les regrettent ouvertement parce que maintenant ce n'est plus l'État qui agit à votre place, il faut prendre ses responsabilités. Mais nous avons espoir, le Bien est discret mais il existe dans ce pays».*

Notes

1. Voir J. Kloczowski et L. Müllerova, Le christianisme polonais après 1945 in J. Kloczowski, *Histoire religieuse de la Pologne*, p. 532-536.
2. J'ai recueilli les témoignages présentés dans ce chapitre entre 1980 et 1992.

Chapitre 4

Au coeur du combat pour la foi, la famille

LOMIANKI - VARSOVIE - SZCZECIN - LUBIN

> Mais ce dont l'homme souffre le plus, je crois
> c'est de manquer de vision...
> Toujours à temps, l'Espérance s'élève
> en tout lieu soumis à la mort
>
> *Karol Wojtyla*

Durant toute la période communiste, la famille fut un des enjeux essentiels de la lutte de l'État contre l'Église et la foi chrétienne. A vue humaine, ce combat était inégal. D'une part, c'était l'État totalitaire qui en fixait les règles, et il les changeait à sa guise pour adapter sa stratégie à la situation du moment. D'autre part, les personnes en jeu –les familles– dépendaient de l'État (sauf les petits paysans indépendants) pour leur subsistance tout comme pour l'éducation de leurs enfants. Ce lien de dépendance vitale s'opposait au lien de loyauté envers l'Église. Tout concourait donc à désigner le vainqueur de cet affrontement inégal. Ce fut pourtant le David chrétien qui l'emporta contre le Goliath communiste [1].

Corruption de la famille chrétiennee

A la veille de la seconde guerre mondiale, 70 % de la population polonaise tire encore sa subsistance du travail de la terre. A la chute du communisme, il n'y en a plus que 25 %. La période communiste coïncide donc avec le formidable basculement d'une société rurale en une société urbaine. Cette urbanisation aurait eu lieu de toutes les façons, mais les circonstances propres à la Pologne communiste lui donnèrent des caractéristiques spécifiques. Même si le premier objectif était pour le régime de construire cette classe ouvrière sur laquelle il était censé fonder sa légitimité et qui restait très minoritaire en 1945, l'urbanisation fut aussi directement utilisée pour réaliser le programme d'athéisation de la société polonaise. Les idées dominant alors les milieux intellectuels marxistes ne voyaient-elles pas dans la religion une aliénation arriérée que les lumières de la ville allait faire tomber d'elle-même ? De fait, la pratique religieuse en milieu urbain commença à décliner fortement dès la fin des années 40. Au milieu des années 60, le régime pouvait estimer que le déclin de la pratique religieuse en milieu urbain était inéluctable.

Mais les faits humains ne sont pas des choses, et il n'y a pas de fatalité sociologique. J'ai indiqué (*supra*, p. 35) comment ce renouveau religieux fut providentiellement construit par le cardinal Wyszynski puis par l'épiscopat polonais. Mais les familles en furent un des vecteurs essentiels. Les travaux de sociologie religieuse (Piwowarski, Swiecicki) ont montré leur rôle fondamental dans ce passage d'une religiosité rurale, très liée à la vie paysanne, à une religiosité urbaine, particulièrement ouvrière, grâce au lien privilégié entre la mère et ses enfants et d'autres facteurs similaires. Démonstration *a contrario* : les citadins ne vivant pas dans un milieu familial ont une pratique religieuse très inférieure dès les années 50. A partir de la fin des années 60, la partie est gagnée pour l'Église : la chute de la pratique religieuse est stoppée, plus encore celle des jeunes remonte, pour atteindre plus de 70 % vers 1980.

Mais le régime communiste ne renonça jamais à sa lutte contre l'Église sur le terrain familial, fût-ce au prix de la destruction de la famille. La volonté de détruire la foi, par un mode de vie qui lui était contraire, a toujours existé en Pologne communiste. Les mesures favorisant et même *«canalisant»* les conduites des couples vers l'avortement datent des années 50. Quant au consumérisme, Kazimierz Kakol écrivait dans un rapport daté de 1975, alors qu'il était en charge du ministère des Cultes : «*Ne vous faites pas d'illusions, vous ne détruirez pas l'Église en opposant un dogme à un autre dogme ; vous détruirez l'Église en important le mode de vie occidental*»[2]. En effet, des fléaux menaçaient et désagrégeaient les familles, et particulièrement les jeunes : divorce, avortement, alcoolisme, drogue, modèles de consommation exacerbée, absence d'honnêteté dans le travail, malversations, utilisation des musiques rock contre la morale ou la religion chrétienne, etc. : pour chacun d'eux, le régime avait une part indéniable de responsabilité. Les conséquences de cette politique pèsent encore lourdement sur la Pologne post-communiste, près de dix ans après la chute du régime. Dans ce domaine, il n'est bien sûr pas facile de déterminer ce qui relevait de la volonté du pouvoir et ce qui était redevable à l'humaine faiblesse. Il serait aussi erroné d'attribuer au seul régime la responsabilité de tous les maux que de ne lui en donner aucune. Mais il est indéniable que le gouvernement utilisait, quand même il ne les suscitait pas, ces comportements dans sa lutte antireligieuse. Pour ne prendre qu'un exemple, les rares couples qui allaient dans les boîtes de nuit de Varsovie, pour de honteuses soirées de strip-tease conjugal, en portaient l'entière responsabilité morale. Mais ces boîtes de nuit n'existaient qu'avec la bénédiction du gouvernement, et la publicité nationale qui leur était faite relevait directement de l'intoxication par les mass-média du régime.

Il faudrait ici longuement montrer comment les familles polonaises furent touchées, y compris dans leur dimension chrétienne, par toute la politique gouvernementale depuis la fin des années 40, qu'il s'agisse du logement, du travail, des loisirs, de la promotion féminine ou de la santé[3]. Un exemple précis, celui du logement, permettra de comprendre combien celui-ci était par essence hostile à la famille et à la foi. Trouver un toit pour les siens : pendant plus de 40 ans, ce désir légitime de tout chef de famille avait pris une tournure aiguë, voire dramatique dans la Pologne communiste. La construction de ce logement était assurée par un quasi-monopole concédé par le Gouvernement à un secteur appelé «*coopératif*». Il s'agissait en fait d'un secteur entièrement contrôlé par l'État et soumis à sa politique mais où le financement était assuré par les contributions «*volontaires*» de la population. La gestion des entreprises de constructions était aussi déplorable que celle des autres secteurs économiques avec des conséquences visibles sur la qualité des constructions, manque de finitions, problèmes d'eau, d'électricité, etc.

Officiellement, le problème crucial de la taille des logements neufs était toujours «*en voie de disparition*». Selon l'annuaire de l'Office Central des statistiques à Varsovie, la superficie moyenne des logements neufs serait passée de 1971 à 1980 de 56 à 64 m², avec en particulier pour les familles ayant un enfant : un bond de 44 à 52 m², et pour celles ayant deux enfants : un accroissement de 56 à 63 m². Ainsi, les normes officielles (9 m² minimum par chambre à coucher, 18 m² pour les salles de séjour, 8 m² d'espace vert par occupant d'immeuble urbain) seraient respectées. Dans la réalité, la situation était loin d'être aussi brillante et l'amélioration réelle des années 70 fit place dans la décennie suivante à une nouvelle dégradation. Si les familles n'en étaient plus à la situation dramatique des années 50 et 60 (ou par exemple, 50 % des familles de 4 enfants ou plus ne disposaient que d'une pièce unique pour toute la famille), l'exiguïté des logements resta un problème majeur pour la plupart des Polonais jusqu'à la chute du communisme.

Quant à l'accès aux logements, il devint même de plus en plus difficile. Pas moins de 115 entreprises nationales de construction de logements importaient d'URSS, d'Allemagne ou du Danemark une part importante du matériel de construction (en préfabriqué), et pourtant les délais s'allongeaient, pour la construction d'immeubles collectifs comme pour celle de maisons individuelles. Les conséquences en étaient dramatiques, particulièrement pour les jeunes couples. Certains parents en arrivaient à commencer à payer pour que leurs enfants aient plus tard un logement, alors que ceux-ci avaient seulement cinq ou six ans. Mais, dans la plupart des cas, ce n'était qu'au moment du mariage que le nouveau foyer pouvait s'inscrire sur les listes d'attente. La réglementation officielle stipulait que le logement devait être assuré dans les trois années suivant le paiement. La réalité était tout autre : à Varsovie, il fallait attendre de quinze à vingt ans après avoir payé ! Et les délais étaient du même ordre dans les autres villes. Or les autres chances d'accès à un logement par d'autres voies légales étaient des plus limitées : faiblesse du crédit au logement, étroitesse du marché. Pour les jeunes couples qui s'y refusaient ou n'arrivaient pas à trouver une «*combine*» ou une solution en marge de la légalité, il ne restait plus qu'à s'installer «provisoirement» chez les parents de l'un ou de l'autre. C'était ainsi qu'un quart et parfois jusqu'à un tiers des jeunes ménages vivaient chez les parents durant trois, cinq, dix ans et plus. Le coût des achats ou des locations de logements était assez variable. Sur le marché parallèle, c'était très cher. Un bon appartement (70 m^2) pouvait être acheté environ 4 millions de zlotys à Varsovie, ou loué vingt mille zlotys par mois dans les années 80 (deux fois et demi le salaire minimum de l'époque). Au prix du marché officiel, les loyers étaient modérés et la part de la rubrique «*logement*» dans les

Lutte pour la vie

budgets familiaux aux alentours de 12 % - soit un peu moins qu'en France. Mais la part du logement dans les budgets familiaux tendait à croître depuis 1973, au détriment de l'alimentation et du chauffage.

Les conséquences de cette crise du logement sur la famille étaient aisées à imaginer. Lorsqu'un jeune couple habitait chez des parents (dont le logement était dans la plupart des cas déjà exigu), il y avait non seulement tous les problèmes relationnels découlant de cette cohabitation subie, mais l'arrivée d'un premier enfant était une gêne pour les grands-parents et celle d'un second pouvait tourner à la catastrophe. Pas toujours, Dieu merci, mais parfois. J'ai été témoin d'un tel drame lors d'un séjour à Varsovie en 1984. J'y avais rencontré Marek. Lui et son épouse étaient enseignants mais leur double salaire ne leur suffisait pas pour acheter ou louer au marché «*parallèle*» ; ils étaient donc sur une liste d'attente, avec leurs deux garçonnets de trois et d'un an. L'épouse de Marek ne s'entendait guère avec les parents de son mari : après quelque temps chez eux, ils avaient dû partir. Ils avaient alors sous-loué une pièce chez un couple ami qui possédait un logement de deux pièces, et avait un enfant. Et voici que ces amis attendaient à leur tour un second enfant et avaient besoin de la seconde pièce, alors même que Marek et son épouse attendaient une nouvelle naissance. Ces derniers n'avaient pas d'autre solution que revenir chez les parents de Marek. Pendant que je discutais avec lui, sa jeune épouse était dans l'Église voisine, priant pour que ce retour ne se passe pas trop mal, car ses beaux-parents lui avaient déjà laissé entendre qu'elle n'aurait pas d'autre choix que l'avortement !

Lorsqu'une famille pouvait enfin emménager dans ses propres meubles, ses problèmes ne s'amélioraient guère si elle comptait plus d'un enfant, car il était bien difficile de trouver alors un logement assez grand. Une étude des années 80 montre que la première cause des tentatives de suicide d'enfants et de jeunes en Pologne était l'étroitesse des logements. La crise du logement était un facteur déterminant dans toutes les menaces, tous les maux qui frappaient la famille polonaise : avortement, tout d'abord car ces logements étaient, comme on me l'a souvent dit, des «*logements anti-enfants*», promiscuité, dégradation des relations dans la famille, fuite dans l'alcool, etc. A qui la faute ? Il y avait certainement des facteurs économiques, conséquence de la nature du régime, mais le facteur essentiel, au départ, était tout autant la volonté politique du Gouvernement. Le cardinal Wyszynski n'hésita pas, dans un discours sévère, à comparer cette volonté à celle des nazis durant la seconde guerre mondiale : «*En Égypte, les pharaons le faisaient et dans notre Patrie, on le fait aussi lorsque, à travers des lois, des prescriptions et différentes permissions, on détruit les moeurs chrétiennes dans les familles. Certains politiciens usent de semblables motifs, ainsi faisait l'hitlérisme craignant le nombre trop grand de Polonais. Et qui sait si, aujourd'hui aussi, notre nombre n'inquiète et n'agace les gens qui craignent une nation saine moralement ; une nation nombreuse, éduquée en esprit de l'éthique chrétienne. Ils craignent la famille sauve pour laquelle on construit, à la place de bons logements, des 'cages' dans lesquelles il n'y a plus de place pour l'enfant, puisque les parents eux-mêmes y sont à l'étroit».*

Ces paroles restaient d'actualité au milieu des années 80. Un journaliste chrétien interrogé sur ce sujet me répondit : «*Oui, au début, il y a une politique du logement directement menée contre la famille, et la famille selon la foi chrétienne. Aujourd'hui, même si le Gouvernement voulait en changer –et le veut-il vraiment– il ne pourrait plus, le système est détraqué !»* Les données officielles pour 1987 montraient que la situation, loin de s'arranger, s'aggravait : l'année précédente avait apporté une nouvelle chute dans le nombre de logements neufs en Pologne. Le plan prévoyait la livraison de 134 000 à 140 000 logements par les entreprises de construction de l'État. Un an plus tard, il manquait encore 7 500 logements pour arriver au seuil minimum du plan. L'année 1986 s'était terminée avec des résultats inférieurs à 1985, année inférieure à 1984. Dans le ministère de la Construction et de l'administration générale et communale, il y avait de nouveau des changements de cadres et une réorganisation nouvelle. Après huit mois, 42 % seulement du nombre d'appartements prévu comme seuil minimum pour l'année 1987 avaient été construits et remis à leurs occupants, déclarait en septembre 1987 la commission parlementaire du logement, selon le journal du régime *Zycie Warszawy* qui ajoutait : «*Pour résoudre le problème du logement dans les dix années à venir, il faudrait construire environ dix millions d'appartements et de maisons individuelles. Actuellement, nous en construisons 130 000 par an dans le secteur d'état, et 60 000 dans le secteur privé».* Cette crise du logement épargnait toutefois les favorisés du régime car, comme l'a montré M. De Felice, le logement était en Pologne comme ailleurs dans les pays communistes un moyen efficace de discrimination sociale en faveur du Parti et de ses protégés. Le piment de la situation, c'était que le régime pensait que l'amélioration des conditions de vie était son meilleur allié dans la lutte antireligieuse : *«Le meilleur champ de bataille pour vaincre l'Église se situe au niveau culturel d'une vie plus aisée et plus confortable. Avec une société de consommation, nous obtiendrons des conditions analogues à celles de l'Occident pour hâter le dépérissement de la religion»*, déclarait encore en 1976 Kazimierz Kakol[4]. Le régime avait fondé sa politique du logement sur sa volonté de détruire toute vie familiale digne de ce nom, et voila que son arme se retournait contre lui !

Détruire les barrières morales

Une conséquence indirecte, mais capitale, de cette situation dans laquelle le régime plaçait sa population, fut l'effacement des barrières entre le bien et le mal. Promiscuité dans l'habitation, salaires ne pouvant pas nourrir décemment une famille, même lorsque la mère travaillait, nécessité de recourir au travail au noir et aux combines de toutes sortes, dégradation continue du système de santé et absence d'un système de soins et de prévention psychologique digne de ce nom, etc. Non seulement le gouvernement favorisait des actes mauvais, mais les rendait nécessaires pour survivre. Et ainsi la distinction entre le bien et le mal et le sens de la responsabilité personnelle s'estompaient. L'État devenait le seul coupable, dans la plupart des consciences.

Adam Zagajewski me semble aller au fond de ce problème lorsqu'il écrit : «*Avant l'apparition du totalitarisme, le mal était inégalement distribué entre les hommes, avec assez d'équité dans la mesure où le permettait le joug du péché originel. Le totalitarisme modifie l'équilibre des forces de façon purement incroyable : il semble s'emparer du mal que les hommes ont en eux et le monopoliser comme il a monopolisé tout le reste, l'économie, la politique et la culture. L'État devient le plus grand et probablement le seul malfaiteur, bien que ce soit un malfaiteur par nécessité, obligé, qui plus est, de nourrir, de vêtir, de soigner et même de divertir ses otages en faisant la grimace. (Faut-il ajouter qu'ils sont mal habillés, ne mangent pas à leur faim, sont souvent malades et doivent inventer eux-mêmes leurs blagues).*

«*Voilà pourquoi les romans policiers sont ici impossibles. On connaît toujours le coupable : l'État. Cette situation est plus dangereuse qu'on ne pourrait le croire de prime abord. Le totalitarisme atteint profondément notre sens de la justice, parce que nous cessons de nous juger nous-mêmes avec sévérité. Il nous ôte le poids de l'existence, fait disparaître la possibilité du repentir*»[5].

L'enjeu...

...l'âme de la jeunesse polonaise

L'école comme vecteur d'athéisation

La cible majeure de la politique de destruction de la foi, c'était la jeunesse - conformément aux dogmes du système. Les familles étaient donc les premières concernées. Faut-il rappeler que le Gouvernement avait alors le monopole de l'enseignement ? Il n'y avait pas d'écoles catholiques, ni de cours de religion à l'école depuis 1961. A l'inverse, la «*catéchisation*» marxiste-léniniste directe fut introduite dans les écoles dès l'époque stalinienne, et y demeura sous diverses formes jusqu'en 1989[6]. Elle se révéla un tel fiasco dans ses premières formes, très agressives, qu'elle dut abandonner son visage réel et prendre des masques. Les cours d'histoire et d'instruction civique en furent les vecteurs essentiels, jusqu'aux derniers jours du régime. La place de l'Église dans l'histoire de la Pologne y était minimisée ou passée sous silence, en particulier son soutien envers le peuple dans les dures années du XIXème siècle, et la tradition de tolérance en Pologne libre du XVIème au XVIIIème siècle, unique en Europe. Un idéologue du régime, Joseph Olszewski, proposait aux enseignants les schémas suivants pour l'enseignement de l'histoire, dont le but, écrit-il, «*est de former de bons citoyens*» : «*Nicolas Copernic... analyser l'attitude négative de l'Église... évoquer le rôle des jésuites, de l'Inquisition. Montrer une illustration d'un autodafé où un prêtre brûle des livres (cf. p. 55 du manuel de 6ème classe)*». (la dimension religieuse et ecclésiale du chanoine Copernic était tout à fait occultée) - ou encore «*la révolte paysanne de Piotr Sciegienny*» (il n'était aucunement fait mention du fait que Piotr Sciegienny était prêtre, et sa révolte était décrite en termes de lutte de classes tout à fait inadéquates à la réalité historique). Les cours de géographie et de littérature polonaise permettaient aussi d'inculquer cet esprit antireligieux et anticlérical.

Dans un pays, où la symbiose entre la foi et la nation avait toujours été fondamentale, les jeunes étaient donc privés de dimensions fondamentales de leur héritage comme de leur présent. Le cardinal Wyszynski parlait de «*chasse au Christ*» dans toute la culture sociale et nationale, et dans tout le patrimoine historique du pays, à propos de cet enseignement. Et comment ne pas citer, comme en écho, ces paroles de Jean Paul II devant une foule de centaines de milliers de jeunes Polonais et d'autres pays de l'Est, lors de son premier voyage pontifical en Pologne : «*On ne peut exclure le Christ de l'histoire de l'homme en quelque partie que ce soit du globe, sous quelque longitude ou latitude géographique que ce soit. Exclure le Christ de l'histoire de l'homme est un acte contre l'homme. Sans lui, il est impossible de comprendre l'histoire de la Pologne*»...

L'histoire de l'école communiste en Pologne et de son rôle dans la politique antireligieuse reste à écrire. Je me contenterai ici de quelques exemples tirés des cinq dernières années du régime communiste, années qui furent plutôt «modérées» en ce domaine.

En 1984, le Gouvernement se fixe un nouvel objectif : éliminer tous les crucifix des écoles polonaises. Une première campagne dans ce sens à l'époque stalinienne avait échoué. Écoliers et nombre d'enseignants s'y opposent, soutenus par leurs parents et l'Église. La «*guerre des crucifix*» fait rage dans tout le pays. Des enseignants sont suspendus...

En 1985, les enseignants sont victimes d'une véritable inquisition. Les services académiques reçoivent pour l'appliquer un formulaire d'entretien avec les enseignants émanant des services du Ministère de l'Éducation, dont la connotation discriminatoire envers les enseignants chrétiens est évidente dès les premières questions[7].

En 1986, c'est l'escalade. L'affaire la plus grave est celle des «*Cours de connaissance des religions*». Il s'agit là d'une machine de guerre des plus redoutables montée contre l'Église. A partir de la rentrée de l'année scolaire 1986-1987, des cours de «religion» sont à nouveau donnés dans les écoles de Pologne, d'où ils avaient été bannis durant les années cinquante, au niveau des classes terminales. Ces cours sont donnés par des enseignants spécialement choisis et formés dans ce but. Il ne s'agit pas tant de cours antireligieux que de cours anti-catholiques. En effet le programme comprend (à côté de l'exposition de la doctrine marxiste sur la religion opium du peuple) une présentation plutôt sympathique des diverses religions du monde, les critiques étant réservées au seul catholicisme qui se voit donc attaqué non seulement du point de vue de l'athéisme marxiste-léniniste, mais aussi de celui d'un prétendu irénisme religieux. Le piège tendu à l'Église est subtil, car le

Gouvernement prétend, par ces cours, permettre à tous les élèves de se faire un «*jugement personnel objectif*» et présente les protestations de l'Église comme un exemple de cette intolérance dont il l'accuse.

En 1987, la pression s'accentue. Pour ne donner qu'un seul exemple, la directrice d'une école primaire de Nowa Huta oblige tous les enseignants de son établissement, qui désirent faire une sortie avec leurs élèves, à signer au préalable une déclaration qui les engagent à ne pas prévoir «*des situations qui seraient nocives pour l'éducation socialiste*» de leurs élèves ; derrière le vague des mots, c'était une fois de plus tout le passé (et le présent) chrétien qui était refusé aux enfants.

En 1988-1989, les «*Cours de connaissance des religions*» sont étendus aux autres niveaux scolaires. Quelques semaines encore avant la chute du régime, ses services spécialisés préparent de nouveaux plans pour l'athéisation des esprits à l'école, à mettre en place à la rentrée de 1989. Entretemps, la Pologne est sortie du communisme...

On ne peut s'empêcher de faire un parallèle entre ces mesures et la mise en place du programme d'athéisation de la jeunesse polonaise par l'école à partir de 1948. La rééducation des enseignants, une campagne pour faire disparaître le crucifix des salles de classe, le remplacement des fêtes religieuses par des manifestations idéologico-patriotiques, furent ainsi mises en place à cette époque. Dans ces premières années du régime, les autorités communistes essayaient en effet d'appliquer purement et simplement les méthodes d'athéisation de la famille par l'école, mises en place en U.R.S.S., depuis 1917. Le contenu de l'enseignement fut transformé pour recevoir une base matérialiste (le journal du parti *Kalendarz Robotniczy* annonçait, en 1951, la parution de nouveaux manuels à base de marxisme) et, uniquement pour l'année scolaire 1951-1952, 23 millions d'exemplaires de nouveaux manuels, en partie purement et simplement traduits du russe, avaient été édités. Tous les maîtres des écoles primaires durent à cette époque passer un examen idéologique, avant le 15 juin 1951, portant sur la «*théorie du marxisme-léninisme et les moyens à employer pour la mettre en pratique*» ; tous les enseignants durent obligatoirement adhérer à la ZMP, simple décalque des komsomols, à partir de juillet 1948, une commission d'admission aux universités fut mise en place pour filtrer, sur une base idéologique, l'accès à l'enseignement supérieur. Des jardins d'enfants furent créés pour que soient appliquées les méthodes élaborées en URSS par le «*pédagogue soviétique bien connu, Makarenko*», qui dirigea la politique familiale en URSS à l'époque de Staline (sans compter, bien sûr, les mesures antireligieuses)[8].

A partir des années 70, la lutte antireligieuse à l'école prit aussi des formes incitatives ou dissuasives : les activités programmées les dimanches étaient les plus attrayantes et au contraire le refus d'y participer pour pouvoir aller à la messe était sanctionné. Des parents m'ont raconté comment, dans l'école de leurs enfants, les sorties du dimanche les plus intéressantes avaient lieu le dimanche précédant celui de la première communion qui était normalement une journée de retraite préparatoire. Dans une autre école, des excursions de gymnastique étaient organisées le dimanche toute la journée et ceux qui y manquaient avaient les notes les plus basses en éducation sportive. On pourrait multiplier les exemples... Pendant plus de vingt ans, le régime concentra ses efforts sur le temps des vacances pour séparer les jeunes de l'Église : les éducateurs des camps des vacances n'avaient pas le droit d'emmener ou de laisser partir les enfants le dimanche à la messe. Ils devaient au contraire organiser des activités attrayantes durant les heures des messes, etc.

Une catéchèse sous haute surveillance

Tout comme celle de l'école communiste, l'histoire de la catéchèse en Pologne de 1945 à 1989 reste à écrire. La catéchèse scolaire fut interdite peu après l'établissement du régime communiste. Elle fut réintroduite de nouveau après la libération du cardinal Wyszynski, et l'accord de modus vivendi entre l'Église et le régime du 7 décembre 1956, entraîna son retour massif dans les écoles : 95 % des familles demandèrent à ce que leurs enfants suivent les cours de catéchisme et moins de 0,1% des écoles polonaises restèrent sans cours de catéchisme. Mais ces concessions de Gomulka étaient piégées d'avance car le leader communiste «*se prête au jeu d'autant plus volontiers qu'il sait pouvoir en changer les règles à tout instant*»[9].

Dans un premier temps, il se contenta de susciter des organisations athées très anti-chrétiennes, avant de reprendre tout ce qu'il avait concédé quelques années plus tard, en juillet 1961. Désormais, la catéchèse dut être organisée par l'Église elle même. Les conditions en étaient souvent difficiles. Faute de permis de construire, systématiquement refusés jusqu'à l'époque de Solidarité, il n'était pas rare qu'on aménage des «baraques de catéchisme» à l'intérieur même des églises, lorsqu'elles s'y prêtaient. Les caves des presbytères furent largement utilisées, et on n'hésita pas à creuser sous les églises pour y aménager des locaux. Dans la plupart des diocèses, la situation resta critique jusqu'en 1980. L'année précédente encore, Mgr Barela, évêque de Czestochowa, protestait contre les conditions de la catéchèse à Zaglebre (une pièce pour 1 300 enfants). A Katowice, c'était la baraque du croque-mort qui servait de salle de catéchèse, dans le cimetière. Malgré ces conditions déplorables, le taux de fréquentation, en hausse à partir de la fin des années 60, atteignait 90 % des enfants scolarisés dans le primaire et 60 à 70 % des collégiens et lycéens dans les années 80.

Les cours étaient les mêmes dans tout le pays, mais les manuels manquaient cruellement, malgré le soutien généreux d'organismes tels que l'AED. Ces manuels trop rares jusqu'au milieu des années 80 montraient un équilibre certain entre le fond, très christocentrique, et la forme qui se voulait attrayante et moderne. La pédagogie était nettement «verticale», de la foi à la vie, et fondée sur le développement de l'intelligence de la foi.

Les références bibliques et au Concile Vatican II étaient nombreuses, tout comme celles à l'enracinement culturel et national de la foi. Malgré cela, un évêque reconnaissait devant moi en 1987 que près des deux-tiers des fidèles manquaient d'une culture religieuse solide.

En réponse à la politique du régime contre les familles, des mouvements naissent et se développent

Que ce soit dans la grisaille du quotidien ou avec panache, des familles ont lutté pour la foi et la vie. Mais avec l'aide de l'Église, elles s'organisèrent aussi pour mieux partager cette défense des droits de Dieu et l'avenir de leurs enfants. La plupart de ces nouvelles formes d'engagement chrétien, communautaires, naquirent ou se développèrent dans les années 70. On peut remarquer avec M. Grabowska que la majorité des groupes de renouveau furent importés en Pologne (ou du moins, pour le cas d'Oasis (voir ci-dessous, p. 211), dans les formes qui connurent le développement le plus rapide), mais *«s'adaptèrent en un temps étonnamment bref»* [10]. Élément important dans la vie de l'Église de Pologne depuis les années 70, l'essor des mouvements familiaux catholiques s'est poursuivi durant l'état de guerre, malgré les obstacles mis sur leur route par les autorités. Plusieurs de ces mouvements avaient des membres à travers tout le pays. En partant d'entretiens réalisés dans les années 80, je citerai ici quelques-uns de ces mouvements, ainsi que d'autres à composante familiale, et présenterai plus en détail le plus important, le plus représentatif et le plus spécifiquement polonais d'entre eux : Lumière-Vie (Oasis).

Familles de familles

Fondé au milieu des années soixante par le cardinal Wyszynski, c'est sans doute le plus ancien de ces mouvements puisque tous ceux, importants, qui existaient avant la seconde guerre mondiale, ont été dissous par le pouvoir communiste après 1945. Ce mouvement d'entraide et de spiritualité familiale a débordé, depuis des années, les limites du diocèse de Varsovie. Il comptait en 1986 environ 2 500 familles dans ce diocèse et plus de 4 000 ailleurs surtout à Poznan, à Gdansk...

Néo-catéchuménat

Ce mouvement, très structuré et fort exigeant pour ses membres, existe dans de nombreux diocèses. Il n'est pas à strictement parler un mouvement familial, mais les engagements à l'intérieur le sont généralement en famille. Il assure une formation solide voire «*élitiste*». Il comptait, en 1986, 2 500 membres dans le diocèse de Varsovie et des milliers d'autres à travers le pays.

Familles du Rosaire

Ce mouvement de prière, déjà ancien, était passé plus facilement que d'autres à travers les difficultés du temps, et connut –surtout dans le sud du pays– une nouvelle jeunesse dans les années 70 et 80. Une équipe de familles prenait en charge chaque jour, à tour de rôle, la récitation du rosaire. On peut rapprocher de ces familles du rosaire, les «*Visitations*» des familles par l'icône de Jasna-Gora ou par la Vierge de Fatima. Toutes ces actions visaient à la sanctification des familles.

Vie Montante

Une pyramide des âges plus jeune, une moindre espérance de vie et un exode massif des jeunes vers les villes ont fait que les problèmes de pastorale spécifique du troisième âge se sont posés plus tardivement en Pologne qu'en France. Mais, dans les années 80, elle se mettait en place. Elle se faisait alors surtout au niveau paroissial. Un peu partout existaient des groupes du rosaire. Le Tiers-Ordre franciscain comptait encore de nombreux membres. Dans quelques villes, à Varsovie, à Pniewy, des groupes Vie montante commencèrent des activités, en lien avec la structure internationale de ce mouvement né en France. Un prêtre me dit à ce sujet : «*Cette pastorale du troisième âge est bien délicate, car ces personnes ont souvent la pudeur de leurs difficultés et de leurs misères. C'est surtout une pastorale caritative*».

Foi et Lumière

Ce mouvement, né de l'action de Jean Vanier, s'est implanté dès les années 70 en Pologne. Il était présent dans les années 80 dans beaucoup de grandes villes : plus de 300 familles à Varsovie, plusieurs centaines à Poznan..., dans cette ville, ses membres ont aussi une action d'aide aux enfants victimes de la drogue. Dans cette action au service des enfants (et des adultes) handicapés, les familles recevaient une aide précieuse de la sollicitude de l'Église : ainsi dans des églises en construction dans les années 80, des plans inclinés étaient prévus pour faciliter l'accès aux personnes handicapées. De nombreuses religieuses et des religieux (cf. *supra*, p. 152) se consacraient au service et à l'apostolat des personnes ayant un handicap.

Autres mouvements

Plusieurs mouvements chrétiens présents en Pologne à partir des années 70 ou 80 avaient une dimension familiale importante. Le Renouveau Charismatique attira souvent des jeunes couples. Il comptait, en 1986, 2 700 membres dans le diocèse de Varsovie, plus de 1 200 dans celui de Szczecin. Les Focolari touchaient, me semblait-il, surtout des familles de Silésie. Le mouvement Aide à la Mère de l'Église, fondé lui aussi par le cardinal Wyszynski, était un mouvement d'apostolat marial. Le souci de l'évangélisation des familles par la prière y était très présent.

Même les célèbres «*Clubs des intellectuels catholiques*» (KIK), dont les plus connus étaient ceux de Cracovie et de Varsovie, et qui existaient dans toutes les grandes villes, avaient une activité d'apostolat familial : conférences, entraide, organisation de vacances pour des enfants défavorisés...

«Lumière-Vie» («Oasis»)

Ce mouvement le plus important et le plus représentatif est la meilleure illustration du combat des familles chrétiennes en Pologne, un combat positif pour que le dessein de Dieu sur le couple et la famille puisse se réaliser. Lumière-Vie ne semblait pourtant en rien destiné à devenir le puissant mouvement familial chrétien qu'il devint par la suite. Au départ, l'action d'un prêtre, le père Franciszek Blachnicki[11]. En 1951, jeune vicaire dans le diocèse de Katowice, il se voit confier l'organisation de retraites pour les enfants de choeur. Après trois ans de tâtonnements, il organise à Bibliela, la première retraite Oasis pour «*les enfants de Dieu*», avec soixante enfants. L'idée-force du père Blachnicki est de lutter contre le pouvoir communiste qui veut confiner la religion entre les quatre murs de l'Église. Faute de pouvoir s'organiser, privée de toute expression publique, il faut tourner la foi vers la «*religion populaire*» –qui est centrée sur la dévotion mariale–, puisque c'est le seul moyen de pouvoir transmettre le message de l'Evangile. En Pologne, cette «*religion populaire*» est profonde, capable d'un héroïsme dont

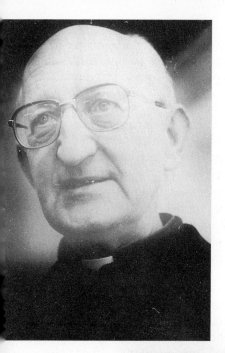

Père Blachnicki

Rencontres Oasis

les chrétiens de ce pays ont donné en abondance des preuves, mais elle doit être soutenue par une formation biblique, théologique, spirituelle. Tout le sens du mouvement qui démarre alors est là : *Lumière et Vie*. La lumière de l'Evangile doit devenir vie, la vie quotidienne doit se faire lumière. Les premières retraites organisées associent la messe, la prière, la lecture de la Bible et sa méditation par écrit, un temps de détente.

En 1957, le père Blachnicki ajoute à son activité de prédicateur de retraites Oasis/Lumière-Vie, le lancement d'une campagne contre l'alcoolisme et le tabagisme. Ceci lui vaut rapidement une notoriété nationale, le soutien du primat et l'hostilité du Régime. En 1960, il est arrêté et jeté en prison. Relâché l'année suivante, il s'installe dans les montagnes du sud de la Pologne, dans le village de Kroscienko, qui va devenir le centre du mouvement Lumière-Vie. Les retraites sont organisées tout l'été dans ce village et les forêts d'alentour. Elles touchent des jeunes toujours plus nombreux : 700 en 1965, près de 50 000, 15 ans plus tard ! Les principes fondamentaux de Lumière-Vie précédaient en effet largement le renouveau de Vatican II, qu'il s'agisse de l'insistance mise sur le lien entre la foi et la vie, la nécessité d'un approfondissement constant de la doctrine chrétienne pour tous les baptisés ou encore la place de la liturgie comme source et sommet de toute vie chrétienne. Le père Blachnicki fut d'ailleurs nommé par l'épiscopat responsable de la mise en route de la liturgie post-conciliaire en Pologne, une réussite à bien des égards.

A la fin des années soixante, une nouvelle étape commence pour le mouvement : les jeunes retraitants demandent à pouvoir continuer leur formation spirituelle en dehors et entre les retraites de façon plus suivie. Des *«communautés liturgiques»* voient alors le jour dans des paroisses, regroupant des retraitants d'Oasis, pour des réunions hebdomadaires de prière et de formation. Comme les années passent, les jeunes du mouvement se marient et fondent des familles. Que faire pour eux ? C'est tout naturellement dans le prolongement de son action menée jusque là, que le père Blachnicki démarre en 1973 la première retraite pour les familles «Lumière-Vie». 51 familles se retrouvent pour cette retraite et prennent le nom d'Églises Domestiques. Soucieux d'adapter la forme de ces retraites, prêchées jusqu'alors seulement à des adolescents ou à des membres du clergé, séminaristes et religieuses, le fondateur du mouvement s'inspire des Équipes Notre-Dame.

Après un démarrage assez lent jusqu'à la fin des années 1970, le mouvement familial s'étoffe à l'époque de Solidarité. Un trait caractéristique de toute l'action du père Blachnicki est qu'elle associe toujours une grande autonomie des laïcs (jeunes ou familles) à un lien étroit avec la hiérarchie de l'Église. En retour, le mouvement a été soutenu dès ses débuts par les évêques, en particulier l'archevêque de Cracovie, Karol Wojtyla (Kroscienko, centre du mouvement, se trouve dans le diocèse de Tarnow, voisin du territoire de Cracovie). A partir de 1970, le cardinal Wojtyla participe régulièrement, tous les étés, aux activités de retraites du mouvement, la dernière fois, quelques semaines seulement avant son élection sur le Siège de Pierre. En décembre 1976, il organise une réunion spéciale de la Commission épiscopale pour l'apostolat des laïcs, où le père Blachnicki présente de façon détaillée son mouvement.

Malgré ces liens étroits, ou à cause d'eux, le père Blachnicki est surveillé de près et son action constamment entravée par les autorités. Des impôts iniques s'abattent sur la maison de Kroscienko, des micros espions y sont installés. Les membres les plus actifs du mouvement, adultes ou jeunes, sont convoqués à la milice pour de longs interrogatoires. L'hiver, on interdit de livrer du charbon au siège, pour le chauffage. L'été les tentatives de liquidation des camps retraites, pour les jeunes ou pour les familles, se multiplient, combinant menaces, amendes, interdiction aux paysans d'aider pour le ravitaillement, interpellations, incendies criminels...

Plus sournoisement, les autorités essayent de couper le mouvement du Pape Jean Paul II et de l'épiscopat, à la fin des années soixante-dix, par diverses méthodes : des personnes arborant le badge Lumière-Vie en évidence se répandent dans des paroisses pour critiquer ouvertement le Pape et la hiérarchie de l'Église ; des «*Notes*» anonymes sont envoyées aux évêques dénonçant des «*déviations doctrinales*» du mouvement ; une rencontre avec le Saint-Père lors de son premier voyage en Pologne, à Nowy-Targ, est sabotée ; les pas-

Rencontres Oasis

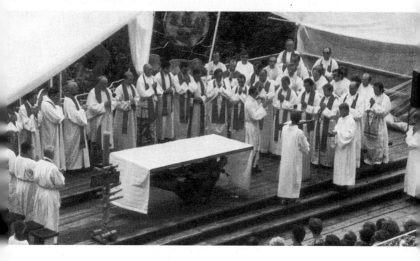

seports pour Rome refusés aux membres du Mouvement qui se préparaient à participer à la première retraite Oasis/Lumière-Vie, organisée à l'invitation de Jean Paul II, dans la Ville éternelle... Au lendemain du coup de force du 13 décembre 1981, le père Blachnicki, qui se trouvait ce jour-là à l'étranger, se voit menacé d'un procès, s'il rentre en Pologne. Il y est mort soudainement, le 27 février 1987, à Karlsberg (Allemagne). Son procès en béatification a été ouvert dans le diocèse de Katowice.

Toutes les mesures prises contre lui n'ont pas réussi à entraver le développement du mouvement. D'après son fondateur, environ 300.000 personnes avaient suivi les retraites d'été de 1972 à 1983, 12.000 paroisses du pays avaient alors des communautés liturgiques Lumière-Vie, 500 groupes de familles existaient à travers tout le pays et environ 40 % des vocations sacerdotales en Pologne étaient déjà des jeunes, qui sont passés par les retraites Oasis. Et trois ans plus tard, tous ces chiffres étaient largement dépassés (plus de 4.000 membres pour le seul diocèse de Varsovie pour les Familles, églises domestiques).

Le mouvement Lumière-Vie a aussi développé organiquement une *«Théologie de la Libération»* originale, fondée sur l'expérience de ses membres et bien éloignée, on s'en doute, des formes inspirées par le marxisme qui ont fleuri à la même époque en Amérique latine. En voici les grandes lignes, présentées par le père Blachnicki lui-même : «*Cela n'a rien à voir avec une théologie de la libération selon les termes des développements bien connus en Amérique Latine, où on essaie de justifier l'usage de la violence dans la lutte de la liberté sociale et politique, en faisant référence à l'Evangile. C'est plutôt la Théologie de la Libération dont Jean Paul II a parlé lors de l'audience générale du 21 février 1979, après son retour de Mexico : 'On doit être d'accord avec le grand théologien contemporain (Hans Urs Von Balthasar) qui demande à juste titre une théologie de la libération avec une dimension universelle. Les circonstances particulières peuvent être différentes, mais la réalité de la liberté elle-même est universelle. La tâche de la théologie est de trouver le vrai sens de la liberté à travers les conditions variées, dépendantes de l'histoire, qui existent aujourd'hui'...».*

«Dans ce sens, il y a aussi une théologie polonaise de la libération, qui s'est développée à travers les expériences de lutte pour la liberté, depuis 40 ans et surtout ces dernières années ... Le secret (du mouvement Lumière-Vie) se trouve dans le principe que nous avons constamment suivi et qui en est le charisme essentiel. Il peut être exprimé en deux mots grecs : phos-zoï = Lumière-Vie. Ces deux termes néotestamentaires sont représentés sous la forme d'une croix : c'est une allusion à l'unité indissociable de la lumière et de la vie. La lumière doit être adoptée comme forme obligatoire de la vie. C'est pourquoi je ne parle pas de Lumière et Vie, mais plutôt d'une lumière qui ne peut être séparée à jamais de la vie et qui devient Lumière de Vie. Dans le mouvement et à travers lui, il y a un effort constant pour conduire les gens à une telle attitude. Pour ce faire, il faut cependant du courage. On doit être capa-

ble de surmonter la peur pour porter témoignage à la lumière et vivre d'elle. C'est pourquoi la Croix, en qui nous trouvons la force de surmonter la peur, est partie intégrante de l'expérience Lumière-Vie. L'essence de la liberté humaine est exprimée, le vrai chemin de la libération montré, lorsqu'on vit la lumière par le dépassement de la peur et la prise en charge de sa croix. Une personne est libre, quand elle a le courage de témoigner de la Vérité et de vivre par la Vérité, sans tenir compte des souffrances et des sacrifices. Le mouvement Lumière-Vie est né de la décision de vivre selon ce principe'.

«Tout ce qui constitue le mouvement était, dès le début, interdit et illégal en Pologne. Dans un système communiste, seul le Parti peut programmer et conduire les forces qui constituent la société. C'est spécialement vrai en ce qui concerne l'action avec les jeunes. Ce principe est maintenu par toute une série de lois et de règlements. Le mouvement Lumière-Vie a été constitué et s'est développé malgré cela : nous avons simplement suivi le principe, qui consiste à ne jamais demander ce que nous avions le droit de faire, mais plutôt à toujours faire ce que nous devions faire, en tant que chrétiens qui veulent vivre selon l'Evangile, dans la liberté des enfants de Dieu. Nous n'avons jamais permis que la peur nous empêche de faire ce que nous pensions devoir être fait par nous, en tant que disciples du Christ...»

Pourquoi, en conclusion, ce développement si important de l'apostolat familial par tant de mouvements familiaux catholiques dans les années 80 ? Il me semble que plusieurs causes ont joué dans le même sens : la dynamique de Solidarité, qui a redonné le goût et le courage de s'organiser malgré les interdictions du pouvoir, le Synode sur la famille de 1980, le pape polonais et son attention de longue date aux problèmes de la famille chrétienne, et aussi les trois années de pastorale d'ensemble de l'Église de Pologne qui furent consacrées à la famille chrétienne et dont l'essor de ces mouvements familiaux catholiques fut, sans doute, un des fruits les plus féconds, même si la décennie suivante allait amener des désillusions [12].

PORTRAITS ET PAROLES

Le cardinal Wyszynski et la famille chrétienne

> «*Dans notre vie nationale, c'est la priorité à la famille qui doit exister*»
>
> Homélie du 25 août 1980

Les nombreux lecteurs français des «*Notes de prison*» du cardinal Wyszynski, publiées seulement après sa mort, le 28 mai 1981, ont pu découvrir que derrière l'homme public, le défenseur de l'Église et de la Nation, le «*cardinal de fer*», le «*primat du Millénaire*», il y avait un homme non moins fascinant par son humilité, son humour, sa tendresse, sa piété profonde. Ils ont pu aussi remarquer l'importance des liens familiaux dans la vie, alors si difficile de Stefan Wyszynski. Les lettres envoyées à son père, alors très âgé, à sa soeur, à ses proches, nous montrent un coeur plein de délicatesse, attentif aux soucis de tous, alliant constamment la vie quotidienne et la vie de foi, sachant réconforter les uns et les autres par un mot, participant à l'éducation de ses neveux et nièces par des conseils présentés avec discrétion, foi et humour.

Rendu à la liberté, le cardinal Wyszynski a toujours poursuivi ces liens familiaux qui d'ailleurs ne s'arrêtaient pas à sa famille selon la chair. L'enseignement sur la famille du cardinal primat était fondé, certes, sur la doctrine de l'Église annoncée dans son intégralité, mais tout autant sur la vie elle-même. Les anecdotes concernant le cardinal Wyszynski et les familles, les enfants surtout, ne manquent pas. En voici quelques-unes :

— Beaucoup de femmes ont renoncé à l'avortement après avoir participé à une messe où le cardinal prêchait. Dans une rue de Varsovie, une femme qui tient un bébé l'arrête et lui dit : «*Père, bénis-le, c'est ton enfant!*» Le cardinal répond en riant : «*J'en ai plus de mille*».

— Une autre fois, sa voiture s'arrête à un feu rouge. une jeune femme élégante attend au bord du trottoir sans le reconnaître. Le cardinal la bénit par la portière ouverte. La jeune femme n'est pas pratiquante, mais ce geste la bouleverse. Elle tombe à genoux, se signe et rebrousse chemin. Elle allait à la clinique pour se faire avorter. Un «*enfant du cardinal*» de plus verra le jour[13].

L'action du cardinal Wyszynski pour la famille, c'est d'abord son action publique : sermons, discours, conférences, lettres pastorales du primat et lettres

Mgr Wyszynski jeune évêque

16 octobre 1978

Pastorales des évêques de Pologne rédigées à son instigation, mémoranda adressés au Gouvernement. Quelques-uns de ces textes ont été publiés dans le recueil «*Un évêque au service du peuple*», qui s'arrête malheureusement en 1970. Il est souhaitable que ses interventions les plus importantes des années 1971-1981 soient publiées un jour, car elles constituent une «*défense et illustration*» de la famille chrétienne, riche en enseignement. La fermeté des principes s'allie à l'amour des personnes, le courage pour la dénonciation du mal appelé par son nom, la clarté et le concret des exemples, la référence à la prière.

Mais le cardinal Wyszynski n'a pas été seulement l'homme du témoignage pour la famille chrétienne. Il a été tout autant un homme d'action. C'est lui qui a permis la mise en place d'une pastorale familiale et a soutenu l'action des pionniers en ce domaine. Les anecdotes rapportées ci-dessus montrent son action efficace contre l'avortement. Pour aider la femme polonaise, il a créé un Institut marial qui compte aujourd'hui plus de cent membres. Il est aussi à l'origine du premier mouvement familial catholique qui a vu le jour dans la Pologne communiste.

Mais l'importance donnée à la famille par le cardinal Wyszynski va plus loin encore. Il a été un théologien et un penseur de la famille chrétienne, original et puissant - particulièrement du lien Nation/Famille, à la lumière de la Foi.

Pour lui, le fondement de la famille, *c'est «l'amour vivant de Dieu pour chaque membre de la famille»*. La famille n'est donc pas une simple institution sociale, mais un sujet de la vie et de l'histoire, «*organisme vivant muni de son propre dynamisme*», précise le cardinal Wyszynski, ajoutant : «*Il est impossible de créer un État et des institutions qui s'y associent sans familles et sans nation... Toute communauté politique qui élimine la famille et la nation jusqu'à les priver de leurs droits et, par-là, de leurs devoirs, ne serait qu'une institution destructrice d'elle-même*». D'où la définition de la nation, non pas comme ensemble, mais comme «*famille de familles*». L'importance de la famille va même, selon le cardinal Wyszynski, «*bien au-delà des fins internes de ce monde*» :

«*La famille a sa haute dignité, son autonomie et son pouvoir de faire l'histoire. Il est impossible qu'elle soit anéantie ou réduite dans les droits qui lui incombent ; il faut que ce soit la nation qui la serve. C'est dans la famille que l'enfant retrouve son droit de naître. C'est à elle que tient le progrès et l'avenir de la nation. C'est elle qui devient une scène des événements nationaux et de l'histoire. Elle est une sorte de terre promise, le commencement de la vie éternelle, l'image de Dieu dans la vie humaine, le lieu de rencontre de ce monde-ci et du monde surnaturel*».

C'est à partir de cette conception de la famille que le cardinal Wyszynski situe celle-ci comme «*lieu particulier*» de rencontre essentielle entre l'Église et la nation. Car, pour lui, la famille relève de ces deux ordres de réalité. Il utilise l'expression «*milieu divin*» pour définir le rôle de la famille comme matrice de la vie nationale et ecclésiale.

La source de toute cette théologie de la famille chrétienne est, pour le cardinal, la Sainte Famille. De façon originale et prophétique, il voit dans celle-ci l'archétype du plan de salut proposé par Dieu à toutes les familles. Car la Sainte Famille ne donne pas Jésus-Christ considéré séparément, mais une structure personnelle originelle, la structure d'une *«sainte famille»*, qui apparaît au sein d'une *«nation sainte»*. Elle est donc, non seulement modèle et type pour la voie familiale, mais aussi fondement, source et centre.

Ainsi, la réflexion de Stefan Wyszynski sur la famille chrétienne, d'abord traitée surtout du point de vue du moraliste, s'est élevée jusqu'à une vision globale, trinitaire et christocentrique. Dieu appelle la famille à une sorte de *«christogenèse»* dans le monde :

«Chers Parents ! ne craignez pas le Christ, votre aide ! Appelez-le et confessez-le courageusement en le montrant aux enfants et à la jeunesse. Pour les générations à venir, Jésus-Christ reste 'la lumière du monde'. Lui, hier, aujourd'hui et demain, toujours le même ! Le père du siècle à venir ! Lorsque nous ne serons plus, que le Christ reste avec nos enfants et notre jeunesse».

Mgr MAJDANSKI, le Dr MONIKA WOJCIK et l'Institut de la famille à Lomianki

La lutte pour l'âme de la famille chrétienne a été providentiellement soutenue par de grands évêques.

Moins connu que le cardinal Wyszynski et, à plus forte raison, que le pape Jean Paul II hors des frontières de sa Pologne natale, Mgr Madjanski a pourtant joué depuis plusieurs décennies un rôle important dans la pastorale familiale de l'Église de Pologne. J'ai découvert son action en 1984, et plusieurs rencontres avec ce grand homme de l'Église polonaise m'ont aidé à comprendre que son action pour la famille dépasse les frontières de ce pays.

Né en 1916 à Malgono dans le diocèse de Wloclawek, treizième enfant d'une famille très unie, Kazimierz Madjanski entre à 18 ans au séminaire. Arrêté par les nazis dès le début de la guerre avec son évêque auxiliaire Mgr Michel Kozal, il a passé presque six ans dans les camps de concentration de Sachsenhausen et de Dachau, en particulier dans le sinistre bloc des expérimentations médicales. Libéré miraculeusement fin avril 1945, c'est à Paris qu'il est ordonné prêtre, trois mois plus tard[14].

Rentré en Pologne en 1949, après la fin de ses études à Fribourg et un doctorat de théologie morale, il est nommé professeur de théologie, puis directeur d'une importante revue théologique *«Atheneum Kaplanskie»* en 1956, qui compte l'abbé Wojtyla parmi ses collaborateurs occasionnels. Directeur National de la pastorale de la santé, il est nommé évêque auxiliaire de Wloclawek en 1962, évêque de Szczezin-Kamien en 1979 et Vice-Président du Comité Pontifical pour la famille à Rome, le 31 janvier 1980, durant le synode sur la famille. Après sa démission du siège de Szczecin, pour raison d'âge et de santé, en 1992, il a été nommé archevêque émérite à titre personnel par Jean Paul II.

L'engagement de Mgr Madjanski pour la famille chrétienne trouve son origine dans un voeu fait avec des pères de famille à saint Joseph, alors qu'il subissait l'enfer de Dachau. Dès la fin des années quarante, il se fait l'apôtre d'une pastorale spécifique de la famille, insistant sur le caractère de vocation pleine du mariage. Dans les années soixante, il mûrit une pensée théologique sur la famille qui trouve sa racine dans le mystère de la Sainte Famille et des applications pastorales précises et fécondes. A partir de 1975, Mgr Madjanski réalise des fondations et des actions qui concrétisent cette pensée : l'Institut d'Études sur la Famille de Lomianki, en 1975 ; un projet de pastorale familiale d'ensemble pour tout le pays, en 1979 ; le livre «*Communauté de vie et d'amour*» qui donne la synthèse théologique de sa pensée sur le mariage et la famille, la même année ; un Institut séculier de vie consacrée pour prêtres et laïcs pour soutenir l'action pastorale par une consécration totale à la Sainte Famille.

L'Institut de Lomianki, la réalisation sans doute la plus importante de Mgr Majdanski, se trouve à quelques kilomètres au nord-ouest de Varsovie, dans une banlieue indéterminée où les activités agricoles côtoient les ateliers de réparation, les villas luxueuses et de grands ensembles bâclés, aux pieds desquels des enfants jouent dans la boue. C'est là que se trouve l'Institut d'Études sur la Famille, entre deux villas privées. Au début, c'était un modeste pavillon de banlieue, mais des locaux adaptés ont été inaugurés il y a trois ans. A l'occasion de cette inauguration, Mgr Madjanski, le fondateur de l'Institut, a présenté ainsi l'idée qui fut à l'origine de l'Institut, ses développements, les premières réalisations, les objectifs et les perspectives : «*L'Institut a la tâche d'élaborer des bases scientifiques pour la pastorale contemporaine des familles et de garantir à ses étudiants les connaissances convenables sur la famille... C'est un institut de caractère interdisciplinaire. En effet, du moment qu'il s'agit d'une réalité qui répond à la plus profonde nature de l'homme, l'état conjugal a non seulement 'une valeur sacrale exceptionnelle', mais aussi 'une dignité innée' (cf. Gaudium et Spes, n° 47)... Ainsi donc, la théologie du mariage et de la famille suppose en quelque sorte une double interdisciplinarité : intérieure –ad intra– l'interdisciplinarité dans le domaine des sciences non théologiques, sciences sur l'homme qui s'intéressent au mariage et à la famille, interdisciplinarité ad extra. A l'Institut, la section des études de théologie du mariage et de la famille a entrepris l'essai d'interdisciplinarité ad intra. Le travail d'études et d'enseignement de cette section comprend : les problèmes scripturaires (le mariage et la famille dans l'Écriture Sainte), ecclésiologiques (la famille dans l'Église, la famille 'Église domestique'), moraux (théologie morale du mariage et de la famille), liturgiques (la liturgie de la vie familiale), pastoraux (théologie pratique du mariage et de la famille, et principes pastoraux des familles) et juridiques (le droit matrimonial et familial).*

Le Docteur Monika Wojcik est la cheville ouvrière de l'Institut. Elle présente elle-même le travail qui y est réalisé [15] :

–Combien avez-vous d'étudiants pour cette année scolaire ?

Nous avons eu 37 candidats, mais il y a un numerus clausus et nous n'avons pu accueillir que 16 laïcs. Le nombre des prêtres et des religieuses n'est pas limité. En outre, 35 laïcs suivent en première année des cours par correspondance.

–Qui paye les études ?

Les études sont en principe gratuites, mais les étudiants doivent subvenir à leurs besoins par eux-mêmes. Certains ont des bourses. S'ils ont des enfants c'est bien difficile de suivre l'enseignement complet, car en Pologne, ce n'est pas facile de survivre avec l'idéal seul. Il est nécessaire d'avoir un timbre de travail sur ses papiers, sinon vous n'avez pas accès aux tickets de ravitaillement.

–Que font les étudiants à la fin des études ?

La plupart des laïcs travaillent dans les paroisses pour la catéchèse à plein temps, ce qui inclut des heures consacrées au travail de conseil conjugal et de formation à l'Amour et à la parternité-maternité responsables. Mais les ressources manquent pour que la plupart des paroisses puissent les employer à plein temps, pour ce à quoi ils ont été spécifiquement formés. C'est pourtant notre ambition.

Mgr Majdanski

Un jeune prêtre de Lomianki

– Quels sont les liens entre l'Institut d'Études sur la Famille et les Instituts de vie consacrée au service de la Famille, qui ont eux aussi été créés par Mgr Madjanski ?

Il y a un lien étroit entre le travail théologico-pastoral et la consécration à la Sainte-Famille. Même d'un point de vue scientifique, il est nécessaire d'avoir des personnes totalement dévouées à une tâche. On pourrait dire que l'Institut d'Études sur la Famille, c'est la pastorale et les Instituts de vie consacrée, la spiritualité, les deux n'étant pas dissociables.

Les jeunes qui se sont engagés dans les Instituts de vie consacrée veulent donner leur vie pour Dieu et pour la famille, à travers la Sainte Famille. Ils formeront un noyau pour l'Institut d'Études : administration, enseignement, mais de plus ils en sont l'âme ; ils ont formé un groupe de prière, auquel ils invitent tous les étudiants et enseignants à se joindre. Ces Instituts de vie consacrée sont des Instituts séculiers, mais nous envisageons aussi une affiliation pour des familles qui voudraient s'y joindre, dans une consécration à la Sainte Famille.

Père MEISNER

« Il n'y a qu'en Pologne qu'on peut trouver cela : un prêtre, et qui plus est, un moine bénédictin comme spécialiste reconnu au plan national, de sexologie». De fait, en écoutant les répons des Psaumes latins que le père Meisner échange avec ses confrères dans le choeur

délabré d'une vieille abbatiale baroque, à Lubin, dans le centre de la Pologne, on paraît très loin des misères banales ou exceptionnelles qu'on entend dans un cabinet de consultation pour troubles sexuels. L'office fini, le père Meisner se présente. Jovial, la soixantaine, parlant un excellent français, il explique que cette vocation plutôt rare chez les bénédictins, il la doit à sa formation de médecin et de sexologue, antérieure à son entrée au couvent. Moine à Cracovie, ses compétences médicales dans ce domaine étaient connues de Mgr Wojtyla et l'archevêque lui avait demandé de participer avec lui à un groupe de travail sur la famille. C'était en 1966, et l'expérience de psychothérapeute du médecin-moine –il a été ordonné prêtre à 38 ans– a été utile à l'élaboration d'une pastorale des couples et des jeunes dans l'archidiocèse. Quand le père Meisner a été envoyé de Tyniec –l'abbaye bénédictine proche de Cracovie– à Lubin, il est resté en contact avec Mgr Wojtyla et a bien vite commencé à sortir de son couvent pour donner des conférences.

Le père Meisner est un enthousiaste communicatif. Ses théories sur l'éducation sexuelle de la jeunesse sont fondées sur une conception générale de l'homme qu'on peut rapprocher de celle du Dr Frankl : c'est à travers la découverte du sens que la personnalité se forme. Toute la pédagogie du père Meisner consiste à aider les jeunes à découvrir par eux mêmes quel sens ils donnent et veulent donner à leur propre vie. A travers publications, articles, prédications, récollections d'un week-end ou d'une semaine, il forme les consciences à une attitude active devant les problèmes affectifs ou sexuels : ne pas se contenter de trouver les bonnes informations sur le sujet mais construire sa personnalité en jugeant par soi-même, en donnant sens. «*En fin de compte, je les aide à retrouver cette vérité première, que nous sommes des êtres créés*», conclut-il après avoir présenté son dernier livre, ou plutôt ses deux derniers livres (une version «*garçon*» et une version «*fille*» du même fond), une synthèse sur l'amour, la sexualité, le couple et la famille destinée aux adolescents.

Comment va la famille en Pologne après quarante ans de communisme ? Pour le père Meisner sa situation n'est pas fondamentalement différente de celle du reste du monde. Le communisme a été une version dure d'un processus universel, «*la perte des communautés naturelles : la vie humaine est par essence communautaire mais l'urbanisation, la modernisation ont détruit cette vie communautaire. Que ce soit la famille, le quartier etc. Or l'enfant a besoin de la communauté pour construire sa personnalité propre. D'où la catastrophe actuelle - en particulier au niveau des divorces, un sur six en Pologne, mais un sur trois dans les grandes villes, le même taux que chez vous. D'après mon expérience de psychothérapeute, cette plaie est due a une maladie des motivations du mariage - celui-ci n'est plus construit sur l'homme mais sur la sexualité*».

Mais la vision du père Meisner n'est pas pessimiste pour autant . «*Notre jeunesse a un bon fond. Si nous parvenons à l'éduquer, elle saura passer à la maturité en conservant les valeurs chrétiennes et humaines qu'elle a reçues dans l'enfance. Seulement, la situation globale a changé.

Pendant 40 ans, l'Église était le seul lieu de défense des valeurs fondamentales, la forteresse défensive contre le régime qui voulait les détruire. Alors la plupart des Polonais venaient à l'Église pour bénéficier de ces valeurs. Aujourd'hui c'est la démocratie et vous savez, dans la liberté, quand il y a deux Polonais, il y a au moins trois opinions politiques différentes. L'Église n'a plus l'exclusivité des valeurs. Alors ne restent dedans que ceux qui veulent vraiment vivre non seulement pour celles-ci mais surtout de la Foi. L'heure n'est plus à la défense mais à l'approfondissement. Hier sous le communisme, tout Polonais se disait catholique, aujourd'hui il dit 'je suis catholique, mais...' Si nous réussissons à proposer un sens à leur vie, des buts à réaliser, la jeunesse restera avec nous. Pourquoi tant de jeunes avec nous, et si peu d'adultes ? Parce que nous n'avons pas préparé ces jeunes en fonction de ce que sera leur but dans la vie pour l'immense majorité d'entre eux : être père, être mère, être couple et famille. Et quand cela leur arrive, ils n'ont pas été préparés, ils ne peuvent l'intégrer dans leur personnalité». Mais sur le problème de l'avortement, l'optimisme communicatif du père Meisner se brise - «*C'est un drame national*». Pour lui, il ne suffit pas de légiférer, c'est toute l'éducation de la conscience qui est en jeu, tout le sens de la sexualité dans la vie humaine.

EMILIA CHROSCICKA

Dans un immeuble sans âme du centre de Varsovie, bloc de béton gris et dégradé, un morceau de

M. et Mme Chroscicki

Le père Meisner et Danuta Ryglewicz

vieille Pologne catholique resurgit en cette seconde année de l'après-communisme. Dès le seuil, le Dr Emilia Chroscicki-Paderewska accueille ses hôtes avec une rose rouge en cadeau de bienvenue, autour de laquelle elle a noué un ruban aux couleurs de la Pologne. Sur le mur, un bas relief français du siècle dernier évoquant l'insurrection polonaise de 1863 *«il a survécu à la guerre, sauf le bras d'un personnage»*, précise le Dr Chroscicki, avant de montrer un gros album où sont pieusement recueillis photos, lettres ou cartons, signes d'une longue amitié avec le défunt cardinal Wyszynski.

Aujourd'hui octogénaires, les docteurs Chroscicki ont été au premier rang de la lutte pour la défense de la vie dans les années 50 - surtout le Dr Emilia, mais son mari a accepté de voir sa propre carrière de cardiologue brisée par son soutien aux combats de son épouse. Gynécologue réputée à Varsovie au moment de l'arrivée des communistes au pouvoir, Mme Chrocicka est un témoin privilégié de la lutte de ce régime contre la vie : «*déjà les Allemands avaient commencé à partir de 1939 en favorisant les avortements et les moyens de contraception. Mais en 1945 les familles étaient ouvertes à la vie, même si le pays était dévasté*». Madame Chroscicka accuse le régime d'avoir voulu volontairement détruire la famille polonaise : «*Ils ne s'en cachaient pas, alors*». Les méthodes utilisées : émigration contrainte des campagnes vers les quartiers neufs des villes, logement, promiscuité, absence même de logements familiaux pour les ouvriers. Mais tout cela ne suffit pas. «*En avril*

1956, la Diète vote une loi totalement permissive sur l'avortement, à l'initiative de Miroslava Prajinska. Cette dernière était déjà réputée pour ses articles contre l'Église, la foi chrétienne, la morale...» Le régime décide de faire appliquer brutalement la loi. *«C'était un juriste juif qui avait représenté la Pologne au procès de Nuremberg, le Pr. Slowicki, qui organisait les réunions de médecins pour les forcer à pratiquer les avortements. D'un côté, il avait puni les crimes contre la vie, de l'autre il les favorisait, il y poussait !».* Les réunions sont houleuses ; le juriste, se souvient le Dr Emilia, frappait du poing sur la table, injuriait les médecins, les menaçait *«si vous ne le faites pas de vous mêmes, nous vous forcerons à le faire !».* Et pour bien montrer de quel côté était la force, on obligeait des mères en état de grossesse avancée à avorter s'il y avait le moindre risque pour leur santé.

Le visage du Dr Emilia s'embrume à la pensée de ces années tragiques. Pour elle, le combat pour la vie a commencé il y a soixante ans, dès l'époque de ses études. Et depuis un demi-siècle, elle le partage avec son époux : *«Il faut, il a toujours fallu sauver et aider toute vie, celle des enfants comme celle des mères : déjà avant la guerre, la mentalité avorteuse commençait. En 1938 j'ai eu à m'occuper d'une mère de 13 enfants qui était enceinte du quatorzième. On voulait la faire avorter mais moi, j'ai lutté avec elle et elle a gardé l'enfant jusqu'à ce qu'il soit viable. Alors j'ai fait une césarienne. Savez-vous ce que cette mère a répondu au médecin qui voulait la faire avorter et lui disait, pour la convaincre d'accepter, qu'elle avait bien assez de treize enfants à la maison ? 'Et vous, cela vous arrive d'avoir trop d'argent à la maison ? Moi je n'aurai jamais trop d'enfants"*».

Près d'un demi siècle plus tard, à un Congrès International de cardiologie où le Dr Emilia accompagnait son mari, elle retrouvera cette femme devenue très âgée. «*A vrai dire, c'est elle qui m'a d'abord reconnue*». Et cette femme lui raconte sa terrible et émouvante histoire : tous ses enfants sauf un sont morts, pour la plupart durant la guerre. Et le seul qui lui soit resté c'est le petit dernier que le Dr Emilia a sauvé. Il est devenu médecin, cardiologue réputé en Australie où sa mère l'a suivi, «*un enfant très bon, qui fait beaucoup de bien*» a conclu sa mère. Le Dr Emilia a bien d'autres histoires semblables à raconter, la plupart illustrant sa lutte contre les autorités communistes, comme celle de cette femme enceinte, atteinte d'un cancer du fémur et qu'elle sauve, tout comme l'enfant «*un grand garçon de 16 ans aujourd'hui, la joie de ses parents*».

En 1958, la loi sur l'avortement devient encore plus permissive : il n'y a plus besoin de l'accord des médecins. Le Dr Emilia pense alors à changer de spécialisation. Mais elle doit repasser des examens et le régime ne lui en laisse pas la possibilité. Elle est exclue trois fois des hôpitaux où elle travaille pour refus de faire des avortements. Mais beaucoup de femmes continuent à la voir en cachette chez elle pour la consulter. Parmi elles des femmes juives survivantes des camps nazis et qui sont devenues stériles «*j'en ai soigné beaucoup et c'est peut être elles qui m'ont permis de survivre*». En effet les communistes juifs forment une partie importante des cadres de la Pologne au début du régime, et leurs épouses ou leurs filles sont très attachées aux enfants. Quand le Dr Emilia est depuis deux ans interdite d'exercice de sa profession, c'est un médecin juif qui va voir le vice-premier ministre, après qu'elle ait soigné une femme de sa famille chez elle, et qui obtient qu'elle puisse retrouver du travail à mi-temps seulement. Et c'est un survivant juif de Birkenau-Auschwitz, devenu chef du réseau des dispensaires des chemins de fer polonais, qui lui trouvera pendant quatre années un emploi ambulant à travers toute la Pologne, avant qu'elle ne soit autorisée à revenir pratiquer à Varsovie.

Mais les choses se gâtent à nouveau et le Dr Emilia est une nouvelle fois sommée de choisir entre la pratique des avortements et la mise à la retraite anticipée d'office. Elle perd à nouveau son travail, *«mais pas ma conscience»*. Le Dr Chroscicki, lui, milite pour que les médecins chrétiens se retrouvent ensemble, encouragé par le cardinal Wyszynski. Avec son épouse il crée aussi un groupe de spécialistes, médecins, juristes, etc. pour lutter contre la destruction de la famille et proposer la vision chrétienne du mariage. Le cardinal Wyszynski achètera une maison pour les mères abandonnées et d'autres actions suivront. En 1961 la police ferme la maison et confisque tout le mobilier.

La pression des autorités communistes banalisera peu à peu l'avortement. Aujourd'hui, trente cinq ans après le loi de 1956, le Dr Emilia constate qu'il est difficile de mobiliser les jeunes chrétiens pour la défense de la vie avec la même ardeur qu'en 1956 «*la mentalité féministe 'mon corps est à moi' l'emporte chez la plupart*». Pourtant, le vieux couple poursuit son combat. Le Dr Chroscicki a fondé, en 1990, un nouveau *Club de médecins pour la défense de la vie* - qui compte 65 membres à Varsovie, ce qui est bien peu. «*En fait, les médecins catholiques font tout pour ne pas être gynécologues, et laissent ainsi la place aux autres, qui font les avortements. Les médecins ont été aussi abîmés psychiquement que les autres Polonais par quarante années de communisme. La réussite matérielle passe avant tout. Notre espoir ce sont les jeunes, car ils ont souvent un coeur plus ouvert à la vie que leurs parents. Le pire aujourd'hui ce sont les belles mères ! Ce sont souvent elles qui poussent leurs brus à avorter !»*

MICHAL et DANUTA RYGLEWICZ

Quand je le rencontre, en 1991, Michal est médecin à l'hôpital de Poznan, Danuta professeur de français à l'Institut des Beaux Arts de la même ville. Le père de Michal était un chirurgien célèbre dont le nom est encore connu jusqu'à Varsovie, quarante années après son décès accidentel. Michal et Danuta ont trois enfants, des garçons, dont le second porte le nom russe plutôt rare en Pologne, de Boris - la mère de Michal était orthodoxe, d'origine russe ou biélorusse. A la maison, on parle surtout le français. Les Ryglewicz se sont installés, il y a quelques années dans l'ancienne maison de campagne de la famille, à une quinzaine de kilomètres de Poznan. L'intérieur est meublé avec goût et en savourant un bon bordeaux dans un verre de cristal de Bohême, on pourrait se croire chez un médecin d'Angoulême ou d'Oxford. Pourtant, deux ans plus tôt à peine, Michal ne gagnait pas plus de 100 F par mois au cours réel du zloty et son épouse moins encore. Les objets dans la vitrine de la salle de séjour ou des couverts sur la table semblent représenter plusieurs mois de salaire polonais moyen. Comment ont-ils fait ? Danuta répond : «*Nous sommes chrétiens et, pour nous il ne pouvait être question de réussir socialement en suivant la filière officielle. Si nous nous étions inscrits au Parti, nous aurions eu sans peine tout ce que vous voyez autour de vous, mais nous l'avons toujours refusé. Et ce n'était pas facile de travailler à côté de collègues qui, parce qu'ils étaient au Parti, avaient un train de vie dix fois supérieure au nôtre*». Il y avait, bien sûr, ce qu'il était resté de l'héritage familial après la guerre et ses destructions, «*mais nous ne voulions pas nous renfermer dans la médiocrité que nous proposait le régime*». Alors Danuta et Michal sont partis tous les ans pendant les vacances travailler à l'étranger, en Belgique, en France comme vendangeurs ou femme de service, des travaux non déclarés, avec la peur d'être découverts. Et ils ont aussi été vendre en Inde du cristal de Pologne, pour y acheter des produits qu'ils ont vendus ensuite en Indonésie etc. Ainsi ils ont pu trouver l'argent pour refaire leur maison et pour éduquer leurs trois garçons dans une ouverture au monde : «*Mais cela nous a coûté beaucoup en force nerveuse*, reconnaît Danuta ; *cela nous a vieilli avant l'âge*. Et c'est elle qui en a porté le poids le plus lourd[16].

Michal et Danuta ont compris, dès leur mariage, que la famille était dans la Pologne communiste «*le seul lieu possible où les enfants pouvaient construire leur propre personnalité*», à l'abri du modèle standard imposé par le régime, une personnalité fondée sur la foi chrétienne. Danuta et Michal ont toujours eu une grande confiance dans l'Église polonaise, et ont pratiqué l'humilité de recourir aux conseils d'un prêtre dans les difficultés : «*C'est ainsi que nous avons formé nous mêmes nos principes d'éducation avec nos garçons : discuter ensemble de tout ce qui leur arrivait, à l'école, dans la rue, ici... Regarder en face ce qui était mal, en parler pour le dépasser*».

En 1989, la libération du communisme fait espérer aux Ryglewicz des jours meilleurs, même si Danuta risque de se retrouver bientôt au chômage (le français perd partout du terrain en Europe l'Est et n'intéresse guère les jeunes). Michal commence à avoir une clientèle privée et gagne au bout de quelques mois 130 dollars (près de 800 FF) par mois. Mais leurs principes d'éducation sont restés les mêmes, car ils sont conscients des autres formes de mal qui menacent la jeunesse. Danuta aide les actions humanitaires des carmels de Pologne et voudrait s'investir davantage dans la pastorale familiale. Leur histoire personnelle illustre les dilemmes de bien des Polonais durant la période communiste - et particulièrement ces familles de l'élite sociale d'avant-guerre, ouvertes à la culture européenne, à l'Occident, et soudain marginalisées, humiliées par l'idéologie du régime. Ils ont trouvé dans leur foi chrétienne la force de répondre à ce défi.

PAWEL ZUCHNEWICZ

Pawel Zuchniewicz, journaliste polonais, est un bon témoin de la situation d'une famille polonaise au lendemain de la chute du communisme, sur laquelle je l'ai interrogé en 1990.

– Concrètement qu'est ce que la fin du communisme a changé pour vous et votre famille ?

« Je suis revenu de France fin août 1989. La Pologne avait un nouveau gouvernement, et moi toujours pas de travail. Je voulais toujours travailler comme laïc engagé dans son Église et pouvant nourrir sa famille. La Pologne nouvelle se veut libre, libérale et assurant à ses citoyens une base matérielle suffisante pour vivre. C'est important, non, d'avoir de quoi nourrir sa famille ? Pendant plus de six mois, j'ai vécu sur les économies que j'avais faites en travaillant en France, cherchant partout du travail dans ma spécialité, le journalisme. Un jour j'ai entendu une interview du responsable du petit organisme de l'épiscopat chargé des émissions religieuses à la Radio Polonaise. Il insistait sur le fait que c'était un tout petit bureau, qu'ils n'avaient pas les moyens d'engager un journaliste, mais je lui ai quand même téléphoné et je l'ai rencontré. Bien sûr, il n'y avait pas de place pour moi mais deux mois après, il

m'a rappelé : j'étais embauché. Quand j'ai reçu mon salaire, j'ai pu pour la première fois offrir un cadeau en lego à ma fille, avec mon propre argent, pas en le faisant offrir par un ami. Avant je ne pouvais pas, cela représentait quatre mois de salaire, un jouet de ce genre. Je peux donc dire que ma vie a changé».

«Avant je devais aller travailler trois mois tous les ans ou tous les deux ans en France pour nourrir ma famille car je ne pouvais trouver du travail comme journaliste chrétien en Pologne. La vie de mes compatriotes a elle aussi changé. Mais il est vrai qu'avant 1989, on savait se débrouiller avec le système. Beaucoup avaient deux métiers. Des millions ne travaillaient pas vraiment mais avaient un emploi, sans parler du reste, moins honnête. Aujourd'hui, la vérité économique se met en place et le faux chômage 'couvert' fait place au vrai, même si les faux chômeurs ou les femmes qui n'avaient jamais travaillé auparavant s'inscrivent pour toucher les allocations de chômage. Mais les gens sont mécontents car sous l'ancien régime ils connaissaient les ficelles, mais aujourd'hui ?

– Comment l'Église sort-elle de ces quarante années de lutte antireligieuse ?

«L'Église de Pologne était le seul espace de liberté ; cela veut dire que dans l'Église, on n'était pas obligé au système de la double-pensée. L'Église a ainsi gardé des valeurs perdues ailleurs. C'était aussi le seul lieu où les relations entre personnes pouvaient être vraiment sincères. Or, aujourd'hui, l'Église entre dans la vie publique, dans les médias, dans les cérémonies officielles. Elle se présente telle qu'elle est, mais le peuple la perçoit mal parce qu'il a

été déformé. L'Église de Pologne a énormément à apporter au peuple polonais mais le contact n'est pas facile. Par exemple à la Radio d'État, les gens sont gentils avec nous mais on nous regarde comme les représentants du 'pouvoir noir'. On m'a dit plusieurs fois : 'M. Pawel on vous aime bien, mais ...', un mais très lourd».

«Pourquoi cette attitude. Les gens ne savent pas réellement ce qu'est l'Église. Leur esprit était schizophrène. Ils allaient à l'Église, mais ils étaient déformés par la propagande, surtout des médias. Quand le Pape est revenu en Pologne, le chef de la Radio a fait faire une couverture en vingt minutes seulement par jour, réalisée par les mêmes réalisateurs anticléricaux qu'avant. Les médias ne montrent que le côté humain de l'Église, pas son aspect spirituel. Il y a aussi les problèmes de couple, de famille : un couple sur deux divorce à Lodz, un sur trois à Varsovie, et l'avortement et le reste. Les gens sont mal à l'aise face à l'Église. Avant, ils vivaient bien dans leur univers schizophrénique, aujourd'hui, ils sont en face de la réalité et ils deviennent agressifs - comme sur la catéchèse à l'école ou l'avortement. En plus, le clergé a pris sous le communisme l'habitude de se serrer les coudes. Les laïcs étaient plus vulnérables donc moins sûrs. Et les prêtres étaient loin des problèmes, des compromis, des compromissions de tous les jours, même les jeunes, introduits dans un univers autre, lors de leur entrée au séminaire».

«En fait, pour moi, le vrai problème c'est celui de la sainteté, sainteté des prêtres, sainteté des laïcs. Ils nous faut des saints prêtres et des saints laïcs. Et la tâche de l'É-

glise aujourd'hui plus que jamais c'est de nous montrer le chemin, de nous montrer le Christ».

–Et la pratique religieuse ?

«Prenez l'exemple de Varsovie. 30 % de pratique religieuse. Dans mon quartier 1.000 pratiquants sur 10.000 habitants, et encore nous sommes les seuls, de notre bloc, à pratiquer - sur une cinquantaine de familles. Les jeunes couples nés en ville ressentent un vide spirituel et ne transmettent rien à leurs enfants - 95 % vont jusqu'à la première communion, mais après...»

«La situation pourrait rapidement évoluer 'à la française' avec un effondrement de la pratique dominicale. Mais il y a des signes d'espoir. Dans la paroisse voisine de la nôtre, le mouvement Famille de Nazareth a redynamisé la vie paroissiale et recréé un tissu communautaire. Dans d'autres paroisses c'est le Néocatéchuménat, très vivant à Varsovie, ou d'autres mouvements. Car c'est cela qui manque : le communisme a détruit tout sens communautaire, sauf pour la famille qui a partiellement résisté. Le communisme a tué l'esprit d'entreprendre ensemble dans la vie sociale, économique, spirituelle. Et c'est aussi une cause de conflit entre le clergé et le peuple. Le clergé est souvent dynamique, entreprenant et donc décalé par rapport aux fidèles. Par exemple, il n'y a pas de mouvement comme les AFC en Pologne, alors que l'Église de Pologne a tant fait pour la famille : nul n'est prophète en son pays. Il y a bien sûr des initiatives paroissiales ou diocésaines mais pas de grands mouvements. Et c'est similaire pour l'action caritative, la réinsertion des drogués ou des alcooliques, la lutte contre l'avortement : beaucoup

d'actions personnelles mais pas d'organisation, sinon contre la toxicomanie[17].

–Qu'est ce que la Pologne peut apporter aujourd'hui à l'Occident ?

«*La bataille contre l'avortement est important, car, si elle est gagnée, elle montrera qu'il y a des valeurs qui dépassent l'homme, et qu'il est nécessaire de construire sur elles*[18]. Et aussi la non violence dans les combats, le grand exemple de Solidarité. Par contre, l'Occident peut nous apporter plus de tolérance, le sens du dialogue, le respect du travail, l'espoir que chaque jour peut apporter du bien, et la force des laïcs engagés avec l'Église. Mais l'expérience polonaise actuelle est sans précédent positif : peut-on passer d'un catholicisme traditionnel, populaire à un catholicisme approfondi sans faire trop de casse, sans avoir trop de pertes ?»

Rencontre avec des familles du mouvement Lumière-Vie

J'ai pu, en 1987, rencontrer plusieurs familles de Lumière-Vie du diocèse de Szczecin pour une table-ronde sur leur mouvement. Extraits de cette rencontre :

–Comment êtes-vous arrivés dans le mouvement ?

Antoni, père de deux enfants *: «Nous sommes tous appelés à la sainteté, mais ce n'est pas facile d'y arriver tout seul. C'est pour cela qu'avec ma femme, j'ai rejoint Lumière-Vie. En nous entraidant, nous essayons de rayon-*

Pawel Zuchniewicz

Jeune couple engagé avec l'Église

ner notre foi, surtout vis-à-vis de nos enfants et de là vers l'extérieur».

Son épouse : «*Nous avons rejoint Lumière-Vie pour être apôtres dans notre milieu. Beaucoup de gens de notre quartier vont à l'Église, sans vraiment vivre de la foi ou n'y vont pas du tout. Nous avons appris dans le mouvement comment nous comporter pour suivre Jésus-Christ. Nous sommes faibles et cela nous rend le chemin moins difficile*».

Marian, psychologue, deux enfants : «*C'est le vicaire de notre paroisse, le père Stanislas, qui est venu un jour frapper à notre porte et nous a proposé de participer à une retraite Oasis/Lumière-Vie. Il faut dire qu'auparavant nous lui avions de nous-mêmes proposé de 'faire quelque chose pour la paroisse', sans savoir quoi*».

Une femme, plus âgée : «*C'est grâce à notre fille que nous avons rencontré le mouvement Lumière-Vie. Un père salésien l'avait invitée à suivre une retraite Oasis pour les jeunes. En allant la rechercher, j'ai été fascinée par la prière et le travail qui se faisait là-bas. Alors, quand notre curé nous a proposé ainsi qu'à deux autres familles de la paroisse une formation spirituelle, à travers ce mouvement, nous avons tout de suite été d'accord*».

Vincent et Danuta, un jeune couple : «*Ce fut comme par hasard. A un pèlerinage, nous avons rencontré une jeune femme handicapée, très gaie, joyeuse. Nous lui avons parlé et elle nous a raconté comment les retraites Oasis nourrissaient sa foi et sa vie, nous invitant à y participer. Son exemple nous a donné envie d'y aller... et nous voici dans le mouvement*».

Un homme, père de deux adolescents : «*C'est pendant que je suivais des cours à l'Université ouverte (cours non officiels, organisés par Solidarité ou des groupes liés à l'Église). J'ai rencontré un couple de notre paroisse. Ici, ce sont des quartiers neufs, on ne se connaît guère. Nous nous sommes liés et ils nous ont entraînés dans le mouvement*».

Jan et Anna : «*Nous étions mariés depuis 18 ans et sentions le besoin de faire quelque chose, car nous nous assoupissions. Dans notre paroisse, il y avait déjà une communauté paroissiale Lumière-Vie et nous avions pu apprécier son esprit communautaire. C'est ce qui nous a décidés. Nous sommes venus à quelques réunions et avons rejoint le mouvement*».

–Comment organisez-vous vos communautés paroissiales Lumière-Vie ?

Jan : «*Nous formons, à 5 ou 6 familles, une communauté de base avec un prêtre de la paroisse. Nous nous réunissons tous les mois, pour une soirée entière. Nous commençons par un temps de prière, autour d'un cierge allumé. Après un chant au Saint-Esprit, nous prenons un texte de l'Écriture Sainte, lié au sujet du jour, nous le lisons ensemble et échangeons dessus. Ensuite, à nouveau un temps de prière libre et spontanée, que nous terminons par une prière de louange ou avec une dizaine de chapelet. Après cela, nous faisons le compte rendu de l'accomplissement des cinq devoirs : prière personnelle, prière du couple, prière familiale, dialogue conjugal et vécu du thème du mois. Chacun s'exprime comme il le veut. C'est le moment où nous partageons nos problèmes familiaux ou de travail, nous donnons des conseils...*

Ensuite, il y a un temps de formation, sur un thème précis. Ce mois-ci par exemple c'est 'L'amour de Jésus-Christ pour la famille, pour toutes les familles et ce qu'il implique pour nous'. Et nous terminons la réunion par la prière».

Anna : «*Nous chantons beaucoup. Mais nous n'avons pas le droit de faire imprimer ce livret de cantiques*».

–La censure l'a refusé ?

(Rires) Anna : «*Non, mais nous ne sommes pas reconnus, nous n'avons pas d'existence légale pour le Gouvernement, donc nous n'existons pas. Alors comment pourrions-nous soumettre des textes à la censure ? Nous nous sommes débrouillés pour le faire imprimer. Cela n'a pourtant rien de subversif, mais c'est comme cela en Pologne*».

Jan : «*Nous recevons chaque année un manuel –lui aussi du «deuxième circuit»– qui nous donne une direction générale. Pour les communautés paroissiales qui se constituent, c'est une présentation générale sur le mouvement, la communauté, la prière, l'aide réciproque, l'ouverture vers les autres, le dialogue conjugal et les relations parents-enfants, le bilan annuel de vie... Après, le choix des sujets est plus varié et plus libre*».

Antoni : «*Nous connaissons à l'avance le thème du mois. Le mois dernier c'était dans notre groupe 'Paternité et maternité responsables'. Mon épouse et moi, nous l'avons préparé chacun de notre côté, avec 'Humanae Vitae' puis nous avons échangé dessus. Nous avons chacun à porter notre croix, mais c'est la croix du Christ et nous la portons ensemble*».

–*Combien y a-t-il de «communautés de base» Lumière-Vie dans votre paroisse ?*

Antoni : «*Il y en a onze, ce qui fait un peu plus d'une cinquantaine de familles. Nous nous retrouvons tous, trois fois par an, pour un jour de communauté. Une fois par trimestre, tous les groupes du diocèse se retrouvent et remplissent alors une grande église. Dans notre diocèse, il y a environ 1 500 familles dans le mouvement, et leur nombre s'accroît rapidement. Une centaine de couples animateurs ont été formés pour les communautés de base*».

–*Quelles sont vos relations avec votre évêque ?*

Antoni : «*Elles sont excellentes. Tous les ans, il préside notre rassemblement diocésain de Noël, quand nous partageons le pain béni. De plus, il a nommé un prêtre, qui a la charge de la coordination diocésaine du mouvement*».

–*Que vous apporte vos retraites annuelles ?*

Anna : «*Ces retraites sont un élément essentiel de la vie du mouvement. A peu près tous les couples y participent avec leurs enfants. Elles durent quinze jours, ce qui représente pour nous un sacrifice important de nos vacances. Elles sont axées, jour après jour, sur les quinze mystères du Rosaire. Tous les jours, nous commençons par la prière commune, suivie de la messe où le prêtre prêche sur le mystère du jour. Dans la matinée, il y a un partage d'Évangile, centré sur la réalisation concrète dans la vie quotidienne, de ce que nous lisons. Après le déjeuner, un temps libre, une promenade «les yeux ouverts» dans la nature, pour accroître le sens de la beauté de la création, cadeau de Dieu, suivie d'une conférence théologique.*

Visages de la famille polonaise

Enfin la soirée s'achève par un feu de camp et la prière. Le quatrième jour, il y a une cérémonie de renouvellement des promesses du baptême. Le neuvième jour est consacré au Chemin de Croix. Le treizième jour, c'est le 'Jour de la Communauté', où tous les camps voisins sont réunis. Une messe termine cette journée et les représentants des différents camps y présentent l'enrichissement spirituel qu'ils sont en train de vivre. Enfin, le dernier jour, un grand banquet fraternel clôt la retraite, avant l'envoi en mission au matin suivant».

Marian : «*Le plus difficile, pour nous, c'est de témoigner pour le Christ dans notre travail. Les retraites nous donnent la force de le faire*».

Danuta : «*J'ai découvert pendant la retraite que, pour aimer les autres, il faut d'abord être bien avec soi-même. J'ai rencontré dans les retraites des jeunes handicapés. Dans la rue, on les croise sans y penser, mais durant la retraite, nous avons eu des rencontres avec eux et leur témoignage de foi m'a impressionneé*».

Vincenty : «*Oui, le plus difficile c'est de témoigner de sa foi dans le milieu de travail. C'est facile de parler des questions professionnelles, mais aborder des sujets profonds, cela je n'osais pas le faire. La retraite m'y a aidé. Et dans la vie de famille, c'est pareil ; ce n'est pas facile de résoudre les problèmes sans entrer en conflit avec Dieu, parce que nous les avons résolus sur son dos : pour cela aussi les retraites nous aident*».

Jan : «*J'ai été frappé par les témoignages, le jour de la communauté, et par la venue de l'évêque de Katowice le dernier jour. Au moment du départ, nous avons participé* à une dernière messe et, à la fin, nous avons été envoyés pour répandre la Bonne Nouvelle dans le monde. L'atmosphère était formidable et pourtant personne n'avait rien fait de spécial pour la créer. Je me suis demandé : comment recréer cela dans mon milieu de travail ? Pendant la retraite, beaucoup de gens qui ne se connaissent pas forment une communauté. Pourquoi ? Parce qu'il y a le Christ derrière. Alors cela m'aide dans mon travail, pour créer, là aussi, une atmosphère chrétienne. Je me sens plus fort et moins dépendant de l'extérieur. Les prêtres ne peuvent pas être partout, et surtout pas sur les lieux de travail, où leur présence n'est pas admise. C'est à nous d'avoir une bonne influence sur les autres par notre conduite, notre vie. Ce n'est pas facile, mais j'ai appris dans les retraites à suivre le chemin de Jésus-Christ, le chemin de la Croix, même dans le travail».

–Est-ce que votre mouvement intervient au niveau social ou politique ?

(Sourires) Antoni : «*Non, ce n'est pas possible, bien sûr, le Gouvernement ne le permet pas. Il y a des attaques contre nous dans les journaux, à la télévision. Le pouvoir, certainement, ne nous aime pas, ne nous aide pas. Il nous connaît, il sait qui nous sommes et ce que nous faisons. Pour l'instant, il ferme les yeux sur nos activités tout en nous faisant savoir qu'il nous surveille. Les instituteurs, les professeurs, les militaires surtout ont des problèmes, de façon générale tous ceux qui ont à faire directement avec les jeunes. J'ai sacrifié mon avancement professionnel. A l'époque de Solidarité, il y a eu une ouverture importante du monde du travail vers l'Église, vers la dimension*

Kalvaria

Un peuple exprime sa foi

Baltique

religieuse des problèmes. Depuis, c'est à nouveau la fermeture. On sait que nous sommes membres de Lumière-Vie, et pour nous, cela signifie renoncer à toute promotion. Mais je ne le regrette pas».

Notes

1. Les entretiens qui ont servi de base à ce chapitre ont été recueillis entre 1981 et 1993. On en retrouvera quelques uns dans *Familles chrétiennes en Pologne. Épreuves et vitalité*, supplément n° 13-14 à *Chrétiens de l'Est*) que j'ai publié en 1987.

2. En ceci, M. Kakol était peut-être prophète malgré lui : c'est en effet largement ce qui se passa lorsque la Pologne est passée du communisme au libéralisme. Mais l'Histoire ne s'arrête pas là...

3. Je l'ai fait pour les années 1984-1987 dans une étude restée inédite : *La famille polonaise*, AED, 1987 (disponible auprès de l'AED).

4. Cf. A. Martin, *La Pologne défend son âme*, p. 189.

5. Cf. *Solidarité, solitude*, p. 160.

6. En 1950, le régime décida que les examens sanctionneront, à hauteur des 2/3 du barème des notes, les bonnes aptitudes idéologiques et «*l'origine de classe*», ne laissant qu'un tiers des notes pour les connaissances scolaires (Buhler, *Histoire de la Pologne communiste*, p. 272).

7. Voir *Chrétiens de l'Est* n° 50, p. 19-20.

8. Voir *Familles chrétiennes en URSS*, p. 15-26.

9. Buhler, *Histoire de la Pologne communiste*, p. 364.

10. L'Église de Pologne à un tournant, in *Les religions à l'Est*, p. 125.

11. J'ai rencontré le père Blachnicki à Cracovie en 1981, peu avant son exil forcé après la proclamation de l'état de guerre.

12. Sur l'éthique de la famille chrétienne : voir J. Tischner, *Éthique de Solidarité*.

13. Sur les idées du cardinal Wyszynski sur la famille, la société et la nation, voir J. Lewandowski, *L'Église et la nation selon le cardinal Stefan Wyszynski*.

14. Mgr Madjanski a publié un livre bouleversant sur ces années : *Miraculé de Dachau*, Paris, 1997.

15. Ma première visite à l'Insitut de Lomianki remonte à 1984. Il y en eut bien d'autres après. Cet entretien date de 1986.

16. Sur la vie quotidienne de la femme polonaise à l'époque communiste, lire J. Hellenowa, *Regards sur la femme polonaise*, in *Nous, Chrétiens de Pologne*, p. 111-124.

17. Plusieurs mouvements ont vu le jour depuis cet entretien, en particulier l'Association des familles Chrétiennes.

18. La Diète polonaise a voté après le retour au pouvoir des partis issus de Solidarité une loi sur l'avortement moins laxiste que celle promulguée auparavant par les néo-communistes.

Chapitre 5

Journal de voyage 1998

Aleje Jerozolimskie
Mirów

Aleja
Jana Pawła II
Mirów

> Ce lieu cerné par le monde en crue,
> résiste à la mort : il accepte la résurrection
> comme non-savoir pur et simple,
> comme plénitude de foi,
> comme ferment qui dément la décrue du monde.
> *Karol Wojtyla*

De livres en articles, de presbytères en dîners de ville, quelques évidences courent en France sur la Pologne et sur la situation de l'Église dans la société polonaise actuelle. A l'origine, on trouve souvent les travaux de sociologues de la religion. On peut ainsi résumer cette vulgate de la vision dominante de la Pologne et de l'Église de Pologne dans l'intelligentsia française : plusieurs fois au cours des deux derniers siècles, la Pologne a semblé démentir les tendances lourdes de sécularisation qui accompagne le passage à la modernité économique, sociale et culturelle. Mais, à partir de 1990, cette prétendue singularité polonaise (qui n'aurait reposé que sur le couple des frères ennemis Parti-Église) s'effondre dans tous les domaines. La Pologne des années 90 se caractériserait ainsi, du côté de l'Église :

– divorce avec l'élite culturelle et politique (experts de Solidarité),

– hostilité contre l'Europe, surtout de la hiérarchie et des prêtres,

– incapacité de la hiérarchie à accepter la multipolarité du monde post-communiste et recherche d'un nouvel ennemi (libéralisme capitaliste, libéralisme gauche laïque),

– retour de l'antisémitisme dans le clergé (affaire Jankowski),

– tentative de réinstaurer le mythe polonais catholique,

– volonté d'imposer son idéologie à la jeunesse polonaise (cours de catéchèse),

– refus de toute critique qui lui est adressée,

– volonté de réglementer la vie privée des Polonais (avortement) ;

et, à l'inverse, du côté de la société polonaise :

– adoption complète du système occidental libéral-démocratique,

– seuls choix de société possibles : un «nationalisme clérico-conservateur» soutenu par l'Église ou l'intégration dans l'Europe et la fin de l'exception polonaise,

– baisse rapide de la pratique religieuse,

– effondrement des vocations sacerdotales,

– effondrement des bonnes opinions sur l'Église dans les sondages ;

Certains allaient même jusqu'à affirmer qu'on aurait donc assisté en Pologne ces dernières années à une tentative pour remplacer le totalitarisme «rouge» communiste par un totalitarisme «noir» clérical, tentative incompatible avec «l'instauration d'une société démocratique et moderne», tentative vouée par avance à l'échec, mais à nouveau menaçante depuis le retour de la droite issue de Solidarité au pouvoir après les élections de 1997.

Qu'en était-il vraiment de l'Église de Pologne en 1998 ? A la veille de publier un livre sur cette Église à l'époque du communisme, j'ai voulu en avoir le coeur net et j'ai pris l'avion pour Varsovie. Dans la capitale polonaise et ailleurs dans le pays, je suis allé rencontrer évêques, prêtres, fidèles, mais aussi journalistes, sociologues et universitaires. Voici quelques extraits d'un *Journal de voyage en Pologne.*

Pologne 1998

La Pologne où je séjourne est encore en train de «digérer» sa future intégration dans l'OTAN - à peu près sûre maintenant, après le vote favorable du Sénat américain. Le retour de l'espion prodigue, n'est sans doute pas un hasard. Le colonel Richard Kuklinski était officier d'état-major, quand il fut contacté par la CIA dans les années 70. Pour le pousser à collaborer avec les USA, on ne lui promit pas de l'argent, mais les Américains le convainquirent qu'en cas de conflit, la Pologne serait rayée de la carte par le feu nucléaire. Il livra 34 000 pages de documents du Pacte de Varsovie, avant d'être extradé avec sa famille aux USA (où deux de ses enfants ont été assassinés malgré les mesures de haute protection dont il est l'objet). Il vient d'être reçu par le premier ministre et les villes se battent pour le couvrir d'honneur. L'histoire dira quel fut son rôle dans la distanciation définitive de l'URSS par les USA au plan militaire. Son retour au pays remet à jour diverses affaires d'espionnage, en particulier l'infiltration totale des circuits d'aide occidentale à Solidarité pendant l'état de guerre. Les services secrets polonais maîtrisaient complètement ces circuits, ce qui leur permettait d'asphyxier la presse clandestine et de publier une pseudo-presse clandestine, tout en détournant l'argent de cette aide.

Le redressement de l'économie polonaise est indéniable. L'inflation est passée en quatre ans de 32,2 à 12,7 %, le taux de chômage de 16 à 9,5 %, la hausse du PIB est de 5 à 7 % par an, les réserves en devises ont été multipliées par 5, la production industrielle s'accroît de 10 % par an, les investissements étrangers s'envolent (multipliés par cinq en un an). Les Polonais profitent de cette insolente bonne santé économique, puisque leur pouvoir d'achat est en hausse de 7 % par rapport à 1997. Le premier gros point noir, c'est le charbon. La production a encore chuté de 20 % en un an, et il doit y avoir plus de 110.000 licenciements dans les quatre ans à venir, la moitié des effectifs actuels. La voïvodie de Katowice, avec 3 % du territoire polonais, produit 20 % de sa richesse industrielle, mais elle est aujourd'hui complètement sinistrée. *«Certaines parties de la Silésie, couvertes par les crassiers de déchets, ont une apparence vraiment lunaire»* (W. Gielynski).

Trois millions de Polonais ont déjà vu «Titanic», record absolu pour un film en Pologne ! Cinquante blessés lors d'un match de football à Chorzow ; un attentat au Mariott, une des nouvelles grandes tours de Varsovie : la violence n'est pas absente. A Varsovie, un

*Varsovie,
du neuf...
...et de l'ancien*

*Varsovie,
du neuf...
...et de l'ancien*

grand concert vient de réunir 10 000 jeunes contre la violence, mais 75 000 autres se sont pressés à l'exposition Andy Warhol, signe et instrument de la décomposition actuelle des sociétés. Toujours à Varsovie, depuis le 1er mai 1998, les enfants mineurs n'ont pas le droit de sortir de chez eux sans être accompagnés d'un adulte entre 23 heures et 6 heures du matin. A Radom, où cette mesure a été expérimentée, la criminalité a baissé et les meurtres commis par des bandes d'adolescents ont disparu.

Scènes de villes polonaises aujourd'hui

La canicule est tombée sur la capitale polonaise en guise de printemps. Dès la sortie de l'aéroport, nous tombons sur un bouchon. Avec la fermeture du pont du boulevard de contournement de la capitale, plus de 3.000 camions européens passent au centre-ville tous les jours. A son approche, des gratte-ciel surgissent, flambant neufs, avant que la pointe de la Maison de la Culture ne se découvre. La tour stalinienne ne domine plus le ciel varsovien. On dirait presque, avec la pierre et la patine des ans, qu'il s'agit d'un édifice religieux quand on n'en voit que le haut, encerclé par le verre et le béton des buildings nouveaux. Les immeubles socialistes, gris et ternes, alternent avec les nouvelles constructions, où prédomine le bleu, et les façades retapées. Sur les toits, on voit les publicités néon pour Sanyo ou pour une banque et, au rez-de-chaussée de beaux magasins. Mais entre les deux, il vaut mieux ne pas regarder de trop près.

Qui eut dit il y a dix ans qu'en remontant à Varsovie l'avenue Jean-Paul II vers Zolyborz, on croiserait l'avenue Solidarité avant de se retrouver avenue Jerzy Popieluszko ?

Dans le métro, les trams ou les bus, les messieurs âgés se lèvent pour céder leur place aux dames. Il y a longtemps que je n'ai plus vu cela dans le métro parisien.

Hall de la Gare centrale. Une petite table, un drapeau polonais, un porte-voix, un bouquet de fleurs - et une grande banderole *«Nous sommes des SDF polonais - Aujourd'hui nous, demain vous»*. Des dizaines de «Sans Domicile Fixe» y campent, il y a même un lit à deux places. L'apparition de mendiants à Varsovie est nouvelle, et reste perçue comme quelque chose de choquant. Un père camilien, le père Boguslaw, fait un apostolat exceptionnel parmi eux et les soutient dans leur action.

Vieille Ville. Le coeur de Varsovie m'a paru enterré une seconde fois - ou plutôt embaumé. La vieille ville fut totalement détruite par les Allemands. Il ne resta quasiment pas une pierre debout. Elle fut reconstruite «à l'identique». Quand j'y fis ma première visite, il y a une vingtaine d'années, on pouvait croire ces murs aux peintures à demi parties, ces briques rongées et ces arrière-cours sales vieilles de trois ou quatre siècles, et non de trente ans. Aujourd'hui, presque tous les immeubles et la plupart des monuments ont été ravalés et rénovés. Les boutiques pour touristes, les changeurs, les antiquaires et les cafés ont colonisé tous les rez-de-chaussée sur rue, sur la Place du Marché, bien sûr, mais aussi dans les ruelles adjacentes, comme si le touriste était le seul être vivant possible en ces lieux.

Dans une église du centre-ville. Près d'une centaine de fidèles participent à la Messe, en ce milieu d'après-midi de semaine, y compris quelques jeunes. Dans les églises polonaises d'aujourd'hui, le passé est toujours très présent : passé religieux (Soeur Faustine, la Sainte Thérèse de la Pologne), politique (plaques à la mémoire des résistants, enterrement solennel des restes de plusieurs grands hommes polonais de ce siècle ces dernières années à la cathédrale Saint-Jean...), historique (piliers témoins de 1944, dans l'église de la Miséricorde de Dieu, une des rares non totalement détruites). Avec partout, beaucoup de fidèles en prière. Un ami polonais me dit : «*Nous avons toujours des richesses à offrir, et d'abord cette foi qui prie et s'exprime dans toutes nos églises*». Pour lui, dans le prochain mariage avec l'Europe de la Pologne, les deux parties ont des cadeaux à s'offrir. Cette foi, et ce monde de culture chrétienne qui n'a pas été détruit par le communisme font partie de la dot polonaise.

Natolin. Ce quartier périphérique du sud de la capitale polonaise possède une population en moyenne très aisée. Les appartements de luxes qui se construisent par centaines ont des prix qui approchent ceux de l'Europe occidentale. On compte plusieurs supermarchés (Leclerc, Géant, Castorama). Le dimanche, et souvent le samedi, les parkings géants de ces centres commerciaux sont pleins, on vient faire des courses et, surtout, fuir sa solitude ou sa solitude à deux. C'est une alternative à la messe qui n'existait pas du temps du communisme. On compte 20 000 habitants sur la paroisse de la Présentation qui couvre le quartier de Natolin, mais seulement quelques centaines de pratiquants. Dans un tel immeuble, il y a deux familles pratiquantes sur 80. La pratique est plus basse en général dans ces quartiers les plus riches. L'église de Natolin est en bois, c'est une chapelle qui a été donnée, en attendant la construction d'une église. Derrière, on peut voir une vaste construction de briques, laissée en plan depuis plusieurs années, faute d'argent pour l'achever. Par contre, les bâtiments du presbytère, imposants, ont été achevés juste au moment où il n'y en avait plus besoin, la catéchèse se faisant désormais à l'école. Cette mésaventure a été assez commune en Pologne.

Lublin. Cette belle ville baroque est elle aussi en cours de réhabilitation, et les magasins de souvenirs ou les bureaux de change envahissent la vieille ville. Des annonces en russe rappellent que la frontière n'est pas loin. Ici aussi, les églises sont pleines un jour de semaine. Avec un peu d'humour, on pourrait dire qu'ici comme ailleurs, ce qui reste de plus visible de la dernière décennie communiste, ce sont les *jeans* que tous les jeunes (ou presque) portent. Un faubourg de la ville porte le nom de Majdanek, verdure et routes se le disputent. Renseignement pris, il s'agit bien du camp d'extermination où périrent 350.000 personnes, pres-

Lublin

Cracovie

que toutes juives. Un monument rappelle l'abomination qui se déroula en ce lieu.

Cracovie a moins changé que Varsovie - même si les travaux en cours sont nombreux (à Maryacki, la grande église sur le Rynek, le célèbre retable n'est pas visible, car la moitié du sanctuaire est cachée derrière d'immenses bâches de travaux). La Halle des marchands n'offre plus que des souvenirs pour touristes –ce sont surtout des enfants des écoles aujourd'hui–, assez médiocres, et qui ont perdu la spontanéité antérieure : sculptures sur bois ou les Christs patients se mettent à ressembler aux violoneux yiddish. Les articles «chrétiens» y côtoient les articles juifs et les Tee-shirts aux coloris ou aux slogans agressifs.

Czestochowa. L'Hôtel de Ville, là où le père Duda préparait les JMJ de 1991 (voir p. 63), est aujourd'hui envahi de sono rap et de publicité Adidas - une journée promotionnelle pour la marque. Comme ailleurs, les rez-de-chaussée sont flambant neufs, mais il vaut mieux ne pas regarder de trop près les étages. Autour de la ville, les usines paraissent obsolètes voire sinistrées. Dès qu'on s'écarte des grandes rues, c'est assez pauvre et peu entretenu. Devant quelques bars, quelques ivrognes, mais cela frappe beaucoup moins qu'à l'époque communiste. Quelques groupes de jeunes aussi, visiblement désœuvrés et le crâne bien ras.

Approchant de Jasna Gora, je suis frappé de voir comment la pollution ronge la tour du sanctuaire. Des pèlerins y montent, harcelés par des gitans. A l'entrée du sanctuaire, il y a maintenant une grande statue du

*Czestochowa :
l'Hotel de Ville*

*Jasna Gora :
statue du cardinal Wyszynski*

cardinal Wyszynski, en prière face à la tour. Des premières communiantes, garçons et filles, sortent du sanctuaire, une veste ou un polo au-dessus de l'aube ou de la robe. Les parents sont endimanchés. Ce n'est pas la presse des grands pèlerinages, mais il y a quelques milliers de personnes dans le sanctuaire, et il faut patienter partout.

Une messe a commencé au sanctuaire. Il y a près d'une centaine de personnes dehors et l'église est pleine. J'arrive quand même à me faufiler presque jusqu'aux grilles du choeur - mais derrière un pilier. Avant de repartir, je prends quelques photos en écoutant les groupes. Un prêtre parle de Dieu et de la Vierge Marie à une bande de jeunes garçons, des dames récitent leur chapelet, un couple d'un certain âge s'impatiente, car leur fille n'a pas fini le sien et veut rester prier ; je remarque aussi la variété des visages, des allures et des regards. Beaucoup de monde dans les chapelles, celle du Saint Sacrement comme celle de la confession et celle de la communion.

Les Polonais et l'Église aujourd'hui

Krzysztof Kosela est spécialiste de la sociologie des jeunes et des questions religieuses. Cet universitaire est précis et prudent à la fois ; il écarte les interprétations de la situation religieuse de la Pologne qui dominent en France et que j'ai rapportées en tête de ce chapitre : *«Ces sociologues de la religion avaient prévu l'évolution de la Pologne sur le plan religieux après la fin du commu-*

nisme selon leurs schémas de pensée, et cela n'est pas arrivé. Ils se sont trompés sur l'essentiel». Il précise ainsi son analyse :

– La pratique religieuse depuis 1989 est restée extraordinairement stable. Les enquêtes mensuelles montrent des variations qui ne dépassent pas un ou deux pour cent. Il y a même eu un accroissement observable en 1991-1992 (lorsque ceux qui avaient peur de se montrer à l'Église y sont allés ouvertement) et, depuis, la baisse est faible.

– Même si on dispose de moins de chiffres précis (l'Institut chargé de les collationner fonctionne mal), la baisse des entrées dans les séminaires est enrayée, semble-t-il, depuis 1995. Et c'est le facteur démographique qui semble premier dans l'évolution du nombre des entrées (depuis 1995, les enfants du babyboom de la fin des années 70 succèdent aux classes creuses d'avant).

– Le pourcentage de Polonais qui se disent croyants ne bouge pas. Plus encore, pour 75 % des jeunes, la croyance religieuse est, avec l'identité nationale et l'identité familiale, une des trois bases par lesquelles ils se définissent (même si c'est relativement le troisième des trois). Ce qui signifie que les trois quarts des Polonais se définissent eux-mêmes d'abord comme croyants.

– L'éducation religieuse à l'école permet une montée générale du niveau d'éducation religieuse de la jeunesse polonaise, comme jamais auparavant. Avant, malgré la foi, il n'était pas «convenable» de parler de

Dieu en public - c'était un tabou, même supérieur au sexe. Cela est en train de changer.

Ces données sont rassurantes quand à la situation présente de la foi en Pologne. Toutefois, les inquiétudes ne manquent pas pour l'avenir : il y a une baisse lente mais réelle de la pratique religieuse parmi les jeunes. Comme en d'autres domaines, leur évolution est contraire à celle de la société en général (par exemple pour l'alcool dont la consommation baisse, sauf parmi ceux-ci). Pour Krzysztof Kosela, la raison principale de cette baisse de la pratique religieuse est due aux relations enfants-parents qui se dégradent, surtout dans les villes. Les enquêtes montrent que là où les relations familiales sont bonnes, les jeunes pratiquent si les parents pratiquent.

La famille, l'Église et la foi

Où en est la famille en Pologne aujourd'hui ? Krzysztof Kosela donne quelques indications sur ce domaine. Les divorces restent à un niveau faible (moins de 20 %), de même les naissances hors mariage (moins de 10 %). Par contre, 75 % des premiers nés dans un couple naissent moins de neuf mois après le mariage : celui-ci est donc largement la régularisation d'une situation de cohabitation sexuelle, ce qui est nouveau. Mais cette évolution n'empêche pas que l'immense majorité des jeunes polonais lient l'activité sexuelle avec l'amour, les sentiments et non avec la recherche du plaisir.

Parle-t-on de religion à la maison ? Oui. 25 % disent en parler plus ou moins fréquemment avec leur père et 50 % avec leur mère. Pour Krzysztof Kosela, famille et religion sont très liées, et une des causes du maintien de la foi en Pologne est bien le bon état général de la famille : plus de la moitié des jeunes de 18 ans se disent «fiers» ou «proches» de leurs parents et de leur famille, contre seulement 3 % d'indifférents et 1 % qui en ont honte. La famille, contrairement aux jeunes occidentaux, est le lieu de vie préféré des jeunes, plus que les amis. Un autre indice intéressant est celui dit «de rejets» : 70 à 80 % des jeunes polonais rejettent le communisme et les politiciens ; 50 à 60 % rejettent les «immigrants» (gitans, russes) et les enseignants ; seulement un tiers rejette les prêtres et, le même pourcentage, les juifs ; 20 % rejettent l'armée ; seuls 6 % rejettent la famille.

Marcin Przeciszewski, le directeur de KAI, l'agence de presse catholique de l'épiscopat polonais, apporte quelques compléments à ces analyses. La pratique religieuse n'a quasiment pas bougé depuis le début de la décennie (55 % selon les sondages, 40 % selon les chiffres réels des comptages dans les églises). Au contraire, la confession et la communion fréquente sont en hausse. Les formes très vivantes dans les années du communisme –pèlerinages, sanctuaires– le demeurent, avec un certain fléchissement. Par exemple, le pèlerinage Varsovie-Czestochowa n'a plus que 20 à 25 000 pèlerins contre 40 000 dans les années 80. Mais aujourd'hui, on travaille beaucoup plus, c'est plus difficile de trouver les neuf jours pour le faire. Et l'animation spirituelle se renouvelle grâce aux nouveaux mouvements. Les changements n'ont pas abouti à une désertion en masse des églises par les jeunes.

Pour Maria Pienkowska (voir ci-dessous), toutefois, qui se fonde sur son expérience de catéchèse, la montée de l'indifférence et de l'ignorance religieuse chez les adultes est réelle. Non seulement, les enfants ne peuvent être aidés par eux, mais ils doivent lutter de plus en plus contre eux, s'ils veulent répondre au travail de la grâce. Généralement, ils cessent la pratique religieuse après la première communion, si les parents ne pratiquent pas (Varsovie : environ 30 % de pratique - moins s'il fait beau). Pour elle, la Pologne connaît actuellement une polarisation entre les croyants et les non-croyants. Le communisme n'avait pas vraiment divisé les Polonais, sa propagande était perçue comme telle, mais aujourd'hui, beaucoup ont perdu tout esprit critique, vis à vis des idéologues new-age et consuméristes. D'où un clivage de plus en plus fort. Un signe : la pratique dominicale baisse, mais la pratique quotidienne augmente (à Saint-Jacques, à Varsovie, sept messes tous les jours, où la plupart des présents communient). Il y a de plus en plus de personnes qui vivent d'une foi adulte. En général, les jeunes viennent de familles croyantes ou ont rencontré des membres de communautés nouvelles. Le grand défi qui arrive, selon Maria Pienkowska, c'est le New-Age. Il commence à inspirer les idées éducatives, il est partout dans les médias. Il crée une mentalité qui étouffe la foi chrétienne.

Défis pour l'Épiscopat polonais

Pour plusieurs de mes interlocuteurs, le premier défi interne de l'Église de Pologne aujourd'hui est un problème de manque de leadership. L'Église a du mal à se réformer et à changer ses structures, trop lourdes pour un monde pluriel et fluide (réunion de toute la conférence épiscopale –116 évêques avec les émérites– tous les deux mois). Les jeunes évêques sont conscients de ce problème. Un laïc proche de l'Épiscopat me dit que la nouvelle génération d'évêques les plus connus (on peut citer Mgr Zycinski, Mgr Pieronek, Mgr Muszinski) est souvent composée d'intellectuels. Leur anti-communisme est très fort, mais parfois autant au niveau des idées voire de la politique que du souci pastoral. La vieille génération ne le cédait en rien sur l'hostilité au communisme, mais était plus préoccupée peut-être par la pastorale que par les projets de société.

Pour la première fois, des élections importantes au niveau de l'épiscopat se sont quasiment déroulées sur la place publique. J'en lis le déroulement dans la presse, et mes interlocuteurs me confirment ce qu'on peut y trouver. Mgr Pieronek, secrétaire de l'épiscopat polonais (un poste clé) était candidat à sa propre succession, soutenu par le cardinal Glemp, malgré leurs divergences connues de tous. Les évêques «conservateurs», qui reprochent à Mgr Pieronek ses efforts d'adaptation, surtout vis à vis des médias et de la gauche catholique, lui ont opposé la candidature de Mgr Lepa, de Lodz. Celle-ci a échoué. Un candidat de compromis a été trouvé puis élu, le jeune auxiliaire de Katowice, Mgr Piotr Libera, 47 ans, ancien secrétaire du nonce, connu pour être un spirituel, et plutôt «libéral».

Cet épisode met en lumière le passage de «l'uniformité» forcée des évêques polonais à l'époque communiste au pluralisme légitime de la nouvelle situation. Cette question recouvre en partie (mais pas toujours) une question de génération entre évêques. Le pluralisme ne touche pas la doctrine ni les priorités pastorales, mais les méthodes et les options, et il n'est possible que parce qu'il y a une forte unité doctrinale. Ainsi, l'attitude de Mgr Pieronek ou de Mgr Zycinski, très disponibles pour les médias, a-t-elle été mal comprise d'évêques plus âgés, méfiants à priori envers ceux-ci. Mgr Pieronek : «*Si quelqu'un critique l'Église, c'est qu'il cherche son bien*».

Il faut surtout éviter de mettre trop facilement des étiquettes sur les personnes : Mgr Glemp considéré souvent comme un «conservateur nationaliste» en Occident a un jugement très positif sur l'Europe et les USA. Quant à Mgr Libera, nouveau secrétaire de l'Épiscopat polonais depuis mai 1998, il était ainsi interrogé après son élection à ce poste : «*Quel exemple allez-vous suivre ? Mgr Dombrowski (symbole d'une Église qui résiste) ou Mgr Pieronek (symbole d'une Église qui dialogue)*». Sa réponse : «*Le seul exemple que je veux suivre, c'est celui de Jésus-Christ et de ses paroles 'Que tous soient un'*». Sa réponse vaut pour tout l'Épiscopat polonais.

Les relations entre l'Église et l'État

Pour le journaliste Pawel Zuchniewicz, on peut résumer en trois phases l'évolution des relations Église-État depuis la fin du communisme.

1) 1989-1993. L'Église a d'abord été un acteur déterminant de la Table Ronde. Mazowiecki et l'Union démocratique (catholiques de gauche) sentaient pour cela une dette vis-à-vis de l'Église. En donnant sans discuter la catéchèse scolaire, l'Union démocratique a eu l'impression de se libérer de cette dette. L'Église est souvent intervenue directement dans la politique de 1989 à 1993, et ceci a façonné le mythe d'une menace du «totalitarisme noir», lancé par les ex-communistes. Dans la campagne de 1993, des prêtres et même des évêques sont effectivement intervenus ouvertement en faveur des partis de droite.

2) 1993-1997. L'échec de ceux-ci et de l'Union démocratique de Mazowiecki, le retour des communistes au pouvoir, le double échec de l'Église sur la ratification du Concordat et sur la Constitution, tout ceci a poussé l'Église à se retirer de la scène politique. Ce sont plutôt des mouvements laïcs qui ont continué le combat pour la vie et pour la famille. Lors des élections de 1995, l'Église est encore intervenue, certains évêques du moins, en faveur de Lech Walesa, mais son échec a renforcé la détermination de la Conférence épiscopale à se tenir en dehors de la politique. Lors des élections de 1997, l'Église a appelé à accomplir son devoir électoral, mais s'est tenue en dehors des choix partisans.

3) Depuis 1997. Cette nouvelle période est illustrée par la récente ratification du Concordat. Elle comprend une relation plus positive et plus claire entre Église et État, dans une collaboration face aux problèmes de la société polonaise aujourd'hui. Mais la gauche reste très opposée à l'Église. Avec un président ex-communiste (qui a pris ouvertement ses distances par rapport au Parti, sans doute pour des raisons tactiques) et un premier ministre protestant, la Pologne montre qu'elle est un pays tolérant, à l'inverse de l'image déformée de l'Église de Pologne véhiculée en Occident à partir de la nouvelle affaire d'Auschwitz ou de celle du père Jankowski - ce dernier a d'ailleurs été interdit un an de prédication par son évêque, malgré sa renommée. Le prestige de l'Église est ainsi aujourd'hui nettement en hausse, mais l'hostilité à un retour de l'Église à l'interventionnisme politique reste fort.

De son côté, Krzysztof Kosela note aussi, ces dernières années, un rapprochement net des élites locales avec l'Église. La plupart des hommes politiques souhaitent une présence publique mais non politique de l'Église, et leur opinion sur les prêtres est maintenant positive. Une enquête récente a apporté une grande surprise. Alors que les partis de droite, les plus proches de l'Église, sont réservés sur l'entrée de la Pologne dans l'Europe, 88 % des prêtres y sont favorables. Krzysztof Kosela pense que cela vient de leur haut niveau d'éducation et de ce qu'ils ont plus voyagé à l'étranger que la moyenne des Polonais.

La grande affaire actuelle, c'est le Concordat, enfin ratifié au printemps 1998. Mgr Tadeusz Pieronek, qui en a été un des principaux artisans et que le Saint-Siège vient de nommer président de la Commission de suivi pour sa mise en application, en explique les enjeux. Pour lui, il faut partir de l'histoire pour comprendre. Il y a 53 ans, les communistes ont rompu le Concordat entre la Pologne et le Saint Siège. Ceci a permis la lutte contre l'Église et l'athéisation de la société. L'article de la Constitution de 1952, qui proclamait la séparation de l'Église et de l'État, donnait en fait le droit au pouvoir de soumettre l'Église. Dès les années 70, la situation a commencé à évoluer. En absence de législation, l'Église a dû agir dans l'illégalité pour construire des églises, créer des mouvements, etc.

L'État a fini par comprendre qu'il était nécessaire d'avoir une base juridique pour les relations Église-État, et les négociations ont commencé. Elles ont duré longtemps, et ce n'est que le 17 mai 1989, juste avant la fin du régime, que le Parlement a voté la loi sur les relations Église-État. Quelques semaines plus tard, Solidarité gagnait les élections et l'Église était libre. Dès ce moment, il y a un accord sur le retour au système concordataire - normal et naturel dans la tradition polonaise (la République tchèque, qui n'a pas cette tradition, envisage aussi d'aller dans cette direction). Car il faut une base stable aux relations Église-État, que seul un Concordat peut donner. Le 26 juillet 1993, le Concordat est signé, mais doit être ratifié par le

Mgr Pieronek

M. Ratajski

Parlement polonais. C'est alors que les ex-communistes gagnent les élections. La ratification est gelée et quatre ans de négociations n'y changeront rien. Elles ont toutefois été très utiles, en ce sens qu'elles ont permis à la population de comprendre l'enjeu du Concordat. Avec les nouvelles élections et le retour de Solidarité au pouvoir, les choses sont allées vite, et le Concordat a enfin été ratifié, il y a deux mois, par le Parlement.

Les deux seuls changements visibles du Concordat, par rapport à la loi de 1989 et à la législation introduite depuis 1989, concernent, selon Mgr Pieronek, le mariage (le mariage religieux tiendra lieu de mariage civil) et la catéchèse scolaire dans les écoles maternelles. Les autres aspects sont plus techniques : sécurité sociale des clercs et des religieuses, impôts payés par l'Église, possibilité de réductions d'impôts pour les dons faits à l'Église ou système libre d'«impôt» ecclésiastique (modèle italien, pas le modèle allemand), statuts des écoles catholiques, biens culturels, etc. L'Église est prête pour tout ceci, qui nécessitera du temps et sera la charge particulière de Mgr Pieronek. Mais il ne devrait pas y avoir de problèmes de fond.

Mgr Pieronek est serein : «*Dans une société pluraliste, les polémiques ne cesseront jamais. L'Église doit avoir conscience que la société n'est pas et n'a pas à être homogène*». D'ailleurs, les polémiques sur le rôle de l'Église se sont beaucoup apaisées et portent plus sur d'autres sujets. De plus, s'il y a des milieux qui rejettent l'Église et s'attaquent à elle, les polémiques et discussions viennent aussi de ceux qui l'aiment et veulent l'aider à être meilleure.

Quand je l'interroge sur ces relations Église-État, Mgr Zycinski pense que les risques de «retour de bâton» face à cette embellie des rapports Église-État sont limités, car c'est une coopération concrète qui s'est instaurée entre les deux, et non pas idéologique ou politique. L'Église participe à la formation d'une élite de jeunes pour la nation, et c'est très important.

Pour Marcin Przeciszewski, les années de polémiques sur le Concordat ont été utiles du côté du monde politique, qui a compris que l'Église n'est pas forcément un adversaire, mais aussi du côté de l'Église qui voit mieux l'autonomie du temporel. Pour lui, ce sont les personnes qu'il faut évangéliser, et non pas d'abord la vie publique en tant que telle. Ceci est particulièrement vrai vis-à-vis de la jeunesse. Le défi premier des jeunes Polonais, c'est l'adaptation au monde présent, celui de la prédominance de l'économie. Marcin Przeciszewski estime qu'il y a beaucoup moins d'étudiants qu'il y a dix ou vingt ans intéressés par la haute culture : *«C'est une génération très pragmatique qui doit, à la fois, travailler et faire des études, qui se sait appelée à gérer la nouvelle Pologne, mais n'a pas le temps de s'occuper de la grande culture»*. Selon lui, la culture rock est adaptée à ces nouvelles générations, et peut, elle aussi, être christianisée. Mais il y a aussi une crise des milieux scientifiques, décimés par l'émigration ou la politique.

L'Église et la culture

Slawomir Ratajski, jeune vice-ministre de la Culture est aussi un catholique pratiquant. Pour lui, le problème culturel essentiel aujourd'hui est celui de la communication entre la grande culture et la culture populaire, de plus en plus éloignées. Il y a d'autre part des diversités culturelles régionales et locales à préserver et à développer. Un autre problème est que les médias se désintéressent, pour la plupart, de la grande culture, aggravant l'isolement de celle-ci. De plus, les médias diffusent des modèles qui favorisent la permissivité et les attitudes de consommation. Face à ces problèmes, les organismes culturels existants ont une tendance nette à la bureaucratie. Le nouveau gouvernement veut développer les autonomies culturelles régionales et veut que chaque province polonaise développe son identité culturelle, jusqu'au niveau du village.

Et c'est à partir de ce niveau et jusqu'aux sommets de l'État que l'Église et l'État peuvent et doivent coopérer : *«Nous voulons que les portes des Églises soient ouvertes»*. Le curé est un personnage clé de la vie culturelle des villages. Le vice-ministre pense que la coopération entre Église et État dans le domaine culturelle doit être visible à tous les niveaux. Pour lui, les laïcs engagés avec l'Église peuvent être des agents culturels, car ils aiment l'héritage de la nation et ce sont des gens déterminés. Pour M. Ratajski, la religion constitue le sommet de la culture et, en Pologne, on ne peut dissocier les deux. C'est pourquoi la coopération Église-État est naturelle pour sauvegarder l'héritage national, souvent religieux (monuments), pour favoriser le développement des dimensions spirituelles de la nation polonaise, pour organiser ensemble des manifestations culturelles - festivals de chant, de musique religieuse, art sacré... Cette vision de la coopération entre l'État et l'Église peut s'appuyer maintenant sur le Concordat, «*les points de vue de l'Église et de l'État ne sont pas les mêmes, mais la ligne dominante va vers des relations étroites et proches*».

Un lieu particulier de la synergie Église-État c'est, selon lui, le développement culturel à partir de la famille. Car le déclin de la famille entraîne des conséquences graves pour la jeunesse. L'Église et l'État peuvent favoriser les manifestations culturelles où toute la famille se retrouve. Le communisme a laissé un héritage culturel désastreux, l'État se substituant à la famille en ce domaine comme pour toute l'éducation et il faut que la famille reprenne ses responsabilités culturelles et de transmission du patrimoine national.

Marcin Przeciszewski précise, de son côté, d'autres aspects de cette relation entre l'Église et le monde de la culture en Pologne. Il y a eu une crise importante entre 1990 et 1993, mais les relations se renouent. L'Église ne peut plus jouer son rôle de mécène et d'espace de liberté - refuge pour les artistes et les créateurs car, aujourd'hui, ceux-ci n'ont plus besoin de l'Église. Le mouvement de rapprochement qui commence est différent : des artistes cherchent inspiration et soutien pastoral près de l'Église. L'Église est perçue par eux comme partenaire.

Un regard moins optimiste

Rencontre avec Stefan Wilkanowicz : ce grand nom de la résistance catholique de Pologne depuis les années 50, est peut-être le moins optimiste de tous mes interlocuteurs polonais. Pour lui, l'Église de Pologne doit aujourd'hui faire face à des défis vitaux. Toute la pastorale de l'Église de Pologne doit selon lui être repensée pour devenir vraiment christocentrique, et pas seulement ecclésiocentrique. *«Il faut travailler pour que chaque chrétien ait un lien personnel avec le Christ, se sente personnellement lié avec lui, c'est d'ailleurs ma définition du chrétien»* - qu'un prêtre lui a donné dans sa jeunesse. Pour lui, la pastorale reste trop liée à la vie quotidienne et la routine des paroisses, avec les événements politiques, avec le *«point de vue de l'Église»*. Or, la civilisation pluraliste, relativiste, centrifuge dans laquelle entre la Pologne, exige un recentrement de chacun sur l'essentiel. Le développement des nouveaux mouvements spirituels et d'action caritative est bon, mais ne suffit pas.

Sur l'engagement social des chrétiens, Stefan Wilkanowicz n'est pas moins exigeant : *«L'Église de Pologne n'a pas besoin de prêtres politiciens, mais de prêtres engagés dans la vie sociale, ce qui n'est que trop rarement le cas aujourd'hui»*. Il cite les questions du chômage et de l'exclusion, sur lesquelles l'Église comme l'État se taisent. *«Il n'y a pas encore de prise de conscience réelle»*, alors que les restructurations, par exemple en Silésie, se font sur une vaste échelle. Toutefois, des initiatives existent. Il me donne comme exemple celle de ce curé de Silésie, d'une paroisse minière sinistrée, qui a réuni tous les acteurs sociaux de la commune (municipalité, syndicats, patronat, organisations sociales) et donné l'impulsion pour des actions concrètes de solidarité spirituelle et sociale avec ceux qui sont menacés par l'exclusion.

Sur le clergé, Stefan Wilkanowicz explique qu'à l'époque du communisme, les laïcs et le régime, pour des raisons diamétralement opposées, concourraient ensemble à «enrichir» le clergé. À la chute du communisme, les laïcs ont soudain «découvert» que leurs prêtres étaient riches, alors qu'ils les avaient eux-mêmes enrichis», et ont commencé à les critiquer pour cela. Or, au même moment, l'Église s'est appauvrie (inflation galopante), avec le paradoxe d'une Église plus pauvre accusée d'être plus riche. Aujourd'hui, beaucoup dépend de la personnalité du prêtre. Stefan Wilkanowicz conclut : «*Ma formule pour l'Église, c'est qu'elle doit être toujours plus chrétienne, c'est-à-dire plus centrée sur le Christ, plus catholique, c'est-à-dire plus ouverte à l'universel ; plus ecclésiale, c'est-à-dire plus communautaire.*»

Transmettre la foi aux nouvelles générations

Une cour avec de la verdure, et une statue de la Vierge au milieu, entourée d'immeubles vieillis prématurément, mais avec interphone. Maria Pienkowska me reçoit dans son petit appartement. Au mur, une photo du père Jerzy Popieluszko, une affiche du nouveau-né de Georges de la Tour ; sur une petite table, deux belles icônes, dont une authentique. Maria est catéchiste dans une école primaire d'État depuis sept ans, après avoir enseigné cinq ans dans sa paroisse. C'est elle aussi qui a introduit la Communauté de l'Emmanuel en Pologne, mais c'est de son expérience de catéchèse qu'elle parle aujourd'hui.

Le risque de la catéchèse scolaire aujourd'hui, me dit-elle, c'est que pour les enfants, ce peut être une leçon comme les autres ; ce risque est redoublé au niveau des parents, qui sont tentés de se débarrasser ainsi de toutes leurs responsabilités dans l'éducation religieuse et morale de leurs enfants. Mais, par ailleurs, la catéchèse touche des enfants qui ne seraient jamais venus à la paroisse : 95 % des effectifs de l'école élémentaire (sept ans jusqu'à quinze ans). Maria se souvient ainsi d'un enfant dont le père était athée virulent et la mère, une psychologue, indifférente. L'enfant a voulu être baptisé et les parents ont fini par s'incliner. Maria va les voir. Le père s'est éclipsé, la mère lui dit : *«Nous sommes très anticléricaux»*. Maria répond : *«Excusez-moi, je n'ai pas mon col romain et mon clergyman aujourd'hui»*. La mère éclate de rire, la glace est rompue.

Jusqu'à la première communion (huit ans), les enfants suivent bien et avec intérêt : *«Chez les petits, il y a parfois un travail de la grâce si visible. Et puis, les parents viennent tout détruire, et notre position est délicate, nous ne pouvons pas dresser les enfants contre leurs parents. Et pourtant, la science de la foi est parfois donnée à ces petits de façon extraordinaire».* Pourtant, bien qu'elle fasse la catéchèse dans un quartier riche, les enfants en général, «*crèvent de solitude*». Les parents ne pensent qu'au *business*, à l'argent ou à «*l'épanouissement personnel*». Les enfants ont déjà de graves blessures affectives. Ils sont abandonnés à la T.V. et aux *Game boys* - parfois si violents qu'ils sont interdits en Occident mais vendus à l'Est.

Stefan Wilkanowicz apporte un témoignage concordant avec celui de Maria Pienkowska sur la catéchèse. Le catéchisme à l'école a eu, selon lui, des résultats ambivalents. D'un côté, il permet à plus de jeunes d'être catéchisés - en particulier les jeunes des établissements professionnels, pour qui c'était pratiquement impossible, avant 1989 ; de l'autre, c'est plus difficile, surtout qu'il y a une crise de l'institution scolaire : le sociologue, chargé de réaliser l'étude nationale devant servir de base à la réforme scolaire, a ainsi résumé, devant moi, la situation : «L'école est détestée par les jeunes, détestée par les professeurs, détestée par les parents». En plus, les prêtres sont surchargés par les cours, et peu de laïcs sont formés - le diocèse de Katowice formant une heureuse exception. Et la plupart des paroissiens ne veulent pas de catéchèse faite par des laïcs. Il faudra du temps pour changer les mentalités, même si les expériences réussies de bonne collaboration prêtres-parents pour la catéchèse se multiplient.

De son côté, Krzysztof Kosela note que d'après les sondages d'opinion, la catéchèse scolaire est plutôt bien vue des jeunes, surtout dans les lycées, car c'est le cours le moins autoritaire. Beaucoup de jeunes participent spontanément aux retraites et activités parascolaires liées à la catéchèse, en particulier durant la semaine sainte. Il en indique cependant un effet pervers : les jeunes sont beaucoup moins visibles dans les églises, surtout pendant la semaine. D'une certaine façon, ce sont les plus intéressants qui ont tendance à ne plus fréquenter l'Église, ceux-là même qui y venaient au temps du communisme.

L'Église doit se faire connaître

En 1989, il n'y avait en Pologne qu'un seul quotidien soi-disant catholique autorisé, *Slowo Poschzewnie*, aux mains de Pax. Après la chute du communisme, les leaders de Pax ont reconnu leurs fautes vis à vis de l'Église. Après quelques essais infructueux, le cardinal Glemp a soutenu le quotidien de Pax, devenu *Slowo*, pour en faire le quotidien catholique de Pologne. Mais l'équipe était restée la même et le journal a fait faillite. Le directeur de Radio Maryja (voir ci-dessous) a alors proposé de le reprendre, mais Pax n'a pas voulu céder le matériel et les locaux. Le père Rydzyk a alors lancé son propre journal, *Nash Dviennik*, dans la ligne de Radio Maryja. Ce quotidien, sans liens avec l'épiscopat, tire à 300.000 exemplaires. Et il n'y a toujours pas de quotidien d'envergure nationale catholique en lien avec l'épiscopat.

De leur côté, les revues catholiques prestigieuses de l'époque communiste ont connu aussi des temps difficiles. Le prestige de *Znak*, de *Tygodnik Powszchweny* ou de *Wiez* est grand, mais il y a peu de jeunes intellectuels désireux de poursuivre dans la même voie personnaliste d'un christianisme profond, en dialogue avec la culture et la société. Toutefois, après une baisse sensible du tirage après 1989 («*il est vrai qu'avant, nous avions un quasi-monopole dans l'Église*», note Stefan Wilkanowicz), le tirage de *Znak* remonte et les éditions *Znak* marchent très bien, une centaine de titres par an. Et des revues comme *Fronda* ou *Wiez* montrent que la relève des grands noms est assurée, parfois par de très jeunes.

Mais l'épiscopat a besoin de faire entendre la voix de l'Église en Pologne. C'est pour cela que la KAI (Agence de Presse Catholique) a été fondée en 1993, dans un contexte difficile. Jusqu'en 1989, les évêques polonais disposaient d'un service de presse, *Pismo Okolne* («Lettres Générales»), diffusant les lettres pastorales et communiqués des évêques (ce service existe toujours, sous forme *d'Actes de l'Épiscopat polonais*, publiés annuellement). A partir de 1990, les divergences entre l'Église et la majeure partie de la presse et des médias non-catholiques se sont élargies. Elles ont joué un rôle non négligeable dans les problèmes de l'Église à cette époque. C'est pourquoi, en mars 1993, la Conférence épiscopale a décidé de créer un Conseil de Programme pour une Agence Catholique de Presse. Ce conseil de cinq évêques, sous la présidence de Mgr

Zycinski (Mgr Pieronek étant vice-président), a créé la KAI (dont l'épiscopat est l'unique actionnaire) et a nommé un comité exécutif pour la diriger. Marcin Przeciszewski, a été choisi comme premier directeur, avec deux autres journalistes pour l'assister.

L'objectif des évêques était précis : la polémique continuelle, en particulier avec la «gauche laïque» qui avait participé au même combat contre le communisme faisait un tort immense à l'Église (cf. Supra p. 139). Or, cette polémique reposait aussi sur des malentendus. L'Église était accusée de vouloir revenir au Moyen-Âge, de vouloir faire de la Pologne un état confessionnel, de vouloir s'emparer de la réalité du pouvoir politique. Le concordat signé en juillet 1993 (il ne sera ratifié qu'en mars 1998) semblait donner raison à cette interprétation. Derrière, tout cela, il y avait bien sûr les ex-communistes cherchant une revanche face à l'Église, mais aussi le contexte de la décomposition du mouvement Solidarité, à travers des polémiques souvent très dures. Enfin, les réactions de l'Église à ces agressions contre elle, étaient souvent non moins agressives, ce qui ajoutait à la polémique.

C'est pour renverser cette situation que les évêques ont voulu une agence autonome, sérieuse, professionnelle, donnant une information religieuse objective. Pour les évêques, il ne s'agissait pas d'une croisade pour la reconquête des esprits, mais d'ouvrir la possibilité d'un espace de dialogue entre l'Église et les médias. L'Église n'a pas peur de la vérité, mais la vérité, l'objectivité doivent être la base du dialogue, en matière religieuse comme pour le reste. L'exemple des agences catholiques en Occident montrait que cela était possible. Cinq ans plus tard, Marcin Przeciszewski estime que le défi a été relevé, et KAI développe ses activités.

La réconciliation avec le peuple juif

Entretien avec Barbara Sulek-Kowalska, une personnalité très chaleureuse, «femme forte» au sens biblique du terme, coupé de nombreux appels téléphoniques de journalistes, de militants catholiques, de membres du syndicat Solidarité, mais aussi d'acheteurs potentiels pour six chiots.

Barbara Kowalska est une des responsables du dialogue judéo-chrétien, au sein de la commission épiscopale pour les relations judéo-chrétiennes. Ce dialogue a connu un développement extraordinaire depuis 1989. Mme Kowalska me montre les livres publiés : le recueil de textes du Magistère a été tiré à 10 000 exemplaires et il est actuellement épuisé ; un recueil de base moins épais est largement (et gratuitement) diffusé auprès des catéchistes et des paroisses. «*Qui aurait dit, il y a cinquante ans, que l'Église de Pologne pouvait faire tout ceci pour les Juifs ?*». Il y a aussi la journée du monde juif, les réunions de prière sur le site du Ghetto de Varsovie, les colloques, etc. Pourtant, ce dialogue connaît aujourd'hui une crise. Sa cheville ouvrière, le Père Waldemar Chrostowski, vient de démissionner de son poste de coprésident de la Commission, après avoir été traité d'antisémite dans la presse juive, parce qu'il défendait le texte de Rome sur la Shoah. Pour Mme Kowalska, la grande difficulté du dialogue vient de la faiblesse du partenaire juif polonais. Non seulement à cause du petit nombre de Juifs en Pologne, mais parce que l'athéisation de la communauté juive, à l'époque communiste, a été menée très loin. Il a fallu, en 1989, qu'un rabbin vienne spécialement des États-Unis pour aider le judaïsme polonais à se reconstituer : *«Or, il est très difficile de dialoguer avec quelqu'un qui n'est pas sûr de son identité»*.

Un autre problème est le décalage entre les Juifs de Pologne, bien intégrés, et les autorités israéliennes, qui les poussent à partir en Israël. *«En 1993, j'étais présente quand le président Hertzog leur a demandé cela et qu'ils n'étaient pas contents. A l'époque, rien n'avait transparu dans la presse. Quand Benjamin Netanyahou a fait la même demande à la communauté juive de Pologne, cette année, non seulement il y a eu le même refus, mais les journaux l'ont publié»*. Le 24 avril 1998, en effet, alors que 7 000 juifs du monde entier ont participé à la *«marche des vivants»* à Auschwitz. Les deux premiers ministres israélien et polonais s'y trouvaient, ainsi qu'une délégation de jeunes catholiques. M. Netanyahou a appelé les jeunes juifs du monde entier à partir en Israël et a accusé les Occidentaux de n'avoir rien voulu faire pour arrêter Auschwitz, alors *«qu'il n'était pas difficile de tout arrêter»*.

Mme Kowalska est une optimiste, malgré ces réticences du côté juif, malgré les graffitis antisémites qu'on peut voir sur les murs. Elle croit que les relations sont sur la bonne voie : *«De toutes façons, nous ne pouvons faire autrement, c'est notre foi qui nous pousse à ce dialogue - un dialogue qui doit être fort, large, profond et nécessaire»*. Barbara Kowalska regrette aussi les interférences constantes de l'étranger sur le dialogue judéo-chrétien en Pologne. Les juifs américains, israéliens ou français sont souvent hostiles à priori aux catholiques de Pologne. Ils créent des problèmes qui n'existent pas et déforment la réalité, et ceci joue en retour contre le dialogue.

Les mouvements catholiques, un second souffle pour l'Église

Rencontre avec le père Adam Schulz, coordinateur des mouvements catholiques en Pologne. Il y a actuellement 150 mouvements d'envergure nationale et plus de 1000 locaux —soit 4 % des Polonais actifs dans un mouvement catholique, et 10 % des pratiquants— entre 1,2 et 1,4 millions de personnes. Quelle richesse !

Les principaux mouvements sont le Renouveau charismatique (groupe de prière) avec 200 à 250 000 membres, le Néo-catéchuménat, Oasis (plus de 100 000 membres). D'autres mouvements sont en plein essor comme le Chemin Neuf, les Communautés de Vie Chrétienne, ou plus anciens : Focolari, Foi et Lumière, etc.

En 1994, 133 mouvements ont participé au 1er Congrès des mouvements catholiques. Le cardinal

Trujillo et Mgr Cordes étaient venus de Rome, ainsi qu'un représentant des catholiques allemands. Jean-Paul II avait envoyé une lettre très favorable et de nombreux évêques polonais étaient présents. Le second Congrès, qui commence en mai 1998, se déroulera en trois ans. Le premier ministre polonais a envoyé une lettre de soutien pour l'ouverture de ce second Congrès, et le père Schulz la traduit pour moi. M. Buzek écrit notamment : «*Pour le gouvernement, la coopération avec les organisations non-gouvernementales est très importante. Elle continue la grande tradition de la Pologne, du temps historique, où nous n'avions pas l'indépendance. Ce sont de grands patriotes qui sont issus de ces mouvements qui ont été les animateurs de la reconstruction du tissu de la vie économique et sociale du pays*». Il prodigue ses encouragements à suivre la même route...

Les mouvements ont toujours mis l'accent sur la formation de leurs membres. Ils arrivent maintenant, de plus en plus, à une nouvelle étape, celle de la multiplication des engagements concrets et initiatives concrètes dans la vie sociale, l'éducation, la santé, l'attention aux plus défavorisés. Il y a déjà 30 à 40 écoles ouvertes par des mouvements, des dizaines de centres pour SDF ou marginaux. Des membres des mouvements sont très présents dans les assemblées locales, voire au Parlement. C'est vraiment une élite du laïcat chrétien qui se met ainsi en place.

Les membres des mouvements sont très présents dans les paroisses (25 mouvements dans la paroisse de saint André Bobola, souvent 10 à 15 dans une paroisse urbaine). Mais l'essentiel pour les membres est de vivre en profondeur sa foi chrétienne et la relation personnelle au Christ dans la vie quotidienne, le travail, la famille. Il y a aussi une présence très forte dans les médias (60 à 70 % des journalistes chrétiens sont membres d'un mouvement).

Qui est touché par les mouvements ? Tous les âges et tous les milieux, mais surtout les jeunes adultes (30-40 ans), par les nouveaux mouvements et les personnes plus âgées par les Tiers Ordre. Il y a des mouvements de jeunes, soit spécifiques (scoutisme), soit partie d'un mouvement (Oasis).

Le nombre de membres des Mouvements est en augmentation de 250 % depuis la fin du communisme, avec le même pourcentage d'augmentation pour le nombre de mouvements. Cet accroissement quantitatif s'accompagne d'un approfondissement spirituel et d'un rayonnement dans l'engagement des mouvements. L'engagement dans l'Église et la société des membres des mouvements repose sur eux. De plus en plus de responsables, dans l'Église, dans la politique ou dans la société découvrent cette richesse pour le pays, même si les mouvements sont discrets et ne font aucune publicité de type commercial. Début mai 1998, à l'ouverture du premier Congrès diocésain, à Byalistok, les responsables politiques de la voïvodie étaient présents. Ils n'en revenaient pas de découvrir que des membres de mouvements avaient déjà ouvert quatre écoles, des centres pour les SDF, organisaient des actions d'aide pour la Biélorussie, la Russie et l'Ukraine, etc. *«Ce fut un choc pour eux de découvrir tout cela»*.

Mgr Pieronek confirme cette bonne santé des mouvements. Il rappelle que quasiment tous les mouvements catholiques du monde entier sont venus s'installer en Pologne ! Le rapprochement avec les paroisses se fait de façon satisfaisante et l'Église les suit de près. Pour Marcin Przeciszewski, les Mouvements représentent l'avenir de l'Église de Pologne. Ils ont un dynamisme réel et approprié aux grandes lignes du Concile Vatican II. Au plan local, l'intégration paroissiale reste le principal problème des mouvements. Les paroisses sont en perte de vitalité, parce que la catéchèse se fait maintenant à l'école et qu'il n'y a plus ce mouvement et cette vie des jeunes dans l'Église. La paroisse tend parfois à se refermer dans un certain «cléricalisme» autour de son équipe de prêtres. Un espoir : aujourd'hui, la moitié des vocations nouvelles vient des nouveaux mouvements, alors que les vocations à l'époque communiste venaient surtout du catholicisme traditionnel de la campagne.

Krzysztof Kosela rappelle, de son côté, que ces nouveaux mouvements religieux (Oasis, Famille de Nazareth, etc.) étaient promis à une mort rapide après 89, par les spécialistes de la Pologne. En fait, ils se maintiennent. Ils n'ont certes plus la croissance exponentielle des années 80 –quand certains doublaient chaque année le nombre de leurs membres– mais demeurent un élément fort du catholicisme polonais (il note que les sectes ont elles perdu tout leur dynamisme des années 80).

Sans être un mouvement, l'Opus Dei, qui se développe en Pologne, participe du même esprit. C'est un prêtre argentin d'origine polonaise, le père Stefan Moszoro, qui a implanté l'Oeuvre à partir de 1989. Le premier évêque à inviter l'Opus Dei a été Mgr Majdanski, suivi du cardinal Glemp. Depuis l'Opus Dei a aussi ouvert des centres à Cracovie et dans un village pour les retraites, à Boja Wola. Une cinquantaine de prêtres polonais font leurs études dans les institutions de l'Opus Dei à Rome et Pampelune. Selon ses responsables en Pologne, l'Opus Dei connaît un développement rapide car sa spiritualité de sanctification dans le travail attire beaucoup de Polonais, soucieux d'approfondir leur vie spirituelle dans leur existence concrète, après le vide créé par l'effondrement du communisme. Des gens de tous les milieux se mettent en contact avec l'Opus Dei, surtout des classes moyennes et intellectuelles. Leur trait commun : ils veulent être chrétiens tous les jours, pas seulement le dimanche et demandent une formation à la fois vraiment d'Église et concrète. L'Opus favorise une pastorale par la base plutôt que par le sommet -par exemple, plutôt que nommer un «aumônier des chauffeurs de taxi», il faut aider des chauffeurs de taxi croyants à être les apôtres de leur milieu). De même pour les activités destinées aux jeunes, qui se font à l'initiative des parents.

Un «mouvement» catholique d'un type spécial, et une pomme de discorde pour l'Église de Pologne aujourd'hui, c'est Radio Maryja. Cette radio catholique est totalement indépendante de l'épiscopat. Elle a une grande audience (5 à 9 millions d'auditeurs selon les sources, dont 3 à 4 millions comme noyau dur). A partir d'elle est né un grand mouvement, appelé «Famille de Radio Maryja» avec une presse, et même un parti politique qui compte une trentaine de députés au sein de l'AWS. Ce mouvement se veut catholique, mais il est complètement en dehors des structures de l'Église, et entretient une polémique fréquente avec des évêques, et montre, selon la plupart de mes interlocuteurs, même les moins hostiles à Radio Maryja, un antisémitisme affiché. Ceci a conduit le cardinal Glemp a faire une sévère mise en garde contre son fondateur et principal chroniqueur, le père Rydzyk, au printemps 1998. Quasiment tous mes interlocuteurs polonais m'ont parlé de Radio Maryja et ont exprimé leur inquiétude sur ce sujet.

Tous reconnaissent d'abord que Radio Maryja est une bonne radio pour la prière et la catéchèse. Il y a beaucoup de prières quotidiennes, la messe tous les jours, de solides émissions d'exégèse ou de formation chrétienne. Mais, d'une part, c'est la seule radio où il n'y a aucune censure pour les auditeurs qui interviennent en direct. Et ce sont le plus souvent ceux qui se plaignent qui appellent, ceux qui ont des griefs contre tout : la société, L'État, l'Église... Ceci donne une image faussée de la Pologne qui, en retour, fausse les esprits : une Pologne où rien ne va, où toutes les valeurs disparaissent, où on ne peut dire que non à tout ce qui se passe. D'autre part, le père Rydzyk et d'autres intervenants mélangent à l'antenne ou dans leur presse politique et religion, avec des prises de positions politiques très dures vis-à-vis de l'Europe, de la démocratie, voire réclament l'annexion de Kaliningrad et de la Lituanie, ou insistent sur les origines juives de tel ministre... Ces heures d'auditeurs en direct et les interventions du père Rydzyk accroissent le malaise d'une partie de la population, qui se reconnaît en Radio Maryja et devient agressive vis à vis des autres polonais et de l'Église. Il s'est créé ainsi une division non pas tant au niveau politique que dans l'Église elle-même.

Sur le fond, la divergence entre la hiérarchie et Radio Maryja concerne la relation entre l'Église et la société. Pour la plupart de mes interlocuteurs, Radio Maryja est restée figée sur la situation du communisme et de l'immédiat après-communisme, d'où son refus de l'évolution de l'Église ces cinq dernières années. Tout est loin d'être faux dans le combat de Radio Maryja, et le libéralisme est réellement un défi pour l'Église, mais différent du communisme, et c'est pourquoi l'Église de Pologne a aujourd'hui une pastorale constructive et non pas seulement d'opposition.

Parallèlement au développement des mouvements catholiques, il y a celui de l'Action catholique, refondée en Pologne au milieu de la décennie, sur des bases assez différentes de celle que nous connaissons en Europe occidentale. Il est encore difficile d'en faire un premier bilan de cette résurrection de l'Action Catholique, très forte en Pologne avant 1939.

Pour Mgr Pieronek, l'Épiscopat est divisé dans sa vision de l'Action catholique. Une partie des évêques pensent qu'elle doit se développer à partir du sommet, en un organisme très centralisé, suivant les directives de la Conférence épiscopale. Les autres (et Mgr Pieronek, même s'il ne le dit pas explicitement, penche nettement de ce côté) ont une vision qui part des initiatives de la base et du niveau diocésain. «Il est encore trop tôt pour dire quel modèle a le plus de chance de s'imposer».

Mgr Zycinski m'a donné l'exemple de son diocèse. Organisée dans les paroisses et au niveau national, elle a une action à la fois générale (à la différence des mouvements et de la pastorale spécialisée) et concrète : organisation de camps de vacances cet été pour handicapés, familles nombreuses, des enfants de Tchernobyl...

Pour Marcin Przeciszewski, l'Action Catholique manque toujours de leadership et d'objectifs. Tout dépend des personnes qui y sont engagées. A Szczecin, par exemple, ce sont des anciens du KIK (Club des Intellectuels Catholiques) qui l'ont lancée, et un travail de réflexion intéressant est mené, même s'il ne débouche pas vraiment sur l'action.

Pour Stefan Wilkanowicz, c'est Jean-Paul II qui a voulue l'Action Catholique en Pologne, mais il y a deux modèles - celui à partir du sommet, voué à l'échec, et celui à partir de la base. Le risque que l'Action catholique ne soit que la superstructure des mouvements a été écarté, même si ce sont souvent les mêmes qui ont plusieurs casquettes, de mouvements et d'action catholique dans les paroisses.

Pour Barbara Kowalska, tout ce qui a été fait pendant l'état de guerre et se poursuit aujourd'hui, au sein de l'Action catholique, vise à former des chrétiens, à commencer par les jeunes, qui prennent ensuite des responsabilités sociales, familiales, politiques, dans un esprit chrétien. Paradoxalement, la pastorale des milieux a surtout marché à l'époque de Solidarité et de l'état de guerre car, alors, la société était à la recherche d'un modèle alternatif au modèle communiste et a essayé de le réaliser à partir de la doctrine sociale de l'Église. Aujourd'hui, cette dynamique existe moins, d'une part parce qu'une partie importante des élites chrétiennes formées à cette époque se sont engagées depuis 1989 dans la politique, le syndicalisme, l'administration locale ou le journalisme et dispose de beaucoup moins de temps pour un engagement directement ecclésial ; d'autre part, parce qu'il n'y a plus cette demande de la société dans la nouvelle donne pluraliste. C'est pourquoi, l'Action Catholique a bien du mal à se trouver une vision claire de ses buts et de sa raison d'être.

Où va l'Église de Pologne ?

Le monolithisme épiscopal et ecclésial de l'Église de Pologne appartient désormais au passé. On peut toutefois résumer les différences entre les uns et les autres en parlant de deux pôles, un pôle « de fidélité » et un pôle « d'ouverture » dans l'épiscopat et l'Église polonaise. Il ne s'agit pas d'une querelle médiocre, même si la tentation de simplifier existe. La Pologne est entrée, depuis 1989, dans un nouveau monde. Le père Dukala, un religieux lazariste, dit à juste titre, que 1989 n'est en rien le retour à une Pologne démocratique d'avant le communisme et la seconde guerre mondiale. Les différences sont essentielles : le territoire polonais n'est plus le même, la composition ethnique non plus, ni la composition sociale, ni le monde extérieur ; et il y a l'héritage communiste, omniprésent dans les têtes comme dans les structures ou les paysages économique et social.

La Pologne et son Église sont donc dans une situation radicalement neuve - qui n'est pas non plus celle de l'Occident (héritage communiste, identité nationale, structures économiques, place de l'Église, etc.). Or les élites de la nouvelle Pologne n'ont pas été préparées à cette tâche. Les seuls qui auraient pu l'être, ce sont les réformateurs communistes. Mais leur athéisme, leur anticléricalisme et leurs mauvaises habitudes d'hommes de pouvoir les disqualifient.

Ce monde nouveau n'est pas un chaos, il est fondé sur quelques principes antagonistes ou du moins qui ne se sont pas rencontrés jusqu'à présent en Pologne. D'un côté, le pluralisme politique et culturel perçu comme base normale et positive, l'individualisme, la démocratie politique, le libéralisme économique, l'ouverture au capital et aux produits occidentaux, la volonté de rejoindre l'Union européenne, le primat de la communication et son développement exponentiel (autoroutes de l'information) ; de l'autre, une unité nationale polono-catholique jamais connue auparavant, la reconnaissance sociale et politique d'un rôle nécessaire de l'Église en ces domaines, un taux important de pratique religieuse et d'engagement chrétien, donc une visibilité de la présence de Dieu dans les coeurs, un héritage national, historique et culturel bien vivant...

Le défi, c'est que tout ne se joue pas seulement entre ces deux pôles de fidélité et d'ouverture. Deux agents extérieurs troublent le jeu, les forces conjuguées du passé communiste et de l'idéologie pratique de l'argent-roi, destructives et négatives. Ce n'est donc pas une situation simple et les visions dualistes («conservateurs-libéraux», «droite-gauche», «intégristes-progressiste») sont tout à fait inadéquates. Quelles que soient leurs positions personnelles, mes interlocuteurs polonais reconnaissent la légitimité du pôle qu'ils ne privilégient pas, les réactions sur Radio Maryja des uns et des autres sont caractéristiques à cet égard. Il y a dans l'Église de Pologne aujourd'hui un respect de celui qui est différent que j'aimerais trouver chez nous.

Que Dieu suscite l'homme ou les hommes capables de cette tâche historique, dont l'importance dépasse la Pologne, car son originalité va diminuer alors que sa modernité va s'accroître ! Malgré les faiblesses et les déceptions, je crois qu'il n'est pas complètement utopique de penser que l'Église de Pologne a toujours un rôle à jouer vis à vis de l'Occident, comme elle en a eu un de 1945 à 1990 vis à vis de l'Est de l'Europe -, celui de montrer qu'une réponse positive à la question «*la foi chrétienne peut-elle survivre à la démocratie libérale des sociétés d'abondance dans les coeurs et de façon publique ?*». Cette question était au coeur de ce voyage - tout ce que j'ai vu en Pologne me pousse à y répondre, à la fin de ce voyage, par un «oui» prudent et confiant, laissant la parole pour conclure à Mme Barbara Kowalska : «*L'océan qu'est l'Église est assez vaste pour accueillir tous les fleuves que sont les mouvements, les différences, les sensibilités...*»

Documents

Mgr Riczard Wasik
Témoignage sur le père Jerzy Popieluszko

Bohdan Cywinski
La Pologne en tant que pont vers l'Est

Mgr RICZARD WASIK :
TÉMOIGNAGE SUR
LE PÈRE JERZY POPIELUSZKO

*« Un autre te ceindra et te mènera
où tu ne voudrais pas »*

La prophétie de l'Evangile de saint Jean, prononcée au début du christianisme par le Christ à l'adresse de l'apôtre Pierre, s'est réalisée aussi littéralement dans le martyre du père Popieluszko. Bien sûr, c'était une conséquence de la fidélité inconditionnelle du père Jerzy au Dieu de l'Évangile. Cette fidélité n'a été évidemment qu'un fruit de sa coopération personnelle avec la grâce divine, et aussi de la formation de son caractère et de sa personnalité, qui s'est déroulée dans l'ambiance propre à sa famille, à l'Église locale, à l'Église diocésaine et au séminaire où il a fait ses études.

Avant tout, ce sont les parents du père Popieluszko, des gens profondément croyants, qui ont partagé avec leurs enfants le trésor découvert dans la foi en la divinité du Christ. Ils ont su faire découvrir à leurs enfants l'apport par le Christ des valeurs incommensurables pour leur vie individuelle, familiale et sociale. Né le 14 septembre 1947, le futur martyr a été baptisé dans l'église du village d'Okopy, près de Suchowola, dans la voïvodie de Bialystok (son prénom Jerzy, utilisé communément et dont nous nous servons ici, a été choisi par le père Popieluszko lui-même, plus tard, à la place de celui du baptême, Alphonse). Le climat de son enfance et de sa jeunesse baignait dans la pratique quotidienne de la prière et dans la fidélité exemplaire à la volonté évangélique du Christ. De même, la piété profonde de son Église locale, de son Église diocésaine (à l'est de la Pologne), et surtout le séminaire du diocèse de Varsovie ont constitué un terrain sain et un solide tremplin pour la formation de sa personnalité, pour sa croissance spirituelle, et pour sa confirmation dans le choix du bien.

La force de la personnalité du père Jerzy, son discernement spirituel entre le bien et le mal ont été stimulés aussi, mais dans la logique d'un courant et d'un vent contraires, par les partisans de l'idéologie athée imposée au peuple polonais, comme un contrepoids à la foi religieuse, catholique surtout, de la population. C'est justement dans ce courant que s'est situé le service militaire du jeune séminariste. C'est le milieu où fut confirmée aussi sa formation patriotique et où commença déjà, dans un sens élargi, sa formation pastorale. Il s'agit ici du service militaire imposé aux jeunes séminaristes diocésains et religieux. Ce service a été imposé injustement par le gouvernement, comme méthode d'oppression et outil de répression dans le domaine de la politique de l'État face à l'Église ; injustement, en comparaison avec les privilèges des étudiants des Universités de l'État, exemptés de la réalisation ordinaire de cette obligation civique ; injustement, car appliqué en dépit du concordat entre l'Église et l'État de 1950, qui dispensait les séminaristes du service militaire en sa forme courante.

Cette méthode d'oppression utilisée par l'État polonais communiste, mérite une attention particulière, car elle a joué le rôle d'une école spécifique, importante non seulement dans la formation du père Jerzy, le futur martyr, mais aussi d'une grande partie du clergé actuel en Pologne. Cette «*école*» du service militaire a sensibilisé encore plus le futur clergé polonais à l'injustice subie par les nombreuses populations du bloc totalitaire, et l'a préparé sur les polygones de l'armée, à être, dans leur avenir, de courageux défenseurs de leurs compatriotes opprimés (dans ce contexte que s'est nouée aussi son amitié avec l'auteur de ces lignes).

L'incorporation du séminariste Popieluszko, entre 1966-1968, se situe aussi dans le contexte d'événements spécifiques. A l'époque de la clôture du Concile Vatican II, les évêques de l'Église en Pologne se sont adressés, au nom des catholiques, aux évêques des pays voisins, en les invitant à la célébration du millénaire du baptême de la Pologne. Dans leur lettre envoyée à l'adresse du peuple voisin allemand, en évoquant les moments douloureux du passé –surtout cette dramatique épreuve que fut la deuxième guerre mondiale, provoquée par l'Allemagne nazie–, ils ont exprimé, dans un geste vraiment prophétique, leur pardon et ont demandé d'être pardonnés. Ils voulaient ainsi témoigner et vivre de façon concrète et réconciliatrice la vérité chrétienne sur la fraternité de tous les hommes en Christ, au sein d'une seule famille des enfants de Dieu. Mais, cette réconciliation était inadmissible aux yeux de ceux qui, en restant au service de Moscou, gouvernaient en Pologne. En conséquence de cet acte chrétien, toutes les formes possibles de pression sociale, exercées par le régime, ont été orientées contre l'Église, particulièrement contre son clergé. Les hommes du régime ont renforcé la lutte contre les catholiques dans les écoles, dans les entreprises du travail, dans les mass-média, partout et par tous les moyens. Entre autres, pour contredire l'enseignement de l'épiscopat, ils ont pratiqué l'incorporation forcée des séminaristes pour les préparer soi-disant «à la défense contre les impérialistes de l'Occident». C'était en effet une nouvelle forme de punition envers l'épiscopat polonais, pour le «*pardon*» et la demande de «*pardon*» adressés aux Allemands.

Le régime voulait désorganiser les études dans les séminaires, affaiblir la vie religieuse des séminaristes et en détourner un grand nombre du sacerdoce. Il voulait aussi obtenir des données les plus complètes possibles, utiles dans la lutte contre l'Église, sur la personnalité des séminaristes qui continueraient leurs études et leur formation après le service militaire.

Dans les casernes où ceux-ci étaient envoyés, leurs supérieurs changeaient fréquemment les méthodes et les programmes d'endoctrinement, avec une rigueur souvent très sévère, ou même punitive. Au début de cette pratique, on a placé les séminaristes dans des casernes parmi des soldats recrutés aux marges de la société, sortant de maisons de correction, ou bien membres de sectes comme les Témoins de Jéhovah. La discrimination religieuse, - sous forme d'interdictions

de la prière, de punitions à la suite de la prière en commun et de la prière personnelle à voix haute, d'interdiction des insignes religieux, d'interdiction de lire des livres sur les sujets religieux, d'isolement et de perturbation dans les contacts avec les séminaires, avec les évêques - et les mauvais traitements psychologiques des séminaristes atteignirent un tel niveau que le cardinal Wyszynski s'adressa directement, en avril 1965, au Ministre de la Défense Nationale pour lui demander d'abandonner toutes les chicanes auxquelles les séminaristes étaient soumis.

Assez faible physiquement, Jerzy Popieluszko, assigné avec moi à la caserne de Bartoszyce, dans la zone frontalière nord-est du pays, a souffert de façon plus sévère que les autres séminaristes de toutes ces pressions et de toutes ces chicanes. On pouvait le remarquer surtout pendant les entraînements sur les polygones, où l'équipe des officiers (recrutés pour l'occasion parmi les plus durs, et souvent sadiques) faisait tout pour casser le moral des séminaristes, pour «*mettre à genoux*» et «*dans la boue*» ceux d'entre eux qui, comme c'était le cas du séminariste Popieluszko, résistaient le plus et refusaient ostensiblement la moindre collaboration (même «*tacite*») avec ces hommes du régime. Durant deux années, chaque «*vague*» de jeunes séminaristes recrutés fut soumise à un lavage de cerveau car, dans leurs casernes, on réalisait plus un programme d'endoctrinement marxiste-athée qu'une formation militaire.

Si on a voulu apprendre quoi que ce soit à ces jeunes, c'est surtout le mirage du paradis sur terre à la façon communiste. On peut dire que ceci constitua un aspect de la formation spirituelle et vitale du jeune séminariste Popieluszko. Comme la majorité de ses confrères, d'ailleurs, il en est sorti plus conscient que beaucoup d'hommes se font piéger par le mal et le mensonge, et se mettent au service de l'hypocrisie, pour devenir d'ailleurs les premières victimes du régime sans Dieu. Il en est sorti aussi plus courageux pour s'opposer aux flagorneurs de ce système et conscient que l'honneur véritable et les vraies valeurs restent liés au service de la Vérité, de la Bonté, de la Justice, au service de l'Homme - mais au nom du Dieu d'Amour.

Cette incorporation des séminaristes au service militaire, en tant que méthode d'oppression du pouvoir communiste à l'époque de la République Populaire polonaise, n'apporta pas les résultats attendus par le régime. Elle dura pourtant plus de vingt années, jusqu'à Pâques 1980.

Le 28 mai 1972, le séminariste Jerzy Popieluszko fut ordonné prêtre par le cardinal Stefan Wyszynski. Il exerça d'abord ses fonctions pastorales en tant que vicaire de paroisses à proximité de Varsovie (Zabki, 1972-1975 ; Anin, 1975-1978) et à Varsovie-même (à la paroisse de l'Enfant Jésus). En 1979-1980, il a assuré la catéchèse des étudiants en médecine, à l'église académique Ste Anne à Varsovie. Il fut aussi nommé membre du Corps consultatif national pour la Pastorale du Service de Santé et, sur le territoire de l'Archidiocèse de Varsovie, aumônier diocésain du personnel de santé. A partir du 20 mai 1980, il exerça son ministère dans la paroisse Saint-Stanislas-Kostka à Varsovie, où il aidait à la pastorale paroissiale et dirigeait aussi la pastorale spécialisée du personnel de santé. Il organisait des rencontres religieuses de formation et de prière pour les étudiants en médecine, pour les infirmières des hôpitaux et pour les médecins.

En août 1980, pendant la grève de Solidarité aux Aciéries de Varsovie, le père Jerzy Popieluszko devint, à la demande des sidérurgistes et par nomination du primat Wyszynski, aumônier des ouvriers. Il s'engagea profondément alors dans la pastorale des travailleurs et il accompagnait activement «*Solidarité*», tant au moment de sa mise en place dans les Aciéries que plus tard, pendant l'État de guerre et après sa suppression. L'État de guerre, fut une période d'internements dans les camps, un temps de larmes, de douleur, d'incertitude et du sang. Mais ce fut aussi et par-dessus tout un temps de prière.

A partir de janvier 1982, le dernier dimanche de chaque mois, le père Jerzy célébrait les Messes à l'intention de sa Patrie, pendant lesquelles il prononçait ses homélies. Ces Messes regroupaient des milliers de fidèles qui venaient de Varsovie et de différentes régions de Pologne, des hommes recherchant la vérité, le sentiment de liberté et de justice, assoiffés d'amour et de paix ; non seulement des hommes simples, plus au moins instruits, mais aussi des intellectuels, des artistes, des hommes de science et de culture. Ces gens s'y retrouvaient libres, forts, remués dans leur conscience et sages. Car, dans ses homélies pendant les

Messes, le père Jerzy proclamait courageusement le mystère de la sagesse divine et les idéaux chrétiens de justice sociale, de liberté, de vérité, d'amour évangélique, de défense des droits fondamentaux de la personne humaine et de la dignité de l'homme comme enfant de Dieu.

Il était le véritable héraut du principe évangélique «*Vaincre le mal par le bien*». Un des participants à ces Messes raconte : «*Nous attendons ces Messes comme des repas fortifiants. Un repas pour tout le mois, c'est-à-dire pour les longues, fatigantes et sombres journées, pour les nuits chargées de tourments. Ici, les coeurs rassemblés battent plus ardemment. Abattus, accablés mais pleins de foi, les hommes s'embrassent. Ici coulent les larmes d'émotion et les plaintes silencieuses. Que sont-elles pour nous ces saintes Messes ? Elles sont les pèlerinages, les rassemblements des hommes solidaires, qui se sentent la Famille, L'Église, la Patrie. ...Ici a lieu le mûrissement de notre conscience chrétienne, humaine, patriotique. Autour de nous la nuit, les persécutions, la haine, mais ici beaucoup de lumière, dans le sens littéral et au sens figuré*». (*Bog i Ojczyzna*, p. 276). Un autre participant : «*Nous apprenons pendant ces Messes la bonté, la miséricorde, le pardon, la patience et la persévérance dans la vérité, malgré tout. Nous y apprenons la foi en Dieu et la foi en sa Victoire finale. Nous remercions Dieu Suprême, de nous permettre, au moins pendant ces Messes, de nous sentir Hommes et Polonais*». (*Bog i Ojczyzna*, 1984, p. 277).

Voici un exemple de cette nourriture spirituelle, extrait d'une prédication de mai 1984 : «*La vérité et le courage, sont des valeurs très importantes dans la vie de chaque homme, mais surtout dans la vie d'un chrétien. Vivre dans la vérité c'est être en accord avec sa propre conscience. La vérité unit toujours et rapproche les hommes. Depuis des siècles se déroule la lutte ininterrompue contre la vérité. Cependant la vérité est immortelle, et le mensonge périt vite. La condition fondamentale d'une libération de l'homme pour conquérir la vérité et pour la vie dans la vérité est l'acquisition de la vertu de courage. Le symptôme du courage chrétien c'est la lutte pour la vérité... Le chrétien ne peut pas se contenter seulement d'une condamnation du mal, du mensonge, de la lâcheté, de l'asservissement, de la haine, de la violence. Mais le chrétien doit être le vrai témoin, le porte-parole et le défenseur de la justice, du bien, de la vérité, de la liberté et de l'amour»* (*Bog i Ojczyzna*, p. 112-114).

Le père Jerzy préparait, par le contenu de ses prédications, la transformation des coeurs. À la fin de chacune de ses Messes célébrées à l'intention de la patrie (dès la première de ces Messes), il avait l'habitude de demander aux fidèles de garder leur calme et de regagner leurs maisons de façon digne. C'est pourtant cela justement qui lui a été reproché par les organisateurs de son assassinat et par d'autres gens du régime. Le résultat direct de ses prédications fut un réveil et une ouverture à la spiritualité chrétienne, qui rend l'homme libre, chez son auditoire, surtout chez les hommes du milieu de l'intelligentsia, des artistes, etc., qui rejoignaient solidairement les travailleurs et la jeunesse universitaire.

Autre, hélas, fut la réaction des hommes du régime ! Selon un dicton populaire, elle fut comme «*la réaction du diable face à l'eau bénite*». Face à ces Messes célébrées à l'intention de la Patrie et prêchées par le père Jerzy, le pouvoir politique et le gouvernement polonais, obéissant au diktat de l'URSS qui critiquait fort Solidarité et le père Popieluszko, soutinrent obstinément, que certains ecclésiastiques utilisaient les locaux de culte pour des activités contre l'État et déclarèrent contre-révolutionnaires les activités de l'Église et de son clergé !

Le crime était-il inévitable ? Les adversaires du père Popieluszko ne pouvaient-ils pas le forcer au silence autrement ? En juillet 1984, le père fut accusé par les procureurs de la voïvodie de Varsovie de diffamation des autorités de l'État. Mais chose curieuse, ces hommes du régime, tellement spécialisés dans l'établissement et la fabrication des accusations, ne purent rien trouver dans le comportement du père, qui fût contraire à la loi du régime. Si le père Popieluszko avait agi contre la loi en vigueur, on lui aurait sûrement fait un procès. Mais il n'y avait aucun fondement pour le faire, même face à la «*loi*» du régime illégal par rapport à la volonté de la nation polonaise (propos de Maître Olszewski, représentant les parents du prêtre martyrisé, lors du procès qui suivit l'assassinat du père Popieluszko).

L'instruction menée contre le père Jerzy Popieluszko fut annulée dans le cadre de l'amnistie de juillet 1984. L'assassinat, survenu quelques mois plus tard, fut le résultat d'un complot véritablement diabolique. Le crime a été soigneusement préparé. On n'a pas divulgué le nom de celui, ou de ceux qui ont été son cerveau et ses promoteurs en chef. Mais, à travers le procès des exécutants de ce crime, on a pu découvrir que, même si l'exécution n'a été faite que par quatre d'entre eux, tous les hommes du régime pensaient à la liquidation du père Popieluszko. Ils organisèrent une réunion suivie, le 13 octobre 1984, d'un premier attentat manqué, lors d'un retour du père Popieluszko de Gdansk. Mais, malgré ce premier attentat, malgré plusieurs avertissements de la part de Mgr Kraszewski, auxiliaire du primat Glemp, le père Jerzy ne changea rien dans son comportement qu'il estimait juste. Et, à l'invitation qui lui avait été adressée depuis plusieurs mois, il s'est rendu le 19 à Bydgoszcz, pour animer la prière du Rosaire à l'intention de la Patrie.

Ce jour-là, vers 22 heures environ, alors qu'il rentrait en voiture de son service pastoral à Bydgoszcz, le père Popieluszko fut attaqué de nouveau par trois fonctionnaires supérieurs du Ministère de l'Intérieur. Cette fois-ci l'enlèvement réussit. Avant d'être jeté par ses bourreaux dans la Vistule près de la ville de Wloclawek, le père Jerzy fut bestialement torturé. Ses bourreaux ne cédèrent pas devant ses supplications, même lorsque, ayant repris conscience, il réussit de façon invraisemblable à s'échapper, lors d'un arrêt à la station d'essence, du coffre de la voiture où ils l'avaient transporté et ligoté avec une corde.

On a tué ce prêtre cruellement et avec préméditation. Mais avant que le monde ne prenne une connais-

Funérailles du père Popieluszko

sance détaillée de ce crime, la nouvelle de sa disparition s'était répandue. Nombre d'hommes dans le monde entier se sont joints dans la prière pour qu'on le retrouve. Et finalement, on a retrouvé le père Jerzy, mort, hélas. Son corps avait été jeté dans un sac plastique dans les eaux de la Vistule, à Wloclawek.

Ses funérailles furent célébrées le 3 novembre 1984, à onze heures, à Varsovie. Ses parents décidèrent que l'endroit de son enterrement serait la terre de sa dernière paroisse, Saint-Stanislas-Kostka, à Varsovie. Sa tombe est devenue un nouveau sanctuaire national, où la grâce divine transforme les âmes de ceux qui s'y rendent pour prier et réfléchir sur ce que peut faire l'homme pour l'Homme, appelé par Dieu à de grandes oeuvres.

La découverte des souffrances endurées par le père Jerzy et de sa mort a secoué les consciences de ceux qui luttaient pour que les hommes vivent dans la justice. Cela a bouleversé surtout les hommes de Solidarité (dix millions de Polonais étaient alors inscrits à ce mouvement), qui se sont accusés eux-mêmes de ne pas avoir su s'opposer à cet appareil de violence de l'État. Quant aux coupables directs, à savoir les quatre exécutants du crime sur le père Popieluszko, ils ne sont pas parvenus à reconnaître la vérité. En effet ils furent présentés devant les juges, mais ce procès fut organisé par les représentants de la justice du régime, non pour juger les criminels, mais parce que ces exécutants du crime n'avaient pas réussi à cacher le corps de leur victime.

Dès le début du procès, la population polonaise a pu constater la protection exceptionnelle et l'attitude favorable manifestée par les juges du régime à l'adresse des criminels, parce qu'ils avaient agi au nom du parti du régime. Le principal exécutant du crime a décrit cet assassinat comme un accident de travail, en parlant de lui-même comme d'un agneau innocent, qui n'avait jamais fait de tort à qui que ce soit, même du bout du doigt. En qualifiant le père Popieluszko d'ennemi du socialisme, il fit aussi savoir que, par son acte, il défendait seulement le socialisme. Le caractère injuste de ce procès et du régime est apparu principalement, par la rapide mise en liberté des assassins du père Popieluszko, à peine quelques années après son déroulement.

«Le sang des martyrs est semence de chrétiens»

Cet adage, prononcé à l'époque des premiers martyrs de l'Église du Christ, se vérifie aussi dans notre siècle. Comme son illustration, on peut évoquer ici la réaction et le comportement pacifique de millions de Polonais et de plusieurs autres peuples –victimes du régime totalitaire– à l'adresse de leurs bourreaux, surtout dans les premiers jours et les premiers mois après l'assassinat du père Popieluszko. Cette réaction fut par exemple le pardon accordé par le peuple polonais aux membres de la Milice du régime, aux membres des Zomos et aux autres membres du régime. Ce pardon fut si spontané qu'on pourrait presque le qualifier d'imprudent ; imprudent dans le sens d'«*un gros trait*» tiré sur tout le domaine de la politique lors du passage à la nouvelle donne. Dans ce geste, les Polonais ont barré le passé plein d'erreurs et de crimes de leurs idéologues, politiciens et économistes du régime, en l'oubliant presque jusqu'à l'effacer.

La logique des calculs humains qualifie sûrement ce geste comme une faute d'estimation, comme une erreur. Car, normalement il faut toujours être attaché au passé pour pouvoir construire correctement l'avenir ! Aussi le devoir de l'amour chrétien reste lié au devoir de la vérité. Ce devoir se traduit par la dénonciation du mal, ce qui facilite pour les bourreaux la prise de conscience de ce qu'ils ont accompli ou accomplissent. Ceux-ci, bien sûr, veulent à tout prix qu'on oublie leur passé, car ils ont peur des conséquences. Ils ont peur d'examiner leur conscience, ce qui les obligerait à la «*métanoïa*», à un changement des coeurs, à la restitution des biens, à la réparation de l'injustice, etc. ! Afficher la vérité n'est pas non plus toujours agréable pour celui qui le fait ! Mais un aveu des fautes est nécessaire, pour ne pas y confirmer celui qui est mauvais, mais pour l'aider, même l'homme le plus méchant, à se libérer du piège du mal où il est tombé et à lui faciliter son rejet.

Le père Popieluszko avait parlé de ce devoir de vérité qui libère. Dans son homélie prêchée lors d'une Messe pour la Patrie, le 27 Mars 1983, il disait :

«*Servir Dieu, c'est chercher les chemins pour arriver aux coeurs humains.*

Servir Dieu, c'est parler du mal comme d'une maladie,

qui pour pouvoir être soignée, doit d'abord être découverte.

Servir Dieu, c'est stigmatiser le mal et tous ses symptômes».

Ou encore : «*Là où il y a l'injustice, là où il y a la contrainte, le mensonge, la haine, le non-respect de la dignité humaine, là font défaut l'amour, le coeur, le désintéressement, le renoncement. Or sans ces valeurs, ne l'oublions pas, il est difficile de donner au travail un vrai sens, il est difficile de sortir le pays d'une crise... Mais l'amour doit aller de pair avec le courage*» (avril 1983).

BOHDAN CYWINSKI : LA POLOGNE EN TANT QUE PONT VERS L'EST

Bohdan Cywinski, laïc catholique, fut un des proches de Lech Walesa, lors de l'aventure de Solidarité en 1980-1981. En voyage à l'étranger, lors du coup de force du 13 décembre 1981, il dut rester neuf ans en exil en France, publiant alors la meilleure analyse du sens profond du mouvement Solidarité[1]*. C'est lui que Lech Walesa choisit, en même temps que sa femme Danuta, pour le représenter lors de la remise du Prix Nobel de la Paix. Au printemps 1990, Bohdan Cywinski participa au Congrès international de Schönstat, organisé par l'AED au lendemain de la chute du communisme.*

L'analyse qu'il présenta alors sur le sens de l'expérience des chrétiens de Pologne sous le régime communiste n'a rien perdu de sa valeur. En voici de larges extraits, qui en conservent le style oral[2] *:*

L'Église polonaise a vécu au moins quatre à cinq époques bien différentes les unes des autres. Il y a eu tout d'abord la période des très violentes persécutions de l'Église qui ont duré en Pologne beaucoup moins longtemps que dans les autres pays, c'est à dire uniquement de 1948 à 1956. Cela constitue une différence énorme avec la situation de la Tchécoslovaquie, de l'Ukraine ou même de la Lituanie par exemple. Les expériences des décennies suivantes ont été bien spécifiques en Pologne. Les rôles joués par l'Église polonaise ont varié dans les situations politiques et culturelles changeantes. Dans toutes ces situations, l'Église polonaise a rencontré différentes difficultés, différentes tentations et aussi différentes possibilités d'agir efficacement.

Les situations des autres Églises locales, celles des autres pays soumis au communisme étaient un peu plus monotones et ne leur permettaient pas de jouer des rôles semblables dans la vie nationale de ces pays respectifs. Ces Églises, qui se trouvent toujours dans une situation extrêmement difficile, devaient rester concentrées sur la question de leur existence même. L'Église polonaise disposait de chances plus vastes mais d'un autre côté, ses devoirs et sa responsabilité ont augmenté. Si nous parlons aujourd'hui des expériences particulières, nous devons nécessairement nous occuper de ses rôles et des conclusions qui viennent de ces différentes étapes historiques.

Énumérons donc ces étapes telles qu'elles se sont présentées en Pologne au cours des 45 ans de pouvoir communiste. Je ne voudrais pas m'attarder sur la première étape, celle qui va de 1945 à 1956, parce que c'était la période des plus violentes persécutions de l'Église, mais aussi les plus connues parce que le phénomène était plus ou moins identique dans tous les pays de l'Europe de l'Est. Ce qu'il y avait de particulier : tout d'abord l'élimination de l'Église de la vie publique ; après, destruction de toutes activités pastorales libres et l'abolition des structures ecclésiales par les voies policières et administratives. Il me semble qu'on ne peut pas qualifier cela seulement d'athéisme gouvernemental, c'était un système policier, un système totalitaire qui voulait détruire toutes actions indépendantes.

Alors, ou bien l'action de l'Église devenait illégale ou bien elle n'était pas libre mais subordonnée. On peut appeler cela le stalinisme typique, qui a culminé entre 1949 et 1955. Mais cette étape a existé aussi dans tous les autres pays qui ont vécu cette expérience du communisme.

Ce sont les autres étapes qui font la particularité de la Pologne. Au commencement, entre 1956 et 1970, c'était une période marquée par une certaine libération vaste et large au départ, mais qui s'est ensuite restreinte. Il y avait une liberté d'action officielle pour l'Église. Mais en même temps, le pouvoir communiste lançait plusieurs actions, dont le but était de diminuer les activités de l'Église. Aussi, on s'efforçait également de rompre l'unité entre l'Église polonaise et la société entière. Cela s'est traduit tout particulièrement par une lutte très énergique contre la personne du cardinal primat Wyszynski. Et je ne parle pas de l'époque antérieure, au moment où le cardinal Wyszynski était en prison parce que –on peut le dire paradoxalement– c'était une chose normale au sein de ce système.

Mais après avoir quitté la prison, le cardinal, une fois libre de ses mouvements, n'a cessé d'être attaqué par la propagande communiste, par plusieurs actions administratives et par des actions policières et même au sein de l'Église occidentale, et cela est devenu une chose tout à fait anormale : dans la presse catholique occidentale, on pouvait facilement trouver des articles plus ou moins ouvertement critiques envers ce cardinal Wyszynski, qui exagère, qui est trop traditionnel, qui ne comprend rien au changement nécessaire des situations. Malheureusement, cela a été publié partout, et bien sûr traduit en polonais puis republié dans la presse gouvernementale en Pologne.

Parce que les autres évêques n'étaient pas libres de se défendre, il y avait aussi de nombreuses attaques contre l'épiscopat. Cette lutte a culminé en 1966 avec les célébrations du Millénaire de la chrétienté en Pologne. C'était une chose intéressante que de voir ces manifestations du Millénaire de la chrétienté où des millions de gens assistaient aux différentes fêtes. Cette présence de millions de gens a même montré au gouvernement communiste que la victoire était du côté de

Bohdan Cywinski

"*Nous voulons Dieu...*"

l'Église. En ce moment, la situation a changé un peu. Après cette victoire visible de l'Église, la force des attaques communistes contre l'Église s'est nettement affaiblie. Vers la fin des années 60, l'Église est un peu éliminée de cette bataille entre le gouvernement communiste et la nation.

L'étape suivante, celle des années 1970-1981, est une étape tout à fait nouvelle. Les communistes, conscients de leur défaite idéologique complète, veulent réduire leur lutte contre la société entière à une lutte strictement politique. L'idéologie joue un rôle beaucoup moins important. On ne doit plus être un marxiste pour travailler, même à l'Université. Si l'on veut faire une carrière personnelle, même pas très ambitieuse, on n'a pas besoin d'être membre du Parti. Et on ne doit pas avoir peur d'envoyer ses enfants au cours de catéchisme. Non, ça, c'est fini. Mais on ne doit pas désobéir à cette politique. On ne doit pas faire de difficultés au pouvoir. Ce pouvoir cesse toute hostilité envers l'Église qui retrouve une marge de liberté beaucoup plus grande qu'auparavant. Je ne veux pas dire que cette Église devienne libre. Non. Mais on peut quand même faire pas mal de choses, on peut réaliser des actions pastorales de grande envergure.

Alors l'Église peut vivre tranquillement. En théorie du moins, parce qu'en pratique, vingt ans d'une opposition active à la société ont laissé des traces ; c'est une opposition démocratique visant à défendre les droits de l'homme. Cette opposition naît aussi bien dans les milieux chrétiens, comme par exemple le club d'intelligentsia catholique ou le mouvement *Znak*, que dans les milieux catholiques, même entre anciens membres du parti communiste.

Cette opposition cherche à aider l'Église et y réussit. Elle devient toujours plus forte et à la fin des années 70, sa force est pratiquement omniprésente. Même si la police politique communiste est toujours très active, même si les répressions sont à l'ordre du jour et que l'on peut perdre très facilement son travail, être arrêté et même être mis en prison, les gens cessent d'avoir peur. Il ne s'agissait pas de quelque chose de réfléchi mais plutôt d'une réaction émotionnelle qui nous dépassait à cette époque-là. Alors, cette opposition est visible partout. A cette époque, l'Église polonaise avec, derrière elle, toute la nation, ne peut cacher sa joie à la nouvelle de l'élection du cardinal Wojtyla comme Pape. C'était un moment tout à fait fantastique pour la nation qui, depuis 200 ans, n'avait vécu peut-être qu'une seule victoire, celle qu'elle a remportée contre les Bolcheviques en 1920. Depuis la fin du XVIIIème siècle, nous n'avions plus remporté de victoires dans toute notre histoire.

Je parle spécialement de cette journée d'élection du Pape polonais, non pas dans des catégories religieuses, mais dans la catégorie de la nation tout entière, parce que c'était une chose, une aide tout à fait fantastique, tout à fait miraculeuse pour notre mentalité. On doit prendre cela en considération dans toute l'histoire contemporaine de la Pologne. Une année et demie plus tard, c'est la naissance de «*Solidarité*» où la présence de la pensée chrétienne est plus qu'évidente. Vient la période courte mais très importante de la liberté d'action de Solidarité et cette période change les idées sur les limites des actions possibles dans notre réalité politique.

Nous recommençons à croire que les grands changements sont quand même possibles. Mais cette étape est suivie de la période dure de la réaction communiste en Pologne. Le coup d'état de Jaruzelski, l'état de guerre ouverte du pouvoir communiste et toutes les persécutions, les morts, les blessés, les arrestations nombreuses, tout cela fait penser à une nouvelle époque stalinienne. Cela dure plusieurs années et, au début, la situation est très difficile pour la société. Cependant, elle s'améliore ensuite peu à peu, parce que la force intérieure de ces militants et aussi de toute la société environnante montre que la brutalité policière n'est guère efficace, que l'on peut utiliser cette terreur longtemps encore, mais qu'elle ne devient utile que lorsque les gens ont peur.

Quand les gens cessent d'avoir peur, la brutalité ne sert à rien. L'Église à cette époque est affaiblie. Notre cardinal primat Wyszynski n'est plus en vie. L'évaluation de la force de la nation et des nouveaux persécutés est plus difficile que jamais. On ne sait pas ce qu'on doit dire à cette nation qui, il y a deux ans, a retrouvé tout son espoir et est maintenant à nouveau privée de tout. C'est un moment très difficile et on ne sait pas bien ce qu'on doit dire aux gens à l'Église. «*Il faut que vous acceptiez cette situation*». Voilà le conseil que l'on donnait partout dans le monde entier. Tous disaient : le *Solidarité* polonais, c'est une chose très sympathique, mais que faire ? Leur communisme se renforce, alors il faut avoir pitié de ces pauvres Polonais, mais on ne peut rien faire de plus, et on doit leur dire de ne pas exagérer dans leur aspiration à la liberté. Cela fait huit ans que je suis en Occident. J'ai tellement entendu d'observations et de réactions de ce genre que je m'y suis bien habitué. Alors, au sein de l'Église, à cette époque-là, on trouvait aussi un peu de cette théorie, mais heureusement pas partout.

Il y avait aussi des cercles ecclésiastiques où l'espoir politique continuait d'exister ainsi qu'une autre chose : l'aide concrète aux gens qui se trouvaient dans une situation difficile pour des motifs politiques. Cette aide existait partout. C'était une aide bien organisée, même si l'Église polonaise depuis quarante-cinq ou même cinquante ans, y compris la seconde guerre mondiale, était privée de toutes les possibilités de constituer des structures pour l'aide socio-caritative. Et pourtant, en Pologne, après chaque transport de marchandises en provenance de l'Occident, il y avait dans chaque paroisse un comité qui, pendant deux ou trois nuits, savait partager ces dons à ceux qui en avaient le plus besoin.

Le rôle de l'Église fut alors celui de la personne charitable, qui est sincère, qui cherche à aider et à conseiller au mieux. Je le répète : ce n'était pas toujours des conseils très dynamiques pour les gens mais il fallait savoir si l'ambition de ces gens-là était toujours de dynamiser ou bien seulement de soutenir.

Il y a naturellement à cette époque un personnage très important : le père Popieluszko, assassiné par la police, qui symbolise les efforts de l'Église polonaise de l'époque pour aider et se montrer solidaire de la lutte pour la défense des droits de l'homme. Et enfin, maintenant, en 1989, nous obtenons une victoire remarquable. Des pouvoirs communistes s'effondrent. On ne sait naturellement pas si cette victoire est définitive. Mais on peut croire que c'est une réalité qui va durer. L'Église participe à cette nouvelle situation de la nation, une situation d'une société extrêmement pauvre économiquement mais qui regarde l'avenir avec optimisme.

Peut-être vivons-nous maintenant l'époque la plus intéressante, parce que dans cette situation complètement différente de celle des années 1945-1989, l'Église devra découvrir de nouveaux devoirs, de nouvelles difficultés, mais aussi de nouvelles possibilités de résoudre ces difficultés. Je crois que dans deux ans, on pourra dire de nouvelles choses sur l'Église polonaise et ce seront des choses vraiment très intéressantes. Mais pour le moment, on ne peut pas faire de prévisions.

Essayons, pour finir, de rappeler les expériences de l'Église polonaise vécues pendant toutes ces étapes. Je propose d'examiner ces expériences de la façon suivante :

– Tout d'abord, les conflits avec le communisme soviétique étaient inévitables. Les concessions qui ont été faites pour les éviter ou pour trouver un compromis sont restées chaque fois sans résultats valables. Je pense que ce ne sont pas seulement les expériences polonaises qui disent cela.

– Deuxièmement, c'est cet effort et ce travail d'évangélisation, qui constituent la vraie force de l'Église parce que c'est à ce moment là que les gens veulent êtres solidaires de l'Église. Et cela, c'est très intéressant, parce qu'on a tendance à penser parfois que ce sont les manifestations politiques des chefs des Églises, des cardinaux, des évêques qui sont les plus importantes. Même si j'aimais voir uniquement de bonnes manifestations politiques de tous les chefs de l'Église, je pense que le travail pastoral, le travail typiquement religieux dans l'Église est plus important que des faits politiques, que ces manifestations, parce que c'est grâce à cette vie vraiment religieuse des gens qu'ils deviennent plus forts aussi dans la politique.

– Troisièmement : les croyants persécutés pour leur foi restent fidèles à leurs Églises, mais seulement là où cette Église dit la vérité et seulement la vérité. Pas nécessairement toute la vérité, parce qu'il y a des choses vraies qu'il faut parfois taire. Mais toutes les choses qui sont prononcées de la chaire de l'Église doivent être vraies. Si on déplace la vérité pour telle ou telle diplomatie, c'est une limite. La difficulté vient très vite, et on peut le prouver en prenant des exemples de l'époque stalinienne où certaines déclarations de différents épiscopats, de l'épiscopat polonais également, dépassent cette limite. C'était une erreur politique, je ne parlerai pas de morale, ce n'est pas mon métier. Je veux dire une erreur de l'efficacité politique. Alors il faut dire la vérité ou bien ne rien dire. C'est ici la limite de ce que l'on peut faire.

– Enfin, quatrième conclusion : les croyants persécutés ont besoin de personnages exemplaires qui deviennent en quelque sorte des mythes héroïques. Je vois par exemple deux types de personnes de cette sorte en Pologne : le cardinal primat Wyszynski et le Père Popieluszko ont joué ces rôles et avaient un comportement réel. Réel et très brave et très, disons, fantastique, mais d'un autre côté, il y avait aussi, pour ceux qui ne les ont jamais rencontrés physiquement, les mythes héroïques représentés par ces personnages. Ils apprenaient, d'après ces mythes, quelles étaient les possibilités de défense des valeurs chrétiennes. C'est très important et je crois que sans des exemples de ce genre, on ne peut pas bien sortir de l'époque des persécutions.

Ces quatre conclusions sont valables non seulement pour l'Église polonaise, mais aussi pour toutes les autres Églises persécutées par les communistes. Il y a encore les expériences particulièrement polonaises. Premièrement, c'est au moment où se sont produites certaines libéralisations pastorales qu'un élément nouveau doit se présenter dans le contenu de la formation pastorale. Il s'agit de la réaffirmation du sens d'identité de la nation chrétienne. De la nation comprise, tout particulièrement comme unité culturelle. Il me semble que le succès très grand de toute l'action pastorale lors du Millénaire de la Chrétienté en Pologne montre l'importance de ce facteur. C'est à ce moment que cette nation s'est à nouveau sentie psychiquement et moralement unie. Et il me semble que toutes les autres nations, peut-être aussi celles qui ont seulement maintenant la possibilité d'agir plus librement sur le plan pastoral, doivent passer par cette réaffirmation de leur identité chrétienne, doivent se sentir unies. Et il me semble qu'on ne doit pas tout de suite avoir peur d'un nationalisme quelconque. A mon avis, et comme historien de l'Europe de l'Est, je suis sûr que dans notre situation, l'action pastorale de l'Église est l'arme la plus efficace contre nos tendances nationalistes. Et c'est valable pour tous, pour les Polonais et pour les Lituaniens, pour les Ukrainiens, pour les Slovaques, et pour tous les autres.

Enfin l'expérience suivante : le passage de la défense de la liberté religieuse qui est une tâche naturelle pour l'Église à la défense de tous les droits de l'homme. En Pologne, je me rappelle que cela s'est produit en 1973, dans la lettre épiscopale concernant la libération de l'éducation chrétienne. C'est dans cette lettre que l'on a cessé de parler uniquement de la liberté religieuse, mais que l'on a commencé à voir tous les problèmes concernant les libertés civiques. C'est un pas difficile, parce qu'à ce moment-là, l'Église dépasse un peu ses limites naturelles où elle se trouve sur un terrain qui lui est familier, mais c'est un passage très important et très heureux.

Vient après une histoire de liaison avec l'opposition démocratique dans un pays totalitaire. Cette histoire offre à l'Église l'expérience difficile de rencontres et d'ouvertures avec les gens qui viennent y assister, mais aussi la peur des manifestations de la part de ce nouveau groupe de sympathisants, qui serait composé bien souvent de gens indifférents ou athées. On doit savoir par exemple que notre mouvement Solidarité n'est pas un mouvement chrétien, c'est à dire créé par les chrétiens comme tels. Non, la plus grande partie des principaux militants, des créateurs de ce mouvement sont des gens qui étaient et qui restent jusqu'à aujourd'hui, des indifférents ou des athées. Ce n'est pas facile de faire cela ensemble et, par exemple, de prêter le local de l'église, la salle de catéchisme pour la réunion illégale dirigée par quelqu'un qui n'est pas chrétien. Regardez la situation difficile de ce prêtre, qui doit administrer cette salle et qui doit décider –c'est une question sérieuse–, s'il faut le faire ou non, en ayant l'espoir que les choses iront bien, que cet homme inconnu mérite la confiance, ou bien répondre «*malheureusement, j'ai des enfants qui doivent avoir ici leur cours de catéchisme juste à ce moment-là*».

La majorité du clergé polonais a décidé de donner cette possibilité matérielle de réunions à Solidarité ou même à l'opposition politique avant Solidarité. Mais peut-être est-ce grâce à cela que l'Église est devenue en Pologne plus populaire qu'elle ne l'a jamais été auparavant. Jamais l'Église polonaise n'a eu une telle popularité depuis 200 ans. Cette expérience de coopération active dans la construction du mouvement de Solidarité et après cette expérience, des tâches d'aide dans les mouvements difficiles et dangereux, voila l'expérience que l'Église polonaise a faite ensuite. Et c'est là que se situe le cas de Père Popieluszko, un apport de l'amour au prochain.

Est-il possible de faire le bilan de toutes ces expériences ? Je suis persuadé que ce n'est pas encore possible. Ce sont des phénomènes trop vrais, trop nouveaux, mais je crois que ce sont les problèmes auxquels il vaut la peine de repenser de temps en temps et que ce sont des expériences qui valent la peine d'être mémorisées. Elles en valent la peine parce qu'elles représentent certains témoignages d'une époque de persécutions de certaines églises locales et de certaines luttes. La lutte, pour le moment, est finie. Peut-être que l'ensemble du communisme va devenir un phénomène passé qui ne réapparaîtra plus, mais, même après l'époque communiste, les époques où sévit la persécution constituent dans la vie de l'Église universelle un facteur qui revient de temps en temps.

Notes

1. *L'expérience polonaise*, o.c.
2. Voir aussi la conférence de Stefan Wilkanowicz, La signification de la Pologne pour les Chrétiens.d'Europe, in *Les quatre Fleuves*, 13, p. 18-22.

Bibliographie

LIVRES

xxx, *966-1966, le millénaire catholique de la Pologne*, Bruxelles, 1966.

xxx, *Nous, Chrétiens de Pologne*, Paris, 1979.

xxx, *Solidarité persiste et signe*, Paris, 1984.

xxx, *Le christianisme, ferment d'unité*, Paris, 1991.

xxx, *Les religions à l'Est*, Paris, 1992.

xxx, *Cet étrange post-communisme. Ruptures et transitions en Europe centrale et orientale*, Paris, 1992.

xxx, *Christianisme et culture en Europe. Mémoire, conscience, projet*, Paris, 1992.

Ash, T.G., *The Polish Revolution : Solidarity*, Sevenoaks, 1985.

Ash, T.G., *La chaudière. Europe centrale 1980-1990*, Paris, 1990.

Beauvois, D., *Histoire de la Pologne*, Paris, 1995.

Bourgeois, H., *La théologie en Pologne*, Paris, 1998.

Buhler, *Histoire de la Pologne communiste. Autopsie d'une imposture*, Paris, 1997.

Buttiglione, R., *La pensée de Karol Wojtyla*, Paris, 1984.

Castellan, G., *Dieu garde la Pologne*, Paris, 1981.

Cywinski, B., *L'expérience polonaise*, Fribourg, 1985.

Davies, N., *Histoire de la Pologne*, Paris, 1986.

De Vos Van Steenwijk, A. et Wresinski, J., *Pologne, que deviennent tes sous-prolétaires ?*, Paris, 1981.

Dunajewski, H. et Granier, R., *Consommation en France et en Pologne*, Aix-en-Provence, 1983.

Engelmann, *Printemps de l'Église en Pologne*, Paris, 1979.

Felenska, F., *Mon village en Pologne*, Paris, 1982.

Fredo-Boniecki, T., *Le 4ème département et l'affaire Popieluszko*, Paris, 1991.

Frybes, M. et Michel, P., *Après le communisme. Mythes et légendes de la Pologne contemporaine*, Paris, 1996.

Galter, *Le communisme et l'Église catholique*, Paris, 1956.

Hermet, G., *Les désenchantements de la liberté*, Paris, 1993.

Istina, *Liberté religieuse et défense des droits de l'homme III*, Paris, 1977.

Kaufman, M., *Mad Dreams, Saving Graces - Poland : A Nation in Conspiracy*, New-York, 1989.

Kloczowski, J., *Histoire religieuse de la Pologne*, Paris, 1987.

Kuron, J., *La foi et la faute*, Paris, 1991.

Laurentin, R., *Les chrétiens, détonateurs des libérations à l'Est*, Paris, 1991.

Lecomte, B., *La Vérité l'emportera toujours sur le mensonge*, Paris, 1991.

Lensel, D., *Le passage de la mer rouge*, Paris, 1991.

Lewandowski, J., *L'Église et la nation polonaise selon le cardinal Stefan Wyszynski*, Berne, 1982.

Martin, A., *La Pologne défend son âme*, Paris, 1977.

Michel, P., *L'Église de Pologne et l'avenir de la nation*, Paris, 1981.

Michel, P., *La société retrouvée. Politique et religion dans l'Europe soviétisée*, Paris, 1988.

Michnik, A., *L'Église et la gauche. Dialogue polonais*, Paris, 1979.

Milcent, E., *A l'Est du Vatican. La papauté et les démocraties populaires*, Paris, 1980.

Milosz, C., *La pensée captive. Essai sur les logocraties populaires*, Paris, 1953.

Milosz, C., *Une autre Europe*, Paris, 1964.

Morawski, D., *Chrétienne Pologne*, Paris, 1981.

Naurois, C., *Dieu contre Dieu. Drame des catholiques progressistes dans une Église du silence*, Fribourg, 1956.

Nowakowski, M., *Chroniques clandestines d'un pays en guerre*, Paris, 1983.

O'Grady, *La nouvelle donne*, Paris, 1997.

Popieluzsko, J., *Le chemin de ma croix*, Paris, 1984.

Rance, D., *Familles chrétiennes en Pologne. Epreuves et vitalité*, Mareil-Marly, 1987.

Rance, D., *La Pologne aujourd'hui* (inédit), Mareil-Marly, 1987.

Reymont, L., *Les Paysans*, Genève, 1981.

Tischner, J., *Ethique de Solidarité*, Limoges, 1983.

Toranska, T., *ONI. Des staliniens polonais parlent*, Paris, 1986.

Walesa, L., *Un chemin d'espoir*, Paris, 1987.

Weigel, G., *The Final Revolution. The resistance Church and the collapse of Communism*, Oxford, 1992.

Wojtyla, K., *Le signe de contradiction*, Paris, 1979.

Wojtyla, K., *Poèmes*, Paris, 1979.

Wojtyla, K., *En esprit et en vérité*, Paris, 1980.

Wojtyla, K., *Aux sources du renouveau*, Paris, 1981.

Wyszynski, S., *Un évêque au service du peuple de Dieu*, Paris, 1968.

Wyszynski, S., *Notes de prison*, Paris, 1983.

Zalecki, M., *Notre Dame de Czestochowa*, Paris, 1981.

REVUES ET ARTICLES

xxx xxx, *Kerk in Nood Jerzy*, «Popieluszko», 1985.

xxx, *L'Autre Europe*, «Religion et politique», 1989.

xxx, *L'Autre Europe*, «Europe de l'Est après l'effondrement du communisme», 1994.

xxx, *Les quatre Fleuves*, «Pologne et Russie - I. Pologne», 1981.

Babiuch, J., *Etudes*, «L'Église de Pologne et de l'Est au Symposium de Prague», 12.1993.

Cardinale, G., *XXX Jours*, «Un monde qui disparait», 05.1991.

Rance, D., *France Catholique*, «Pologne : d'un combat à l'autre», 1991.

Rance, D., *France Catholique*, «Pologne. Une Église coupée du peuple ?», 27.03.1992.

Wieloweski, *inédit*, «Défi de demain : une Église et une société en réajustement» 1991.

Zycinski, Mgr J., *Communio*, «Victoire sur le marxisme en Pologne. Facteurs religieux et intellectuels», XVII, 1 - 1992.

Zycinski, Mgr J., *Etudes*, «L'effondrement du marxisme en Pologne et ses conséquences pour la pastorale».

L'AED et l'Église de Pologne

Lorsqu'après sa libération, en novembre 1956, le cardinal Wyszynski se rend à Rome, le père Werenfried, fondateur de l'AED, vient le rencontrer. Le primat de Pologne n'est pas dupe de la libéralisation officielle et sait que les temps durs sont encore à venir. Le père Werenfried lui demande quelles doivent être les priorités de son aide pour l'Église de Pologne. Le cardinal ne réfléchit pas longtemps : *«Les séminaires et les couvents. C'est là qu'ils nous étranglent le plus»*. Dans un élan spontané le père Werenfried déclare au primat de *Pologne* *«De mon vivant, nous ne refuserons pas une demande pour des séminaristes ou des contemplatives de Pologne, tant que durera la persécution»*. Le cardinal est si ému par cette promesse qu'il se lève et va chercher la petite icône du Christ, vieille de deux ou trois cent ans, qui ne le quitte jamais, et il l'offre au père Werenfried.

L'AED tiendra sa promesse jusqu'en 1989 et au-delà. Des milliers de projets présentés par l'épiscopat polonais seront aidés. De 1972 à 1989, cette aide a atteint 544 058 412 FF (au cours actuel du dollar). Elle concernait tous les aspects de la vie de l'Église :

– constructions et réparations d'église, de chapelles et de centre paroissiaux ;

– aide existentielle aux prêtres âgés ;

— intentions de messes pour de nombreux prêtres et pour des missionnaires polonais ;
— aide à la formation des missionnaires polonais ;
— soutien pour tous les séminaristes et pour toutes les religieuses contemplatives. Jusqu'en 1989, ce soutien permettra aux uns et aux autres de tenir ;
— soutien pour la construction ou la rénovation des séminaires et des maisons religieuses ;
— imprimeries catholiques, impressions de livres religieux et de livres de catéchèse ;
— véhicules pour les prêtres et pour les missionnaires polonais dans le Tiers-Monde ;
— aide pour la formation des laïcs ;
— soutien des mouvements de laïcs tolérés, etc.

En 1981, le père Werenfried sera autorisé à se rendre en Pologne pour les obsèques du cardinal primat défunt. Ce dernier l'avait demandé peu avant son décès. Au Consulat de Pologne à Francfort, un collaborateur du père Werenfried vient chercher le visa et demande à l'employé quel en est le coût. Celui-ci réponds «Oh rien, vous savez, avec tout ce que ce prêtre a fait pour mon pays». Aujourd'hui l'aide de l'AED à l'Église de Pologne a bien sûr diminué au profit d'autres Églises qui connaissent toujours la persécution ou les épreuves. Peut-on imaginer que la Pologne deviendra bientôt un pays donateur pour l'AED ?

Aide de l'AED

L'AED, UNE OEUVRE
AU SERVICE DE L'ÉGLISE

L'AED (Aide à l'Église en Détresse) est une association publique universelle de l'Église catholique, reconnue par le Saint-Siège. Elle a été fondée en 1947 par le Père Werenfried van Straaten, religieux prémontré hollandais, pour venir en aide aux millions de réfugiés de l'Allemagne de l'Est fuyant devant l'occupation communiste.

Depuis 1947, l'AED s'est considérablement développée ; oeuvre essentiellement pastorale, elle ne cesse d'aider l'Église partout où elle est persécutée, réfugiée et menacée dans plus de 120 pays. L'AED soutient chaque année environ huit mille projets à travers le monde.

En Amérique latine comme en Afrique, en Asie et aussi en Europe de l'Est et de l'Ouest, l'Église est confrontée à de nombreuses difficultés ; partout il y a des chrétiens persécutés qui souffrent à cause de leur foi. Les défis sont multiples : totalitarisme marxiste, fanatisme de l'islam, multiplication des sectes, matérialisme, montée de l'hindouisme, manque de prêtres... L'AED s'efforce de répondre aux nombreux et pressants appels qui ne cessent de lui parvenir.

Comme le disait le pape Jean-Paul II aux délégués de l'AED réunis à Rome : «... *Tout le monde n'entend pas ces chrétiens qui souffrent en silence... Vous agissez, vous recueillez des offrandes, vous faites des envois qui apportent, à ceux qui attendent, l'assurance que leurs frères dans la foi connaissent leurs besoins et ne les abandonnent pas... Cette charité concrète et multiforme est un témoignage indispensable à toutes les époques, mais surtout à la nôtre».* Et le Père Werenfried ajoute : «*Nous devons travailler à l'avènement du Royaume de Dieu comme si tout dépendait de nous, et nous devons prier comme si tout dépendait de Dieu».*

«*Ce que vous avez fait à l'un d'entre les miens, c'est à moi que vous l'avez fait*» (Mt 25,40). Partout où quelqu'un souffre pour sa foi, il faut que quelqu'un lui apporte un secours et une consolation à la fois spirituels et matériels. Voilà le travail entrepris par le Père Werenfried grâce à l'aide des 600.000 bienfaiteurs (dont 120.000 en France) qui apportent régulièrement leur soutien à l'AED par des dons généreux. Vous pouvez aussi prier en union avec tous les chrétiens qui souffrent à cause de leur foi et vous informer davantage sur la détresse de l'Église dans le monde, en demandant l'envoi du Bulletin bimestriel de l'Oeuvre.

Pour plus d'informations, n'hésitez pas à vous adresser à l'AED. Un documentation gratuite vous sera envoyée.

VOUS TROUVEREZ CE LIVRE AUX ADRESSES SUIVANTES :

FRANCE

Secrétariat National
Aide à l'Église en Détresse
B. P. 1 (29 rue du Louvre) - 78750 Mareil-Marly
CCP Paris 22.223.50 D
Tél. 01 39 17 30 10 - Fax : 01 39 17 30 19
Site Internet http ://www.cef.fr/aedfrance

Bureaux régionaux

Aide à l'Église en Détresse
22 rue de l'Ouest
44100 NANTES
Tél. : 02 40 69 88 08

Aide à l'Église en Détresse
3 rue Robert
69006 LYON
Tél. : 04 78 65 00 95

Aide à l'Église en Détresse
8 rue Gît le Coeur
75006 PARIS
Tél. : 01 44 07 35 20

Aide à l'Église en Détresse
10 rue de l'Égalité
65100 LOURDES
Tél. : 05 62 94 05 30

Aide à l'Église en Détresse
Maison diocésaine
4 avenue Jean XXIII
57000 Metz
Tél. : 03 87 75 85 95

PAYS FRANCOPHONES

Belgique
Aide à l'Église en Détresse
2 rue Rouveroy
B - 4000 LIÈGE
C.B. 196-0093341-82
Tél. : (042) 21 35 01

Kerk in Nood-OPH
Oevelsedreef 1
B - 2260 TONGERLO
C.B. 417.60144.91.76
Tél. : : (014) 53 88 60

Suisse
Kirche in Not - OPH
Postfach 53-56
Cysatstrasse 6
CH - 6000 LUZERN 5
CCP 60.17700
Tél. : (041) 410 46 70

Canada
Aide à l'Église en Détresse Inc.
C. P. 1779
St Laurent, Que.
H4L 4Z3
Tél. 514.332.6333